KB238303

여가 · 관광의 동기와 체험

여가 · 관광의 동기와 체험

고 동 우 著

한국학술정보㈜

인생에서 차지하는 여가 생활의 비중은 일이나 가족생활의 비중만큼 크다고 할 수 있다. 그래서 현대 사회를 여가문화 사회로 규정하는 것은 타당하다. 여가 현상은 이제 사회와 개인을 이해하는 데 가장 중요한 연구주제일 것이다. 따라서 여행을 포함한 여가 행동이 현대 학문 특히 심리학의 주요 연구대상이 된다는 사실을 더 이상 강조하지 않아도 될 것 같다. 노동 생산성이 강조되고 놀이와 여가를 게으름의 대표 명사로 간주하던 시절에는 여가 연구가 단지 가십거리에 불과하기도 하였으나 이제 분위기는 완연히 달라진 것이다.

엄밀히 말하여 여가 연구의 역사는 경제 산업 혹은 일의 본질에 대한 연구 역사보다 훨씬 오래되었다. 이러한 사실은 여가 현상을 통하여 인간 행동의 본질을 이해하고자 하는 노력이 역사적 혹은 학문적 정통성을 지닌다는 주장으로 이어질 수 있음을 의미한다. 왜냐하면 여가란 개인 스스로 결정하고 선택하는 자발적인 행동이라는 점에서 가장 자연스러운 인간 현상이기 때문이다. 다시 말해서 여가 현상을 말하지 않고 인간을 이해하려는 노력은 단지 단편적이거나 완전하지 않은 지식을 구하는 것에 불과할 것이다.

그럼에도 불구하고 여가 행동의 본질을 이해하기란 매우 어려워 보인다. 여가 행동은 마치 너무 당연하게 받아들여지는 상식 혹은 현상처럼 이해되고 있고, 상식적인 현상을 이론적으로 분석하고 체계적으로 정리하는 것은 단지 현학(玄學)으로 간주될 수도 있기 때문이다. 그러나 역설적이게도 심리학의 역사와 이론은 단지 상식을 정리하는 것에 불과할 수도 있다. 예컨대 학습심리학의 제반 이론은 그저 상식으로 받아들여지던 현상을 체계적으로 설명하고 있고, 동기심리학의 여러 이론 역시 누구나 당연히 겪는 현상을 예측 가능하게 정리하고 있다. 이러한 정리를 통해 보다 복잡한 행동을 설명하고 예측하고자 할 뿐이다. 이런 점에서 본다면 "여가 행동"이야말로 인간의 상식 혹은 본질을 가장 잘 반영하는 현상이라는 점에서 심리학의 근본적인 연구대상이 되어야 한다.

심리학의 역사에서 보면 여가 행동은 오래 전부터 연구대상이 되어 왔다. 예컨대, Piaget의 인지 발달이론이 아이들의 놀이 행동에 대한 분석을 통하여 나왔음은 이미 잘 알려져 있다. 단지 후대의 학자들이 인지 발달 개념에만 주의하였지 놀이 현상에는 관심을 두지 않았을 뿐이다. 여가심리라는 주제하에서 이루어진 연구 성과는 아마도 성격심리학자 Neulinger(1974)의 저서가 가장 앞선 연구물이 아니었나 싶다. 이후 사회심리학자인 Seppo Iso-Ahola(1980)의 여가사회심리학 저서가 나왔고, Pearce(1982)는 관광사회심리학이라는 저서를 내놓았다. 비교적 최근에는 Csikszentmihalyi, Deci, Ryan 등과 같은 저명한 심리학자들도 자신의 이론을 적용하여 여가 현상을 설명하고자 시도하여 왔다. 이제 여가 행동이 심리학의 주요 주제 중 하나라는 것은 부인하기 어렵다.

그러나 여가 행동의 본질에 대한 이해 노력이 산발적으로 이루어져 왔고, 이론적인 수준에서 폭넓게 적용될 만한 연구 모형을 찾기는 어렵다. 특히 여가 체험과 관련하여 이론적 진전은 거의 없었으며, 심리학적 접근은 더더욱 미흡하였다. 따라서 필자는 여가 동기와 체험을 이해하는 데 도움이 되는 기존 연구들을 살펴보고, 새로운 대안으로서 이론적인 모형을 제시하고자 하였다. 나아가 필자가 학술지를 통해 제안하였던 몇몇 이론적 모형을 여가 현상에 적용한 사례 연구를 소개할 것이다. 그리고 필자의 박사학위논문을 중심으로 현대인의 가장 대표적인 여가 행동인 관광의 심리적 체험을 분석한 연구결과를 소개하고자 한다.

이 책의 주요 내용은 필자가 지난 10여 년간 연구주제로 삼았던 여가 및 관광 행동의 심리적 측면, 특히 동기와 체험에 관한 것이다. 여가 개념에 대한 논란도 있었으나 그것을 왜 심리학적 관점에서 정의하여야 하는지에 대한 논거를 제시할 것이고, 여가 현상의 가장 중요한 영역인 동기와 체험에 관한 새로운 이론을 제시할 것이다. 특히 내재적 동기이론에 근거하여 그것이 여가 장면을 설명하는데 어떻게 이론적으로 발전될 수 있는지를 설명하며, 여가 체험의 본질인 "재미"를 이해할 수 있는 이론적 틀도 제안하였다. 필자가 이미 학술지를 통해 발표하였던 여가 동기 및 재미에 대한 세 가지 이론이 자세히 설명될 것이다. 각각 이중 추동이론, 이중통로 여가 체험 이론 및 재미진화모형으로 명명된 이들 이론은 독자들로 하여금 여가 행동의 동기와 체험(특히, 재미)을 이해하는 데 도움을 줄 것이다. 사례연구에서는 이들 제안된 이론들이 프로스포츠와 축제 및 관광 행동의 동기와 체험을 이해하는 데 어떻게 적용되는지를 보여줄 것이다. 제3부에서는 그동안 거의 연구가 이루어지지 않았던 관광의 심리적 체험을 분석한 필자의 학위논문을 재정리하여 제시하였다. 필자의 학위논문은 관광 행동의 심리적 체험에 관한 거의 최초 연구이며 질적 연구방법과 양적 연구방법을 적용하여 관광 체험을 망라하여 정리하였다는 데 의의가 있다.

여러 편의 연구결과를 묶어서 재정리하였기 때문에 각 장의 서술 논리가 단일한 체계를 갖추지 못했을 수도 있다. 그러나 가능한 수준에서 제Ⅰ부는 여가 개념 및 행동 과정을 개괄하는 수준에서 정리하였고, 여가 동기와 체험과정에 대한 이론적 틀을 제시하였다. 제Ⅱ부는 여가 체험 및 재미 추구에 대한 이론적 모형을 제안하여, 이들 모형을 적용한 사례연구 결과를 소개하였고, 제Ⅲ부에서는 관광의 심리적 체험을 이해하는 데 초점을 두었다. 독자들은 각각의 주제를 따로 읽을 수도 있고, 전체를 순서대로 읽을 수도 있을 것이다.

모쪼록 이 책의 내용이 여가 관광 전문가가 되려는 이들에게 새로운 관점을 제시하는 것이 되기를 희망해 본다. 지면을 빌어 이 책의 출판을 제안하였던 한국학술정보(주)에 감사드리며, 필자로 하여금 독자적인 이론적 틀을 갖추도록 용기와 격려를 아끼지 않으셨던 영원한 스승 성영신 선생님께도 감사드린다.

2007년 1월 진량벌에서

저 자

|목 차|

제1부

여가 개념과 여가 행동

제1장 여가 개념의 이해

1.1. 여가의 개념

여가 연구에 있어서 가장 중요한 것은 개념 정의이다. 지금까지 알려진 여가 정의는 학자에 따라 다양하게 분류되고 있으나, 크게 세 가지 정도로 간추려진다. 첫째는 자유시간으로서 여가 개념이고, 둘째는 자유 활동으로서 여가 개념이며, 셋째는 심리적 체험으로서 여가 개념이다. 이 중 처음 두 가지는 다분히 사회학 및 경제학적 접근이라고 할 수 있고, 심리적 상태를 강조하는 세 번째 관점은 심리학의 접근방식이다.

시간이나 활동의 용어로 여가 개념을 정의하려는 시도는 비교적 객관적인 영역으로 여가 현상을 묘사하고자 하는 의도에서 출발한다. 가령, 시간의 용어를 사용하면 일과 여가 시간을 구분할 수 있고, 활동의 용어를 사용하면 여러 종류의 여가 활동을 사회적 수준에서 구분할 수 있다. 예를 들어, 테니스, 수영, 등산 등등은 대표적인 여가 활동이 된다. 이러한 접근은 무엇이 여가이고 또 어떤 시간이 여가시간인지를 미리 구획할 수 있다는 점에서 '여가 행동'을 제도적으로(institutionally) 관리하는 데 도움을 줄 수 있다(Kelly, 1990). 그러나 자기 자신을 돌아다보면 여가가 되기도 하고 동시에 일이 되기도 하는 구체적인 활동이 있으며, 어떤 사람에게는 여가가 되지만 다른 사람에게는 치료가 되는 활동이나 시간을 종종 발견하게 된다. 가령, 수영이나 등산은 대표적인 여가 활동으로 간주될 수 있지만 동시에 일이나 건강관리의 수단이나 처방으로 간주될 수도 있다. 그러므로 여가현상이 외현적인 특징에 의해 정의되는 것은 분명한 한계를 지닌다.

사실 여가 심리학을 연구하여 온 대부분의 학자들은 이들 사회학 및 경제학적 접근과는 다른 차원에서 여가 행동을 이해하여 왔다. 여가 심리학자들은 여가 행동과 다른 행동을 구분하는 일차적인 차원이 바로 동기적 측면에 있다고 주장한다(성영신·고동우·정준호, 1996a; Howe & Rancourt, 1990; Mannell & Kleiber, 1997; Neulinger, 1974, 1981a, b). 특히 '지각된 자유감(perceived freedom)'의 개념은 여가 행동을 결정짓는 핵심적인 요소로 간주되어 왔는데, De Charm(1964)에 따르면 사람은 어떤 행동을 할 때 그 행동의 원인이 자기 내부에 있다는 사실을 확인하고 싶어 한다. 또 Iso-Ahola(1980)는 '어떤 행동을 자발적으로 선택하였다는 느낌'으로 이 개념을 정의하였다. 물론 사회학적 접근을 하는 학자들 사이에서도 여가 현상에서 자유라는 개념의 중요성은 공통적으로 인식되고 있다(예를 들어, Dumazedier, 1967; Kelly, 1990; Shivers, 1981).

그런데 지각된 자유감의 개념은 객관적이거나 절대적인 것이 아니라 상대적이고 주관적인 마음의 상태를 반영하는 것으로 이해된다. 다시 말해 어떤 하나의 활동을 할 때 그 활동이 참여자의 자유로운 선택인지 아니면 어떤 의무의 발로인지는 상대적인 수준에서만 가늠할 수 있다. 가령, 우리가 가족 여행을 한다고 할 때 그 여행이 순전히 자신의 결정에 의해 이루어질 수도 있겠지만 대개의 경우 가족 구성원의 양보와 타협에 의한 결정일 수도 있으며 이런 경우 그 여행은 타협적 선택의 결과에 불과하지만 '여가'로 인식된다. 결국 구체적인 하나의 활동에는 지각된 자유감의 정도가 상대적인 수준에서 관련이 있고, 객관적으로 여가와 여가가 아닌 것 혹은 자유와 자유가 아닌 것으로 구분하는 것은 사실상 불가능하다(Neulinger, 1981a).

동기심리학의 분야에서는 지각된 자유감을 자기 결정감(self-determination)이라는 개념으로 정의하여 왔다(즉, Deci & Ryan, 1985). Deci와 Ryan(1985)은 지각된 자유감의 정도만이 아니라 어떤 구체적인 행동을 스스로 선택할 수 있는 능력의 지각도 중요하다고 주장하면서 지각된 자유감과 결정 능력의 지각을 통합하여 "지각된 내외 인과성(perceived locus of causality)의 과정"으로 정리하였으며, 이러한 심리적 과정을 거치면서 개인은 '자기 결정감'을 가지게 된다고 보았다. 그래서 어떤 활동에 참여하는 것을 자유롭게 선택하는 것은 이미 어느 정도의 자기 결정 욕구가 실현되는 것을 의미한다(Deci & Ryan, 1985, pp.313-317).

하나의 행동이 여가인지를 확인하여 주는 두 번째 요인은 내재적 동기(intrinsic motivation)의 개념이다. 동기심리학의 흐름에서 내재적 동기의 개념에 대한 체계적인 정리가 상대적으로 짧은 역사를 지니는 것으로 인식되나, 여가 심리학의 역사에서는 초기부터 이 개념이 강조되어 왔다. 사실 여가 심리학 교과서를 처음으로 출간하였던 Neulinger(1974)의 경우 여가의 조건으로서 '지각된 자유감'과 더불어 '내재적 동기 여부' 및 '활동의 목표'를 설정하는 여가 패러다임 모형을 제안하면서 모든 인간 행동을 순전한 여가(pure leisure)에서 순전한 직업(pure job)까지 상대적으로 배열할 수 있다고 주장하였다. 그러나 그의 초기 모형에서 '내재적 동기'와 '활동의 목표'라는 개념 사이에는 상당한 수준의 공통성이 있었으며 따라서 그가 1981년에 수정한 여가 모형은 지각된 자유감과 내재적 동기라는 두 가지 차원의 조합으로만 재구성되었다. Neulinger(1981b)의 수정모형에서는 지각된 자유감의 상태와 동기의 형태에 따라 모든 인간 행동을 네 가지 유형으로 분류할 수 있다[그림 1-1].

Perceived Freedom (지각된 자유감)	Type of Motivation(동기유형)	
	Extrinsic(외재적)	Intrinsic(내재적)
Constrained(강제)	Pure Job(순수 직업)	Pure Work(순수 일)
Free(자유)	Leisure-Job(여가 - 직업)	Pure Leisure(순수 여가)

[그림 1-1] Neulinger(1981)의 Leisure Paradigm

　이러한 제안은 일과 여가를 이분법적으로 구분하던 관행에 대한 반대일 뿐 아니라 여가의 속성과 일의 속성을 동시에 담고 있는 제3의 구체적인 활동을 분류해 낸다는 점에서 유의한 시사점이 있다. 그런데 이 모형에서 보면, 내재적 동기와 지각된 자유감은 상호 독립적인 차원으로 간주되고 있다. 사실 Neulinger(1974, 1981a)는 Deci(1971), Lepper, Greene 및 Nisbett(1973) 등의 심리학 문헌에 근거하여 내재적 동기 개념의 중요성을 진술하고 있으나, 내재적 동기와 지각된 자유감의 관계에 대한 이러한 가정은 정작 전통적인 동기 심리학의 관점과 일치하는 것이 아니다.

1.2. 여가의 본질: 내재적 동기

　내재적 동기의 개념을 집대성했던 Deci(1975; Deci & Ryan, 1985)의 관점에 따르면, 지각된 자유감(즉, 자기 결정감)은 내재적 동기의 전제 조건에 해당된다. 즉, '어떤 행동의 목표가 행위 체험 자체에 있느냐의 여부'로 정의되는 내재적 동기의 개념은 자발적인 선택을 전제로 할 때 가능하다고 본다. Deci와 Ryan(1985)의 이러한 주장은 Neulinger(1974, 1981a, b)의 관점과는 분명히 다른 것으로서 자기 결정감(혹은 지각된 자유감)이 내재적 동기와 독립적인 차원에서 작용하는 게 아니라 내재적 동기의 하위 요소가 된다는 것을 의미한다. 한편, Deci와 Ryan(1985)은 내재적 동기가 활성화되는 다른 조건으로서 모든 인간이 공통적으로 지니고 있는 자기 유능감의 욕구(need for self-competency)도 제안하였는데 이 유능감의 욕구 때문에 내재적으로 동기화된 활동을 수행하는 동안 자기 능력에 대한 내재적 보상을 받지 못하면 그 활동에 대한 내재적 동기 자체가 사라질 수 있다고 보았다. 이러한 이론적 모형이 가능했던 이유는 바로 최적각성 추구(optimal arousal seeking)라는 인간의 기본적인 추동(drive)을 내재적 동기의 전제로 삼고 있기 때문이다(이 문제는 3장에서 다시 논의될 것이다). 한편 나중에 이들 연구자들은 내재적 동기가 활성화는 조건으로 자기 결정감과 자기 유능감의 욕구와 더불어 사회적 관계 욕구(need for social relatedness)를 포함함으로써 내재적 동기 현상에 미치는 문화적 배경의 차이 같은 주제를 다룰 수 있는 근거를 제시하였다(Deci & Ryan, 1991).

내재적 동기가 합목적적(autotelic)이라는 점에 대해서는 대부분의 학자들이 동의하고 있으며 더불어 이 개념이 여가 행동의 본질이라는 점에 대해서도 심리학자들 사이의 이견은 없는 듯하다(고동우, 2001; 성영신 등, 1996a, b; Csikszentmihalyi, 1975, 1990; Deci, 1975; Deci & Ryan, 1985, 1991; Iso-Ahola, 1980; Levy, 1978; Nuelinger, 1974, 1981a, b). 다만 내재적 동기가 지각된 자유감을 포함하는 개념인지 혹은 지각된 자유감과 독립적인 차원의 개념인지는 논의의 여지가 있다. 이 논의는 [그림 1-1]에서 "pure work"(즉, 강제로 시작하였으나 내재적으로 동기화된 활동)과 "leisure-job"(즉, 지각된 자유감이 있으나 외재적 동기에 의한 활동)이 현실적으로 존재할 수 있느냐의 여부와 관련이 있다.

우리의 생활을 돌아다보면 leisure-job의 형태를 지닌 경우는 쉽게 발견할 수 있다. 우리가 직업을 선택할 때, '능력 있는 사람'에게 있어서 이러한 선택은 자유선택의 기회가 되지만, 동기는 다분히 외재적이라고 할 수 있다. 왜냐하면 대개 직업은 사회적 지위와 경제적 소득을 목표로 하기 때문이다. 그런데 pure work의 형태를 지니고 있는 활동이 존재하는가의 문제는 다소 어렵다. 어떤 활동을 자의적인 기준이 아니라 외부의 결정에 의해 수행하게 된다면 그러한 선택의 목표는 강제를 따르는 복종이라고 할 수 있다는 점에서 '강제'와 '내재적 동기'는 양립할 수 없는 것처럼 보인다. 그러나 어떤 행동을 강제로 시작하게 되더라도(즉, 부모나 선생의 지시) '기왕 하는 것 재미있게 하자'라고 마음을 먹었다면, 다분히 내재적 동기의 작용이 있다고 할 수 있다. 이런 경우 외재적 동기와 내재적 동기가 공존하는 형태의 활동이 될 수 있다. 운동선수들이 지시에 의한 훈련을 잘 수행하는 경우는 대개 이러한 사례에 해당된다. 이러한 논의가 옳다면 Neulinger(1981b)의 여가 패러다임은 타당한 것 같다. 즉, 지각된 자유감이 내재적 동기의 전제 조건이 아니라, 두 가지 동기가 독립적일 수 있다고 보는 것은 타당하다.

내재적 동기와 외재적 동기 사이의 관계에 대해서도 Neulinger의 모델은 전통적인 내재적 동기론자의 관점과 다르다. 그의 모형에서 내재적 동기와 외재적 동기는 자유감이 지각되는 상황에서만이 아니라 '강제 혹은 의무 상황'에서도 양립 가능한 것으로 묘사되었다(1981a, p.30). 실제 이루어지는 많은 활동은 내재적 동기와 외재적 동기가 동시에 활성화된 결과일 수 있다. 가령, 고등학교의 '즐거운' 체육시간을 예로 들어보자. 교과목의 결정이 교사라는 외부 요인에 의해 이루어졌지만 또한 체력단련이나 성적이라는 외재적 동기가 개입되어 있지만, 학생들은 그 시간을 기다리기도 한다. 그 시간에는 즐거움이라는 체험이 내재적 보상으로 주어지기 때문이다. 이러한 현상을 고려한다면 자기 결정이 없는 강제 상황에서도 내재적 동기와 외재적 동기는 양립 가능하며 이 점은 전통적인 내재적 동기논자들이 주장한 "과정당화 가설[1](overjustification hypothesis)"과 합치되지 않는다.

Neulinger의 동기모형을 더 간단히 정리하여 [그림 1-2]의 형태로 묘사할 수 있다. [그림 1-2]에서 보면, 내재적 동기가 활성화되어 이루어지는 활동 혹은 경험을 순수 여가라고 할 수 있고, 반대로 외재적 동기의 활성

---

1) 과정당화 가설(overjustification hypothesis)이란, 어떤 행위의 목표가 즉각 체험 같은 내재적 보상에 있다고 하더라도 외부의 요인에 의해 행위의 결과에 대한 보상이나 처벌이 주어진다고 지각하게 되면, 행위 당사자는 흥미의 초점이 즉각 체험 같은 내재적 보상이 아니라 외재적 보상에 맞추게 되는 현상을 말한다. 즉, 자기 행동에 대한 정당한 근거를 눈에 보이는 외재적 보상이라고 믿게 되는 현상.

화에 의존하는 경우는 순수 일이라고 할 수 있으며, 두 가지 동기가 동시에 활성화된 경우에는 일인지 여가인지를 구분할 수 없는 경우라고 할 수 있다. 우리의 현실 생활에서는 이러한 경우가 대부분일 것이다. 물론 어떠한 동기도 작용하지 못하는 무감각(apathy)한 상황이 있으며 이런 경우는 마치 아무런 의욕이 없는 무력감(helplessness) 상태라고 할 수 있다(Seligman, 1975).

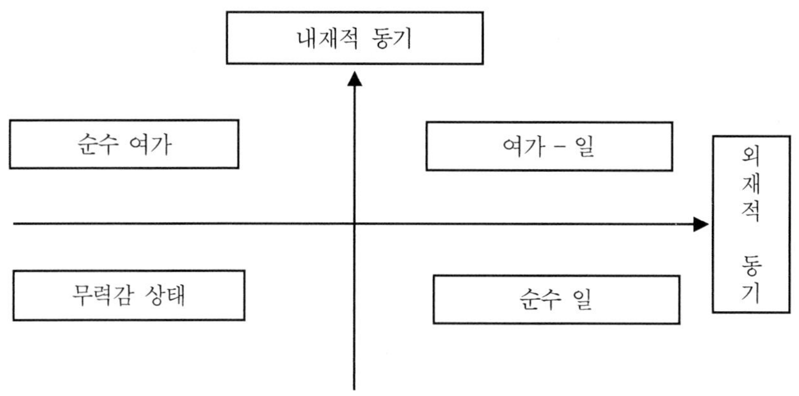

[그림 1-2] 동기 구조에 따른 여가 분류 모형

물론 내재적 동기와 외재적 동기가 변하지 않는 것은 아니다. 이미 잘 알려진 것처럼 내재적 동기로 시작한 놀이나 게임에 외재적 동기를 부여하면 '과정당화' 지각이 이루어져서 처음의 내재적 동기가 사라진다는 연구결과들이 많다(참조, Deci & Ryan, 1985). 그러나 반대로 외재적 동기로 시작한 어떤 행동이라 할지라도 내재적 보상을 받으면 내재적 동기가 활성화될 수도 있으며 처음의 외재적 동기를 대체할 수도 있을 것이다. 이러한 사례는 치료나 건강을 위한 운동의 장면에서 발견할 수 있다. 가령, 어떤 환자가 의사의 권고를 받아들여(즉, 강제) 등산을 시작한 경우라고 하더라도 등산을 통해 다양한 즐거움을 얻게 되면

(즉, 내재적 보상) 그 환자에게 있어서 등산은 더 이상의 일(work)이 아니라 여가의 특성을 지니게 된다. 즉, 이러한 사례가 우리 주변에서 발견된다는 가정을 할 때 결국 하나의 활동과정에서도 pure work과 leisure-job 사이에는 많은 변화가 이루어진다고 보아야 한다. 내재적 동기로 시작한 활동에 외재적 보상이 주어지면 내재적 동기가 사라지는 현상과 더불어(Deci, 1975; Deci & Ryan, 1985), 그 반대의 경우도 성립할 수 있음을 의미한다. 그러므로 일이나 공부를 보다 즐겁게 만드는 것은 가능하다.

결국, 여가의 본질이 지각된 자유감과 내재적 동기의 수준에 있다고 가정할 때, 내재적 동기와 외재적 동기의 공존 및 변화가 가능하다는 점에서 일과 여가를 이분법적으로 구분하기는 어렵다. 여가 현상은 활동 영역으로서 존재하는 것이 아니라 경험의 본질로서 존재하는 것이라고 할 수 있고, 모든 인간 현상은 여가와 일의 연속선상에서 이해되어야 한다고 말할 수 있다. 더불어서 여가 경험이 보다 자유로운 상태에서 이루어진다는 점에서 인간의 본질을 이해하기 위해서는 일의 장면보다 여가 장면을 대상으로 연구하는 것이 요구된다고 하겠다.

1.3. 여가의 궁극적 가치: 행복(happiness)

우리가 여가 생활을 통하여 얻고자 하는 것은 무엇일까? 우리는 여가 활동을 통해 얻고자 하는 것의 공통점이 있을까? 이런 질문은 우문일 수 있다. 왜냐하면 여가가 자유로운 선택의 과정이며 결과라면 우리가 그런 조건에서 목표로 하는 것은 궁극적으로 행복이기 때문이다. 그렇다면 행복이란 무엇일까? 이런 질문의 대답이 그렇게 쉬운 것만은 아니다. 여기서는 역사이래로 논쟁거리가 되었던 행복의 개념을 정리해 본다.

행복, 사기(morale), 심리적 복지, 만족 등은 모두 마음의 행복을 지칭하는 다른 표현들이다. 행복이란 일반적으로 삶의 다양한 측면에 대한 긍정적 느낌이나 태도를 말한다. 어떤 의미에서 이 책의 전반적인 내용은 행복에 대한 것이기도 하다. 그러나 여기서는 여가와 관련지어 여가 현상을 이해하는 데 필요한 개념으로서 행복의 역할에 대해 간단히 논의할 것이다. 여가와 행복의 관계에 대하여 두 가지 측면을 고려할 수 있다.

첫째는 고전 철학의 관점 즉 행복에 대한 최초의 논의를 한 아리스토텔레스의 지침을 보는 것이다. 아리스토텔레스가 말하는 행복의 의미는 오늘날의 의미와 다소 다르다. 인생의 목표를 행복이라고 보았던 아리스토텔레스의 철학에서 행복은 주관적인 마음의 상태라기보다 객관적인 생활양식에 의해 결정되는 것이었다. 그의 용어 "eudainmonia"는 현대 영어로 행복을 의미하지만 그리스 시대 그것은 어떤 행위, 나아가 선행(good action)을 뜻하며, 여가는 곧 선행 경험의 일부로 간주되었다. 또한 여가는 가치 있는 어떤 것을 추구하거나 그것을 추구할 수 있는 능력을 갖추는 것이며, 행복은 여가 경험에 의해 결정된다. 그래서 선행을 할 수 없는 조건이 곧 불행이 된다고 본다.

둘째는 현대적 의미의 행복이다. 현대인의 행복에 대한 많은 연구들은 행복이 도덕적 행위 이상의 것에 의해 결정된다고 본다. 현대적인 의미에서 행복은 다분히 주관적으로 긍정적인 마음의 상태이다. 현대 철학의 거두 버트란트 러셀(B. Russell, 1968)은 행복을 열정의 소유 상태(possession of zest)라고 말했다. 어떤 무언가가 재미있기 때문에 그것을 즐기는 것이 곧 열정이라고 보았다. 러셀은 이렇게 충고한다.: "행복의 비밀은 다음과 같다. 당신의 흥미를 가능한 한 넓고 다양하게 가지도록 하라. 그리고 당신에게 흥미로운 사람이나 사물에 대하여 적의를 보이기보다는 가능한 한 친절하라."(p.111).

어떤 연구들은 남자보다 여자가 더 행복하다고 말한다. 여자가 더 건

강하고 그것은 다시 행복을 만들어낸다. 친구, 돈, 경력 등이 곧 직접적인 행복의 조건은 아니지만 그러한 것들이 개인의 능력과 흥미에 잘 맞는 조화로운 것이라면 그것은 직접적인 행복의 조건이 된다는 연구 결과가 많다. 창의성이나 좋은 성격을 갖추는 것도 주관적인 행복의 주요 결정요인이다. 그렇다면 현대인에게 있어서 여가와 행복의 관계는 어떠한가? 대개의 경우 여가 행위를 통해 얻고자 하는 목표가 바로 행복감의 상태이다.

연령에 따른 여가와 행복의 관계를 연구하여 온 노인학(gerontology) 분야에서는 여가 활동에 관여할수록 행복한 나이 듦을 맞이할 수 있다는 결과를 알려준다. 예를 들어 신체적, 사회적 옥외 여가를 매일 수행하는 사람들은 그런 것을 가끔 수행하는 사람에 비해 더 성공적인 인생을 살며 더 행복해한다는 결과가 있다(De Carlo, 1974). Heppe와 Ray(1984)는 은퇴자를 연구하면서 문화활동, 사회활동, 봉사활동 그리고 만들기나 취미 활동을 할수록 행복한 인생의 가능성은 더 커진다는 결과를 제시하였다.

어린아이들이 중년의 나이에 더 성공적으로 적응할 수 있는 가능성은 어린시절 경험이 적성이 맞느냐 아니냐가 아니라 더 능동적인 여가 활동에 참여했느냐에 의해 결정된다는 주장도 있다(Brooks & Elliot, 1971). 여가와 행복의 관계에 대한 연구들은 단순히 여가의 빈도나 양이 행복을 결정한다고 주장하지 않는다. 보다 중요한 것은 여가 경험의 질이며, 여가 활동을 통해 만족하고 그런 만족이 인생 행복에 중요한 요소가 되기 위해서는 여가 활동을 통해 개인의 능력을 극대화하고, 도전의 기회를 가져야 하며, 재미를 느낄 수 있어야 하고 나아가 고급의 즐거움을 경험할 수 있어야 한다(Russell, 2001). 그래서 행복의 결정인자로서 여가경험은 그것의 빈도가 아니라 인생에서 그것의 의미가 무엇인가 하는 점이다.

제2장 여가 행동 과정

2.1. 동기론적 관점의 여가 행동 과정

일반소비자 행동의 이론적 모형은 대체적으로 일상적인 구매 및 소비 행동을 설명하기 위한 이론 체계이므로 합리적 인간상에 근거한 인지주의 접근이라고 할 수 있다. 다시 말해서 정보처리과정을 핵심적으로 다루는 전통적인 소비자행동 모형의 이론적 체계는 나름대로 설득력이 있다. 그러나 여가 행동은 가상적으로든 실제적으로든 일상을 떠나서 발생하는 현상으로 전제된다는 점에서 일상의 합리성을 대전제로 삼는 것은 모순일 수 있다. 또한 여가 행동은 소비를 전제로 하지 않을 수도 있고, 따라서 비용이라는 경제적 단위를 반드시 요구하는 것은 아니기 때문에 경제학적 합리성이 필수 조건은 아니다.

오히려 여가 행동은 탈일상성을 전제하기 때문에 합리적 인간관보다는 비합리적 인간관이 더 적합할 수 있을 것이며, 인간의 감정 및 동기 요소가 더 중요한 요인일 수 있다. 그러므로 여가 행동 과정을 인지적으로 이해하는 것보다는 동기의 작동과정으로 이해하는 것이 요구된다. 여가 행동 과정을 전반적으로 다룬 기존 연구들은 많지 않다. 그 이유는 여가학 연구가 아직 체계를 이루지 못하였기 때문일 수 있다. 국내외를 통틀어 여가 행동 전반에 대하여 그 과정을 동기적 관점에서 통찰한 모형은 성영신·고동우·정준호(1996a)가 처음이다. 이들은 국내외 여가 행동 연구들을 이론적으로 고찰한 다음 여가 행동 과정 모형을 제안하였다. 여기서는 이 모형 [그림 2-1]을 중심으로 여가 행동을 설명할 것이다.

　여가 활동은 개인적인 수준에서 "사전 동기-여가 체험-여가 결과"로 묘사되는 일련의 과정이다. 여가를 포함한 모든 행동의 시발점은 개인의 동기적 요소라고 할 수 있으며, 여가 행동에서 개인의 근원적인 동기 요소가 어떻게 실현되느냐 하는 것이 곧 여가 체험이라고 할 수 있다. 그리고 그러한 체험은 누적되어 여가 행동 결과로 나타나며, 정신적/신체적 측면에서 관찰 가능하다.

　물론 그림에서는 제시되지 않았지만 이 모든 과정에서 개인특성(성격, 가치관, 경제적 상황, 나이 등)의 영향 있으며, 또한 환경조건(사회문화적 환경과 물리적 환경)의 영향도 있다. 사회문화적 환경 요소에는 가족 구성, 사회제도, 여가시설, 사회 기치관 등이 포함된다. 그러므로 [그림 2-1]의 모형에는 개인적 요인과 환경요인이 생략된 것으로 이해하면 된다.

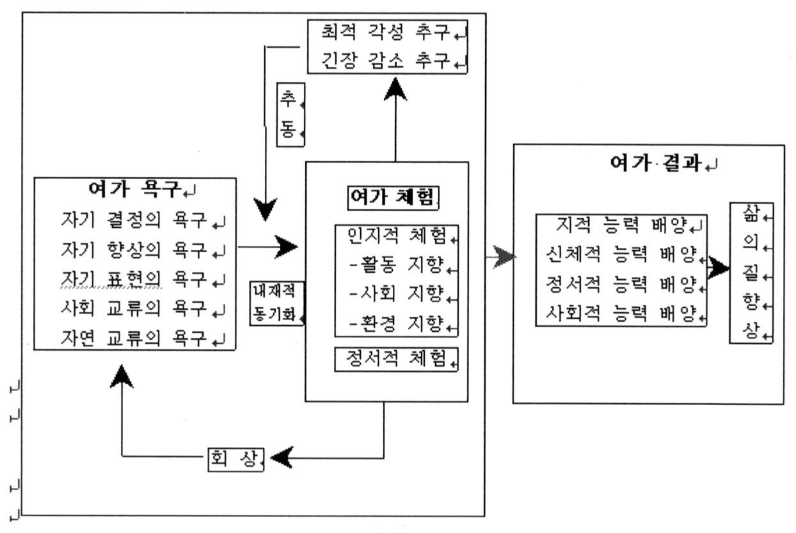

[그림 2-1] 여가 행동 과정(성영신 · 고동우 · 정준호, 1996a)

2.2. 여가 동기 단계

동기가 없다면 자발적 행동은 발생하지 않을 것이다. 그래서 동기는 인간의 모든 행동을 이해하는 데 있어서 중요하다. 여가 동기 과정은 생각보다 복잡한 것으로 알려져 있다. 일반적으로는 개인에게 기본적인 욕구가 있다고 가정된다. 그림에선 욕구가 작동하는 맥락별로 분류하였다.

여가 행동은 "자유선택"을 전제로 하기 때문에 기본 욕구의 실현가능성 높다고 할 수 있다. 다양한 기본 욕구 중 그 상황에서 강하게 자리잡은 것은 개인의 현재 즉각적 추동(이완 추구 vs 각성 추구)이며, 이의 조절 효과에 의해 욕구들은 구체적인 방향성을 가지는 것으로 알려져 있다. 뒤에서 구체적으로 살펴보겠지만, 이완 추구 상태의 경우 맥락 내에서 편안함, 안정감, 친밀감, 소속감 등을 추구하는 내재적 동기화가 가능할 것이다. 반대로 현 상태가 각성 추구 상태라면 성취감, 유능감, 긴장, 정복감 등을 추구하는 내재적 동기가 발동할 것이다.

여기서는 단지 여가 행동을 유발하는 기본 욕구가 몇 종류로 분류 가능하다는 가정을 하며, 그중에서 자기 결정의 욕구, 자기 향상의 욕구, 자기표현의 욕구, 자연교류의 욕구 그리고 사회교류의 욕구를 강조하고 있다. 이들 욕구와 이중 추동이 어떤 관계 함수를 형성하느냐에 따라 구체적인 내재적 동기화의 과정이 형성되며 그런 내재적 동기는 여가 행동을 결정하는 요인이 된다.

여가 동기에 대해선 사실 많은 연구들이 있었으며, 특히 기본 욕구의 종류를 분류하는 방식의 연구가 많았다. 또한 여가 행동의 동기적 기제를 설명하는 이론 틀들도 있고, 기존 동기심리학의 이론을 활용하여 여가 장면에 적용한 경우도 있었다. 기존 많은 여가 욕구 연구들이 제시하였던 여가 욕구 차원들은 여기서 말하는 다섯 가지 차원에서 분류될 수 있다. 가령, 자기 결정의 욕구는 여가의 기본 조건으로서 지각된 자유감의 욕구를 반영하며, 구체적으로는 적극적 자유 선택과 소극적 자유 선택까지 망라한다고 할 수 있다. 유능감의 욕구는 통제, 효능, 달성, 성취, 권력 등의 욕구들을 포함하고 있으며, 자기표현의 욕구는 외모, 성격과 가치관, 지위 등의 현시적 욕구를 포괄한다. 그리고 사회적 욕구는 모든 대인관계의 욕구와 고독감 욕구까지도 포함한다. 자연교류의 욕구는 자연정복만이 아니라 자연동화의 욕구를 포괄하며, 편리함이나 편안함의 추구도 포함한다. 이들 여가 기본 욕구의 발견은 사실 6장에서 제시하는 질적 연구의 결과에서 도출하였다. 이들 기본 욕구와 추동의 상호 작용으로 나타나는 구체적인 여가 동기 과정에 대해선 다음 3장에서 자세히 설명한다.

2.3. 여가 체험과 회상

동기가 작동하여 여가 행동이 진행되면, 심리적 차원에서 여가 체험 단계가 형성된다. 여가 체험은 참여자가 여가 활동을 하는 동안 느끼는 주관적이고 직접적인 경험이며, 개인이 가진 욕구와 활동의 구조 및 환경 사이의 상호 작용 결과이다. 심리적 기제를 중심으로 체험은 크게 인지적 체험과 정서적 체험으로 나눌 수 있으나 대개는 두 가지 심리가 연계되어 지각된다. 재미, 즐거움, 편안함, 무아지경, 상쾌함 등은 모두 여가 활동을 하는 동안 지각되는 즉각적 체험이며, 이들 외에도 슬픔, 고통 등 부정적인 체험도 나타날 수 있다. 이런 즉각적 체험은 모두 사전의 내재적 동기에 대한 내재적 보상의 역할을 한다.

대개 즉각적인 여가 체험은 여가 활동을 수행하는 동안이나 활동이 끝난 다음에도 개인의 사고와 감정에 직접적인 영향을 미친다. 체험의 정서와 정보는 기억이라는 체계 속에 저장되며, 이런 저장 자료는 나중에 회상이라는 인지적 기제를 통해 새로운 여가 활동을 위한 동기를 자극하는 역할을 한다. 여가 체험 강도가 강할수록 회상할 수 있는 기간은 오랫동안 지속되며, 강도가 약할 경우 여가 체험의 정보는 과거의 유사한 여가경험에 흡입되어 버릴 것이다. 어떤 상황에서 과거의 여가 경험은 현재의 여가 행동을 진행하는 데 결정적인 역할을 한다. 인간은 기본적으로 학습하는 동물이기 때문이다. 회상 능력이나 회상 경향이 강하다면 과거의 경험에 비추어 새로운 설계를 할 가능성이 그만큼 높아진다. 때로는 회상 자체가 중요한 여가 체험이 될 수도 있다. 단절 기간이 길수록 추억이라는 체험은 새롭게 지각된다. 우리가 추억에 젖어드는 즐거움을 경험하는 것이 대표적인 사례이다.

즉각적 여가 체험은 심리적 추동(drive) 상태에도 영향을 미친다. 지나치게 긴장을 느낀다면 이완 추동이 작동하고, 지나치게 이완된 여가 체험은 역으로 긴장 추동을 자극한다. 긴장과 이완 추동이라는 것은 길항적으로만 작동하는 게 아니라 상호 독립적으로 작동할 수도 있다. 이와 같은 여가 체험의 종류와 기제에 대해선 4장에서 구체적으로 다룰 것이다.

2.4. 여가결과

여가 결과는 크게 두 가지 측면에서 다룰 수 있다. 하나는 단기적 결과이고 다른 하나는 장기적 결과이다. 여가 활동의 단기적 결과는 활동에 대한 평가 반응(만족이나 불만족), 아쉬움(긍정적 아쉬움과 부정적 아쉬움) 등으로 지각되고 이러한 것은 회상단계에서 반복적 평가로 이어지며 궁극적으로 다음의 여가 행동에 영향을 미치게 된다.

장기적 결과는 반복적으로 수행한 여가 활동의 단기적 결과들이 누적되어 나타난다. 그래서 장기적 결과는 한 가지 여가 활동의 결과가 아니라 복합적 결과이다. 장기적 결과는 반드시 긍정적인 것만은 아니다. 가령 어떤 여가 활동을 하는 동안 순간적으로 즐거움을 느끼고 또한 사후 평가에서도 긍정적이라고 하더라도 그것들이 누적된 결과는 부정적일 수 있다. 왜냐하면 여가 활동의 단면만으로 전체 인생을 가늠하기는 어렵기 때문이다. 여가 활동의 장기적 결과는 지적, 신체적, 정서적 및 사회적 측면에서 발견 가능하다. 이러한 누적 결과들은 궁극적으로 일, 가정, 취미, 사회성 등 주관적이거나 객관적 수준의 삶의 질을 향상시키는 데 영향을 미친다. 물론 부정적인 누적 결과는 삶의 질을 감퇴시키는 역할을 할 것이다. 이 책의 초점은 여가 동기와 체험이기 때문에 여가 결과에 대한 추가 설명이 제시하지 않았다. 여가 결과에 대해 관심이 있는 독자들은 Driver, Brown & Peterson(1990)의 『Benefits of Leisure』라는 책을 참고할 수 있을 것이다.

제3장 여가 동기의 근원: 이중 추동 모형[2]

3.1. 내재적 동기의 심리학적 원인: 추동(drives)

여가의 본질이 내재적 동기의 정도에 있다면, 무엇이 내재적 동기를 유발하는지를 설명하여야 한다. 다시 말해 합목적적 행동의 전제 조건을 설명해야만 내재적 동기의 과정을 이해할 수 있고 나아가 여가 동기를 이해할 수 있게 된다. 전통적으로 여가 동기에 대한 연구들은 여가 장면에서 드러나는 욕구(need)의 종류에 주의하여 왔다(성영신 등, 1996a, b; Beard & Ragheb, 1983; Bello & Etzel, 1985; Cohen, 1972; Crompton, 1979; Iso-Ahola, 1980, 1982; London, Crandall, & Fitzgibbons, 1977; Lounsbury & Polik, 1992; Tinsley, Barrett, & Kass, 1977). 그러나 내재적 동기를 여가 동기라고 가정하였던 심리학자들은 내재적 동기를 유발하는 심리적인 이유, 즉 추동(drive)의 개념을 전제하고 있다(성영신 등, 1996a,; Csikszentmilhayi, 1975, 1990; Deci, 1975; Deci & Ryan, 1985, 1991; Iso-Ahola, 1980, 1982). 이들 연구는 기본 욕구와 내재적 동기 및 심리적 추동의 관계에 대하여 각기 다른 관점에서 접근하고 있는데 크게 보아서 최소한 세 종류로 정리할 수 있다.

우선 가장 간단한 접근인 기본 욕구의 나열방식으로 여가 동기를 이해하고자 하는 경우가 있다. 예를 들어 Beard와 Ragheb(1983)은 여가 활동에 참여하는 이유를 설명하는 기본적인 여가 욕구를 네 종류의 요

---

2) 3장은 필자의 논문(2002) "여가 동기와 체험의 이해: 이중 추동 모형과 이중통로 여가 체험 모형. *한국심리학회지: 소비자 광고*, 3(2), 1-23."의 일부 내용을 정리한 것이다.

인으로 분류하였는데, 지적(intellectual) 요인, 사회적(social) 요인, 유능성(competence mastery) 요인, 자극회피(stimulus avoidance) 요인 등이 그것이다. 그는 경험적 연구를 통해 이들 네 개 요인으로 구성된 일반적인 여가 동기 척도를 개발하였다. 이러한 접근은 전통적인 욕구 이론이 표방하는 것처럼(즉, Murray) 다양한 욕구들을 나열한 다음 그것들의 상위 요인으로 정리하는 방식을 택하고 있다(London 등, 1977; Tinsley 등, 1977). 일부의 학자는 구체적인 종류의 여가 활동을 선정하여 그 활동에서 추구되는 욕구들을 제시하기도 하였는데 가령 순수 여행(pleasure travel) 장면에서 신기성 추구는 대표적인 욕구 차원으로 간주되고 있다(Cohen, 1972; Bello & Etzel, 1985; Plog, 1974). 여가 욕구에 대한 기존 연구 경향을 고찰하였던 Iso-Ahola (1980)는 기존 연구들이 다양한 여가 욕구 내용을 여가 맥락과 연구 상황에 따라 다르게 제시하고 있으나 욕구의 명칭만 다를 뿐 내용 면에서는 많은 유사성이 있다고 결론지었다. 그러나 여가 욕구의 나열방식을 통한 동기적 접근은 다양한 욕구 사이의 관계를 설명하지 못하고 있고, 때때로 욕구(혹은 동기)와 욕구대상 사이의 의미를 혼동함으로써 개념적 타당성을 확보하지 못하는 한계를 보이기도 한다. 사실 욕구의 나열은 한도 끝도 없는 작업이 될 수 있으며 오해의 여지를 보이기 쉽다.

예컨대, 순수 여행의 동기 차원을 구명하고자 하였던 Crompton (1979)의 연구는 관광학 분야에서 동기 연구의 고전으로 인식되고 있지만 심리학자의 눈에는 매우 거칠어 보인다. 그는 비구조화된 면접을 통하여 순수 여행의 동기 차원을 크게 '사회심리적 측면'과 '문화적 측면'으로 구분하면서 문화적 측면의 동기는 여행 목적지가 지니고 있는 유인요인(pull factor)으로, 사회심리적 측면은 목적지 특성에 관계없는 개인 내부의 방출 요인(push factor)으로 간주하였다. 그러나 Crompton이 지칭한 문화적 측면의 동기는 심리적 욕구의 실현 대상에 해당된다는 점에서 이를 평형한 수준의 욕구로 보는 것은 목표대상과 욕구의 개념을 혼동하는 것에 불과하다. 반면 사회학자 Dann(1981)의 경우에는 유인요인과 방출요인을 순차적 관계 구조로 설정함으로써 Crompton의 제안을 진일보시키고 있다.

여가 욕구를 정리하는 데 있어서 한 가지 염두에 두어야 할 부분은 여가 욕구의 변화가능성이라고 할 수 있다(Iso-Ahola, 1980, p. 245). 개인이 지니고 있는 욕구라 할지라도 인생 전반에 걸쳐 그 욕구는 변화하기 나름이며 개인간이나 여가 장소에 따라서도 욕구는 달라질 수 있다. 이러한 인식은 모든 종류의 여가 욕구가 안정적이고 보편적으로 활성화된다고 보는 전통적인 여가욕구 이론의 접근 방식이 한계가 있음을 의미한다.

여가 동기에 대한 두 번째 접근은 전통적인 내재적 동기론자의 입장이다. 여가의 본질이 내재적 동기에 있다고 보는 심리학적 관점의 출발선은 내재적 동기가 활성화되는 조건으로서 최적각성 추구(optimal arousal seeking)를 가정한다는 것이다(즉, Csikszentmilhayi, 1975, 1990; Deci, 1971, 1975; Deci & Ryan, 1985, 1991). Deci는 개인이 어떤 행동을 자발적으로 선택할 때 자신의 능력에 맞는 최적의 도전할 만한 활동이나 과업(optimally challengeable task)을 선택하는 경향이 있음을 지적하면서 모든 인간은 구체적인 활동이나 과업을 수행하는 데 필요한 능력을 확장하거나 확인하려는 유능감의 욕구(need for competency)가 있다고 보았다. Csikszentmilhayi(1975, 1990)는 직접적으로 최적각성 추구 혹은 최적의 도전할 만한 자극을 추구하는 성향이 내재적 동기의 원인이 된다고 본다. Iso-Ahola(1980, 1982) 역시 여가 활동의 원인으로서 내재적 동기가 활성화되는 과정에서 자기 능력을 확인하고자 하는 욕구가 중요하다고 지적하면서 내재적 동기의 실현은 최적각성의 개념적 틀 내에서 이해해야 한다고 주장하였다. 이러한 관점이 옳다면 하나의 여가 활동이 이루어지기 위해서는 최적각성을 추구하려는 성향이 우선 활성화되어야 하며, 또 내재적 동기가 유지되어

그 여가 활동이 지속적으로 혹은 반복적으로 이루어지기 위해서는 활
동 동안에 최적각성의 체험을 보상받아야 한다. 다시 말해 내재적 보상
으로서 최적각성과 관련 있는 유능감, 정복감, 성취감 및 신기함 등의
체험이 주어져야 한다. 이러한 체험을 동반할 때 우리는 재미를 느끼게
된다.

그러나 최적각성 추구 성향만을 내재적 동기의 원인으로 간주할 수
있는가 하는 문제는 다른 논쟁거리가 된다. 가령, 최적각성 추구만을
내재적 동기의 전제로 삼는다면, 그래서 심리적 흥분을 동반하는 체험
만을 내재적 보상으로 간주한다면 소위 편안함이나 친숙성을 즐기는
여가 활동 즉, casual leisure의 현상(Stebbins, 1982, 1992)은 설명하기
어렵다.

세 번째 접근은 여가 행동을 야기하는 내재적 동기의 기본적인 전제
로서 최적각성 추구와 이완 추구를 동시에 가정하는 관점이다(성영신
등, 1996a; Iso-Ahola, 1980, 1982). 사실 최적각성이론이 대두되기 전에
는 여가 행동의 유일한 전제로서 이완 추구(relaxation seeking) 혹은
긴장감소 충동(tension reduction drive)의 개념이 유용하게 사용되어 왔
다. 이미 잘 알려진 것처럼 긴장감소 충동은 신체의 생리적 균형 즉 항
상성(homeostasis)을 유지하고자 하는 유기체의 기본적인 경향성과 밀
접한 관련이 있으며, 여가 장면에서는 이완 추구이론이나 과잉에너지
이론이라는 이름으로 다루어져 왔다(Bammel & Bammel, 1980; Kelly,
1990; Russell, 1996). 그러나 과잉에너지 이론은 많은 여가 활동이 왜
'목적 없는 소비'의 형태가 되는지, 가령 아이들은 왜 기진맥진한 상태
에서도 놀이를 계속하는지를 설명하지 못하며, 편안함이 지속될 때 왜
권태를 느끼는지, 그리고 왜 많은 사람들이 일과 같이 긴장을 유발하는
진지한 여가(serious leisure)를 좋아하는지를 설명하지 못한다. 이러한
비판은 심리학자 Hebb(1955)의 주장과도 일맥상통한다. 나아가 이러한
비판이 이미 설명하였던 최적각성 추구 이론을 낳았다(Berlyne, 1960,

1963). 물론 심리학의 제반 이론이 이 두 가지 전제 중 하나를 따르고 있음도 부인할 수는 없다. 가령, 학습이론, 인지일관성 이론, 정신분석이론, 기대 이론 등은 모두 긴장감소 추구를 전제하고 있고, 성취동기이론, 내재적 동기론, flow 이론 등은 최적각성 추구를 전제로 하고 있다.

3.2. 이중 추동 모형

여가심리학 분야에서 이 두 가지 추동이 동기의 핵심적이고 공통적인 차원이라는 점에 대해서는 이견이 없는 것 같다. 그리고 이 점이 바로 최적각성 추구만을 전제로 하고 있는 전통적인 내재적 동기이론의 관점과 다른 부분이다. Iso-Ahola(1980)는 이 두 가지 추동을 내재적 동기의 원인으로 동시에 고려하고 있으며, 성영신 등(1996a)도 유사하게 가정하였다. Iso-Ahola(1980)는 선구적인 여가심리학 교과서를 기술하였는데, 전반적으로 최적각성 추구를 전제로 하는 내재적 동기 이론과 지각된 자유감을 여가 행동의 핵심으로 진술하고 있으나, 발달과정과 여가 행동의 관계 그리고 여가레퍼토리에 대해서는 이완 추구와 최적각성 추구의 틀을 따르는 여가 동기과정을 적용시키고 있다. 다만 Iso-Ahola는 최적각성 추구와 이완 추구 경향이 길항적으로 작용한다고 본 반면, 성영신 등은 하나의 여가 장면에서 두 가지 추동이 동시에 발현될 수 있다고 주장하였다. 가령, 순수 관광과 같은 여가 현상에서 핵심적인 동기 차원으로 구분되는 친숙성 욕구는 이완 추구의 연장선상에서 이해되고, 신기성 추구는 최적각성 추구의 다른 이름으로 이해된다.

다만 여전히 논란의 여지가 남는 부분은 두 가지 추동이 연속선상의 양극에 해당되느냐(Bell & Etzel, 1985; Iso-Ahola, 1980; Lee & Crompton, 1990; Plog, 1974; Zuckerman, 1979), 아니면 동시에 작용할

수 있는 서로 다른 기제이냐의 문제이다(성영신 등, 1996a; Evans, 1989). 이는 이완 추구와 최적각성 추구의 개념이 인간 행동의 동일 기제를 단지 다른 용어로 설명하는 것인지 혹은 서로 다른 기제를 설명하는 것인지에 대한 논의거리이다.

만약 동일 기제를 설명하는 양극의 개념이라면, 긴장이 없는 상태의 정서(즉, 편안함, 안정감 및 친숙성 등)와 긴장이 있는 상태의 정서(즉, 흥분, 재미, 즐거움 등)가 서로 반대의 의미를 지녀야 한다. 그런데 과연 '편안함/안정감/친숙성'과 '재미/흥분/즐거움'이 서로 반대되는 의미의 체험이라고 할 수 있을까? 편안함의 반대 의미는 오히려 불편이나 불안이라고 할 수 있고, 즐거움이나 재미의 반대 의미는 권태나 짜증이라고 할 수 있다. 즉, 각성(arousal)이라는 차원만 생각하면 단지 긴장이 있는 상태와 긴장이 없는 상태가 연속선상에 있다고 할 수 있지만 심리적 경험이라는 측면에서 본다면 두 개념은 서로 다른 기제를 반영하고 있다. 구체적으로 말하면 최적각성 추구 이론은 '과도한 긴장 상태'에서 각성 수준을 적절히 줄이려는 경향성을 설명하는 데 있어서 '긴장감소 추구 이론'의 대안 설명이 될 수 있으나, '편안함'을 추구하는 행동을 설명할 수는 없다(성영신 등, 1996a, p.28). 편안함과 권태는 동일하게 이완 상태를 반영하는 체험이지만 '쾌-불쾌'의 지각 차원에서는 서로 다른 경험이기 때문이다(Russell, 1980). 이러한 설명은 최근의 정서이론과도 매우 합치되는 논리이다. 최근의 정서이론을 정리한 이수정(2001)에 따르면, 긍정적 정서 평가 체계와 부정적 정서평가 체계는 양극적인 하나의 반응 채널이 아니라 각기 독립적으로 작동하며 나아가 상보적인 기능을 한다는 것이다. 정서반응은 곧 각성의 활성화를 반영한다는 점에서, 긍정/부정 정서체계가 독립적이라는 설명은 각성 추구와 이완 추구의 기제 역시 독립적으로 기능할 수 있음을 의미한다. 따라서 자발적 행동의 촉발요인(emerging forces)은 '긴장을 추구하는 것'과 '긴장을 줄이려는 것' 둘 다라고 보는 것이 타당해 보인다(Evans,

1989, pp.86-112). 이러한 추론으로부터 인간 행동을 긴장 추구와 긴장 감소 추구의 함수로 이해할 때 다음과 같은 명제를 정리할 수 있다.

명제 1. 긴장 추구와 이완 추구는 하나의 여가 활동 상황에서 동시에 작용할 수 있으며, 따라서 둘 다 내재적 동기의 선행요인이 된다.

명제 2. 긴장 추구와 이완 추구는 독립적으로 작용할 수 있다.

하나의 여가 활동에서 두 가지 추구 경향이 어떻게 작용하는지를 고려할 필요가 있다. 뒤에서 다시 설명되겠지만, 욕구나 추구의 충족이라는 최종 목표를 위해 사람들은 도구나 수단을 활용할 것이며, 여가 장면에서의 수단은 곧 여가 속성이 된다. 즉, 여가 활동 자체의 구조적인 특징과 더불어 그 활동이 수행되는 환경 맥락이 여가 속성으로 간주된다(고동우, 1998a, b). 이는 긴장 추구와 긴장감소의 실현이 여가 장면의 여러 속성에 대한 체험을 통하여 이루어질 수 있음을 의미한다. 긴장 추구와 긴장감소 추구가 독립적으로 작용한다면 그 작용의 방향 혹은 목표대상 역시 독립적으로 지각될 것이다. 그리고 개별 속성에 관련된 여가 체험은 곧 내재적 보상이 될 것이다. 명제 2를 확장하여 다음 명제를 정리할 수 있다.

명제 3. 하나의 여가 장면에서 긴장 추구와 이완 추구는 활동의 각기 다른 속성별로 방향 지워질 것이다.

그렇다고 해서 여가 활동의 한 가지 속성에 대하여 한 가지 추구만이 지속적으로 작용하지는 않을 것이다. 실제로 외재적 보상이 없는 순수 여가 장면에서 긴장만을 추구하고 지속적으로 유지하는 경우는 거의 없다. 운동과 같은 여가 활동 장면에서도 긴장과 이완은 반복으로 경험되며 이러한 경험은 환경의 조건에 의해서가 아니라 인간의 동기적 혹은 생물학적 기제에 따른다고 볼 수 있다. 사실 인생 전반에 걸쳐 긴장을 추구하는 경향과 이완을 추구하는 경향은 발달 단계에 따라 그 강도가 달라질 뿐 죽을 때까지 동시에 추구되는 것으로 이해된다(Iso-Ahola, 1980). 긴장 추구는 '변화에 대한 추구'라고 할 수 있고, 이완 추구는 '안정에 대한 추구'라고 할 수 있다. 어린 시절에는 변화 추구보다 안정 추구가 강하며 청소년기 및 성인기에는 변화 추구가 더 강해지고, 노년이 되어서는 다시 안정에 대한 추구가 더 강해지기 때문에 청소년 및 성인기에 이르렀을 때 소위 여가 레퍼토리의 범위가 가장 넓어진다(Iso-Ahola, 1980, pp.175-177). 인생 전반에 걸쳐 안정에 대한 욕구와 변화에 대한 욕구가 지속적으로 유지된다는 사실은 긴장 추구와 이완 추구가 독립적인 기제임에도 불구하고 상보적인 관계에 놓일 수 있음을 의미한다.

　　명제 4. 유기체의 생존과 발전을 위해 긴장 추구와 이완 추구는 상보적인 관계에 놓일 수 있다.

　한편, 내재적 동기의 전제로서 두 가지 추동을 가정한다면, 이러한 추동의 작용으로 이루어지는 개별 욕구에 대한 검토도 있어야 한다. 예컨대 Deci와 Ryan은 초기에는 최적각성 추구만을 전제로 하였기 때문에 자기 결정 욕구와 더불어 '자기유능감 욕구'를 내재적 동기의 촉발요인으로 보았으며 나아가 활동 수행 동안 지각하는 유능감 체험이 내재적 보상의 역할을 할 것이라고 주장하였다(Deci & Ryan, 1985). 이는 Csikszentmihalyi(1990)가 주장한 '최적의 도전할만한 과업'을 추구하는 내재적 동기의 모형 및 flow의 개념과도 일치되는 관점이다.

　그런데 나중에 Deci와 Ryan(1991)은 문화적 차이를 고려하여 내재적 동기의 촉발요인으로서 '관계욕구'(need for relatedness)를 추가로 제안하였다. 그들의 수정 이론에서 사회적 관계 욕구가 중요하게 고려된 이유는 외재적 보상으로 간주되었던 수행에 대한 사회적 평가 혹은 타인의 평가 등도 내면화(internalization)라는 심리적 기제를 통해 문화에 따라 내재적 보상으로 간주될 수 있다고 믿었기 때문이다. 사회적 관계의 경향성이란 유의미한 방식으로 타인들과 상호 작용하는 것을 통하여 만족스런 인간관계를 경험하고 나아가 더 큰 사회질서에 조화로운 관계(harmonious relation)를 경험하려는 것으로 진술된다(Deci & Ryan, 1991, pp.243-244). 이러한 진술에서, 다른 개인이나 사회질서에 대한 조화라는 것은 곧 개인의 안정적인 혹은 편안한 관계성을 의미한다는 사실을 알 수 있다. 결국, Deci& Ryan(1991)은 사회적 관계 욕구를 내재적 동기의 촉발요인으로 가정함으로써 이완 추구 추동을 직접 언급하지는 않으면서도 그러한 추동과 직접 관련된 사회적 편안함이나 안정 추구를 고려한 셈이 되었다.

이완 추구 역시 내재적 동기의 원인이 된다면, 연장선상에 이해되는 편안함이나 친숙성의 욕구(need for familiarity) 역시 내재적 동기의 요소로 볼 수 있다. 나아가 기존 여가 동기 연구에서 도출하였던 많은 종류의 여가 욕구들도 이 두 가지 추동이 작동하는 내재적 동기의 패러다임으로 정리될 수 있으며, [그림 3-1]로 이를 묘사하였다. 그림에서 개별 욕구들은 단지 가설적 수준의 개념이다.

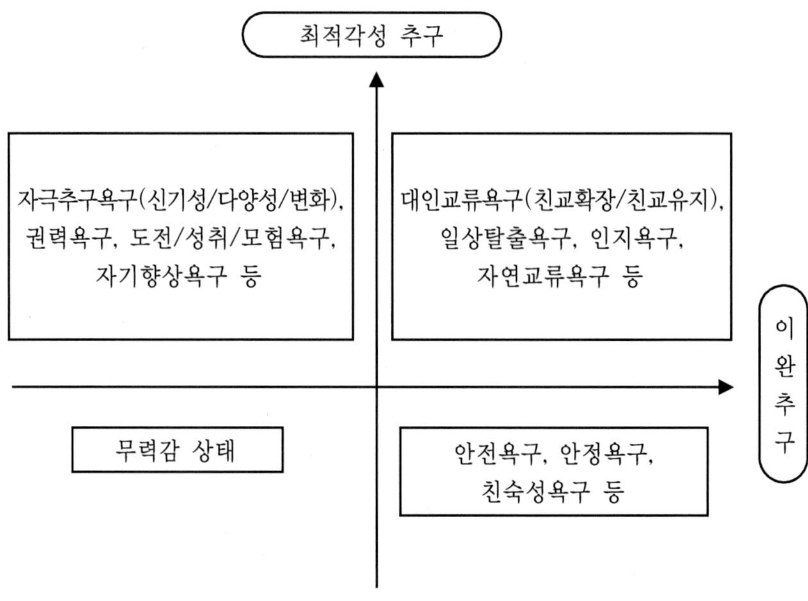

[그림 3-1] 여가 동기의 이중 추동 모형

[그림 3-1]의 Ⅰ사분면은 최적각성 추구와 이완 추구가 동시에 높은 경우인데, 가령 이미 여러 번 다녀온 여행지를 새로운 동료와 함께 여행한다면 행위 당사자는 아마도 여행지 환경을 통하여 친숙함(즉, 이완)을 추구하면서 동시에 여행 동료를 통해서 새로운 경험을 만끽할 수 있다. 또는 편안한 장소에서 추리소설을 읽는 경우에도 해당될 수 있다. Ⅱ사분면은 레프팅(rafting)같이 탐험이나 모험을 감행하는 경우, 게임에 완전히 몰두하여 주변 상황을 전혀 의식하지 않을 때 등이 사례가 될 수 있다. Ⅳ사분면은 이완 추구만이 강한 경우인데 집에서 낮잠을 자거나 가벼운 책을 읽을 때 등이 해당될 것이다. 물론 Ⅲ사분면에 해당되는 여가 활동은 없다. 이 조건에서 아무런 의욕이 없는 상태이기 때문에 여가 행동이 촉발되지 않을 것이다.

3.3. 요약

　지각된 자유감과 내재적 동기를 여가 행동의 결정적 요소로 간주한 이 장에서는 일상생활의 대부분 활동들이 이 두 가지 요소를 포함한다고 가정함으로써 대부분의 인간 활동은 상대적인 수준에서 여가적 속성을 지닌다고 보았다. 이러한 관점은 전통적인 여가심리학의 입장과 일치하고 있으며, 따라서 하나의 구체적인 활동을 여가인가 일인가로 구분하는 이분법적 여가 기준은 적합하지 않다는 것이 필자의 입장이다.

　또한 전통적인 내재적 동기 이론에서는 최적각성 추구 경향만을 전제로 하여 자기 유능감의 욕구와 유능감 체험을 내재적 동기의 결정 요인으로 간주하였으나, 필자는 내재적 동기의 전제로서 이완 추구 경향이 동시에 고려되어야 한다고 보았다. 여가 장면에서 이완 추구와 최적각성 추구는 동시에 활성화될 수 있다고 보았고, 인간의 거의 모든 여가 욕구들은 이 두 가지 추구 성향의 조합 속에 포괄되어 나타난다고 보았다. 여가 동기의 구조를 제시한 [그림 3-1]의 이중 추동 모형은 한 가지 여가 활동에서도 다양한 욕구가 복합적으로 작용할 수 있는 이유를 설명해 준다.

　두 가지 추동에 근거한 동기의 방향은 곧 활동이 이루어지는 속성이나 맥락을 고려함으로써 이해된다. 하나의 여가 활동을 하는 동안 행위자가 접하는 환경속성이나 구조적 맥락은 곧 동기의 작용 방향이며, 이러한 맥락은 다시 중심 요소와 주변 요소로 구분될 수 있다. 이에 대한 새로운 이론 체계는 다음 장에서 제시될 것이다.

제4장 여가 체험 과정: 이중통로 여가 체험모형3)

4.1. 이중 추동과 내재적 동기의 연합

앞 장에서 보았던 것처럼 내재적 동기가 최적각성 추구와 이완 추구라는 두 가지 추동의 영향하에 있는 욕구들의 작용에 근거하는 결과라면, 여가 현장에서의 체험(on-site experience) 역시 그러한 욕구들의 실현 함수에 의해 결정된다고 볼 수 있다. 그런데 하나의 여가 활동은 두 가지 추동 중 하나가 작동되는 조건이거나 혹은 두 가지 추동이 동시에 활성화되는 조건에서 이루어질 수도 있다. 다시 말하면, 하나의 여가 활동에서 내재적 보상으로 작용할 수 있는 체험은 이완 추구 충족과 최적각성 추구 충족이라는 각각의 조건에서 구할 수 있고, 또한 이 두 가지 충족이 동시에 이루어지는 경우에도 지각될 수도 있다. 예를 들어 우리는 친하게 지내는 친구들끼리 술을 마시고자 한다. 술에 취하면서 감정의 고양을 추구하고 동시에 친구 사이의 친밀감을 확인하고자 한다. 친구관계 맥락에서는 친숙성을 원하고 술이라는 속성을 통해서는 흥분감을 추구한다. 이처럼 많은 여가 현상은 이완 체험과 각성체험이 복합적으로 구성되는 경우가 많다. 역으로 말하면 내재적 동기의 하위 요소로서 기본 욕구들은 복합적일 수 있으며, 여가 체험은 그러한 욕구가 충족되는 정도로 가늠할 수 있다. 따라서 여가 장면의 거의 공통적인 체험인 동시에 내재적 보상으로 작용한다고 간주되는 "재미"는 한두 가지 욕구의 충족으로만 지각되는 것은 아니다. 재미는

---

3) 4장은 필자의 논문(2002) "여가 동기와 체험의 이해: 이중 추동 모형과 이중통로 여가 체험 모형. *한국심리학회지: 소비자 광고*, 3(2), 1-23."의 후반부 내용을 정리한 것이다.

물리적인 환경 요소와 활동의 구조적 특징 및 사회적 환경 요소를 통하여 여러 가지 기본 욕구가 충족될 때 지각되는 심리적 판단이다. 이러한 여가 체험은 이미 기술한 [그림 3-1]의 이중 추동 모형을 통하여 이해할 수 있다.

이중 추동 모형으로 여가 체험을 설명할 때 주의할 부분은 여가 체험의 맥락을 고려하여 두 가지 추동의 작동 근거를 찾아야 한다는 점이다. 이미 명제 3에서 보았던 것처럼 여가 활동이 이루어지는 맥락을 고려함으로써 여가 속성을 두 가지 추동에 근거하여 분류할 수 있다. 물론 두 가지 추동이 방향 지워진 맥락 혹은 속성은 사람과 상황에 따라 달라질 것이다. 앞서 예를 들었던 '친구와 술 마시기'라는 여가 활동은 친구라는 맥락과 술이라는 맥락에서 추구하고 욕구와 그것의 충족 체험이 다른 종류라는 것을 알 수 있다. 이러한 논의는 '위락여행은 변화에 대한 욕구와 안정에 대한 욕구의 모순이 최적각성 추구의 틀 내에서 변증법적으로 해결되는 과정'이라고 인식한 Iso-Ahola(1983, p.50)의 관점과 유사하다. 다만, 변화에 대한 욕구는 최적각성 추구를 반영하는 욕구이고, 안정에 대한 욕구는 이완 추구를 의미하는 욕구라는 점에서 여가 활동은 최적각성 추구의 틀 속에서가 아니라 두 가지 추동 자체가 변증법적으로 작용하는 과정이라고 보는 것이 타당할 것이다.

여가 참여자가 지각할 수 있는 체험이 그 여가 활동의 여러 맥락과 관련이 있다고 볼 때, 활동 맥락은 크게 '활동 그 자체가 지니고 있는 구조적인 속성'과 '활동이 이루어지는 환경 속성'으로 구분할 수 있다(고동우, 1998a). Ewert와 Hollenhorst (1994) 역시 모험여가 활동의 체험을 두 범주로 구분하였는데 첫째는 활동의 구조적 특성으로부터 야기되는 '참여자 개인의 심리적 속성(individual attributes)'이었고 두 번째는 활동 장면의 사회·물리적 환경 조건 혹은 속성에 대한 지각에 해당되는 '현장속성(setting attributes)'이었다. 전자에는 기술수준, 통제소재, 관여 등이 포함되었고, 후자에는 자연성(naturalness), 사회적 경향(social orientation), 장비, 위험 요소 등이 포함되었다. 특히 이 연구자들은 Whitewater Boaters(레프팅 참가자)와 Rock Climbers(암벽등반가)를 대상으로 연구하였는데 두 속성 범주 사이의 정준분석 결과, 어떤 모험 활동에 전문가가 되어갈수록 그 활동의 구조적 특징에 대한 경험의 질은 깊어간다는 결론을 도출하였다. 결국, 여가 활동의 체험은 활동 자체에 연관된 체험과 활동의 주변 속성에 관련된 체험으로 구분할 수 있다. 과제에 대한 외재적 보상의 경우라고 생각하면 '과제 – 연계 보상(task-contingent rewards)'과 '과제 – 비연계 보상(task-non contingent rewards)'의 구분이다.

여가 체험은 이미 전제한 최적각성 추구와 이완 추구의 실현함수로 이해된다는 점에서 체험 맥락 혹은 속성은 곧 이 두 가지 추동이 작용하는 방향의 의미를 가진다. 중심 체험을 통하여 최적각성에 관련된 욕구가 충족되고 주변 체험을 통하여 이완관련 욕구가 충족될 수 있으며 혹은 반대의 경우도 가능하다. 추동의 두 종류와 체험의 두 종류를 조합하면 모두 네 가지 경우의 수가 발생한다. 중심 체험 – 최적각성/주변 체험 – 최적각성의 경우, 중심 체험 – 최적각성/주변 체험 – 이완의 경우, 중심 체험 – 이완/주변 체험 – 최적각성의 경우, 그리고 중심 체험 – 이완/주변 체험 – 이완의 경우가 그것이다. 그런데 두 가지 추동이 인간 생존과 발전을 위한 상보적인 관계를 지닌다는 가정을 받아들일 때(명제 4), 이 두 가지 추동이 동시에 충족되는 상보적인 조건의 여가는 다른 조건의 여가에 비해 지속가능성과 반복가능성이 동시에 높을 것이라고 예상할 수 있다. 즉, 두 가지 추구의 충족 체험은 곧 하나의 여가 활동이 지속되고 반복되기 위한 조건이라고 할 수 있다.

명제 5. 긴장 체험과 이완체험이 복합적으로 구성된 여가 활동은 어느 한 가지 체험으로 이루어진 여가 활동에 비해 반복가능성과 지속가능성이 높다.

〈표 4-1〉 활동 속성과 두 가지 추동의 관계에서 나온 여가 체험 및 형태

중심속성 추구	최적각성 추동		이완 추동	
주변속성 추구	최적각성 추동	이완추동	최적각성추동	이완추동
여가 체험지각 (욕구충족)	강한 재미/약한 흥분 (즉, flow)	강한 재미/약한 편안함	강한 안정감/약한 재미	강한 안정감 및 편안함
여가 활동의 지속가능성	낮음	높음	높음	낮음
여가 활동의 반복가능성	높음	매우 높음	매우 높음	높음
여가 형태	over-serious leisure: 스키, 모험관광, 암벽등반, 콘서트참여 등	serious leisure: 독서, 게임, 조깅, 글쓰기, 능동적 TV 시청, 관람형 여가 등	semi-casual leisure: 크루즈 관광, 외식, 소풍 등	casual leisure: 수동적 TV시청, 낮잠 등

여가 체험의 네 가지 조건 중 긴장과 이완이 상보적인 경우는 두 가지이다. 네 가지 조건 각각을 고려했을 때 지각할 수 있는 긍정적인 체험 및 여가 형태를 〈표 4-1〉에 정리하였다. 표에서 보면 어떤 종류의 조건이든지 체험이 긍정적이면 그것은 곧 내재적 보상이 되어 향후 그 활동에 대한 내재적 동기는 유지되거나 강화될 것이다. 그러나 중심 체험과 주변 체험이 최적각성 추구와 이완 추구의 상보적인 관계로 이루어져 있지 않다면, 참여 중인 여가 활동이 오랫동안 지속되기는 어려울 것이다. 왜냐하면 그러한 경험은 과도한 긴장으로 이어지거나 반대로 따분함으로 이어질 가능성이 있기 때문이다. 한편 중심 체험과 주변 체험이 긴장과 이완이라는 두 가지 기제의 상보적인 관계로 구성되는 경우 지속가능성과 반복가능성은 모두 높다고 예상할 수 있다.

활동의 구조적 특징에 관련 있는 중심 체험이 최적각성을 지각하는 형태로 이루어진다면 비교적 강한 재미(fun)나 즐거움(pleasure)을 동반하게 될 것이다. 중심 체험과 주변 체험이 동시에 최적각성의 기제에 의해서 이루어진다면 상대적으로 과도한 긴장이 유지되는 재미와 흥분

상태가 나타날 것이며, 대개 이러한 체험을 동반하는 여가 활동은 주로 신체적인 역동성과 정신적인 주의를 동시에 요구하는 유형의 여가라고 할 수 있다. 이는 곧 '진지한' 수준을 넘어서는 형태의 체험이라고 할 수 있다. 중심 체험이 최적각성의 기제에 의해 이루어지는 반면 주변 체험이 이를 기능적으로 보상하여 주는 이완체험으로 이루어진다면 강한 재미와 즐거움 및 편안함이 동시에 지각될 것이라고 본다. 소위 바둑 같은 게임 여가, 독서, 관람형 여가와 같이 정신적인 주의를 요구하는 동시에 신체적으로 편안한 상태를 유지하는 형태 또는 반대 구조의 여가 활동이 이 범주에 포함된다고 본다. 특히 '진지한 여가(serious leisure)'의 형태가 이 범주에 해당될 것이다. '진지한 여가'[4]란 '어떤 활동을 통하여 구체적인 기술과 지식을 습득하는 동안 자신의 경력(career)을 발견할 수 있을 만큼 충분한 구조와 흥미성을 갖춘 아마추어, 취미 및 자원 활동'이라고 정의된다(Stebbins, 1992, p.3).

한편 중심 체험이 이완 지각과 같은 구조로 이루어진다면 여가 참여자는 대개 편안함, 친숙함, 안정 등을 강하게 지각할 것이다. 특히 주변 체험도 이완으로 이루어진다면 지나치게 강한 이완 상태가 될 것이다. '아무 생각 없이' TV를 보는 경우[5] 혹은 낮잠을 자는 경우와 같이 가

---

4) Stebbins는 또 진지한 여가를 '가벼운 여가(casual leisure)'나 '휴식여가(relaxing leisure)'와 구분하였는데, 그 둘 사이의 중요한 차이점을 제안하였다. 구체적으로 습득되는 지식과 기술의 발달을 위해서, 또 그 활동에서의 경력 개발을 위해서 그리고 그 활동에 대한 강한 애착이나 동일시를 위하여 집요하고 개인적인 노력이 요구되는가의 여부를 구분 기준으로 삼았다.

5) TV 시청은 보통 수동적 여가로 구분되며, 수동적 TV시청은 이완 추구추동의 작용으로 이해된다. 그러나 월드컵 축구 경기나 중요한 정보탐색과 같이 관여 수준이 높은 상태에서 이루어지는 TV시청은 능동적 시청이 될 것이고, 따라서 최적각성 추구의 작용 결과로 이해할 수도 있다. 그러나 이러한 경우는 독특한 상황이며, 하루 평균 네 시간에 해당되고 인생의 여가시간 중 거의 반 정도를 차지하는 TV 시청 현상에서 시청하는 동안 사람들은 대부분 각성이나 흥분은 낮은 반면 이완감을 크게 경험하는 것으로 보고 되고 있다(Kubey & Csikszentmihalyi, 1990).

벼운 여가(casual leisure)의 형태가 이런 체험을 야기한다고 본다. 그러나 너무 강한 이완은 지루함으로 이어지기가 쉽다. 반면 주변 체험이 최적각성으로 구성되면 강하지는 않지만 재미 요소를 지각하게 될 것이며 상보적인 심리상태에 놓이게 된다. 소위 나들이나 소풍과 같은 경우가 여기에 포함될 것이다.

여가 체험을 맥락에 근거하여 중심 체험과 주변 체험으로 구분하는 접근방식은 마치 태도이론 중 Petty & Cacioppo(1981)의 정교화 가능성 모형(Elaboration Likelihood Model)과 유사할 수 있다. 하나의 여가 활동을 수행하는 데 있어서 그 활동이 참여자에게 매우 중요하고 활동의 구조 및 과정을 향한 내재적 동기가 강하게 활성화된 것이라면 참여자는 중심 체험을 통한 내재적 보상을 받을 때 그 활동에 대한 내재적 동기가 유지·강화될 것이다. 반대로 여가 활동을 수행하게 된 목적이 핵심적 특성을 체험하기 위한 것이 아니고, 큰 흥미 없이 혹은 주변 요소(예를 들어, 동료와 관계 고려)에 초점을 둔 상태에서 이루어진 여가 활동이라면 주변 체험을 통하여 그 활동을 평가할 것이다. 주변 체험에 근거하여 참여했던 활동을 평가하는 경우 그 활동에 대한 동기나 태도는 비교적 약하며 덜 안정적이라고 예상할 수 있다. 그러나 주변 체험과 중심 체험은 길항적 관계이거나 양방적 관계가 아니고, 오히려 상호 독립적으로 지각될 수 있다는 점에서 양립 가능한 관계를 가진다고 보아야 한다. 이러한 논리는 두 개의 태도 형성 통로가 상보적인 관계를 가질 수 있다는 Eagly와 Chaiken(1993)의 관점과 유사하다. 다시 말하면 주변 체험을 위하여 시작한 활동이라 할지라도 중심 체험을 통한 내재적 보상을 겪게 되면 그 활동에 대한 내재적 동기가 활성화될 수 있다는 것을 의미한다. 그리고 중심 체험과 주변 체험 모두를 긍정적으로 지각하면 그 활동에 대한 내재적 동기(즉, 반복가능성)는 강화될 것이다. [그림 4-1]은 이러한 논리를 정리하고 있다. 다만, 진행 중인 활동의 지속가능성과 관련된 부분은 묘사하지 않았다.

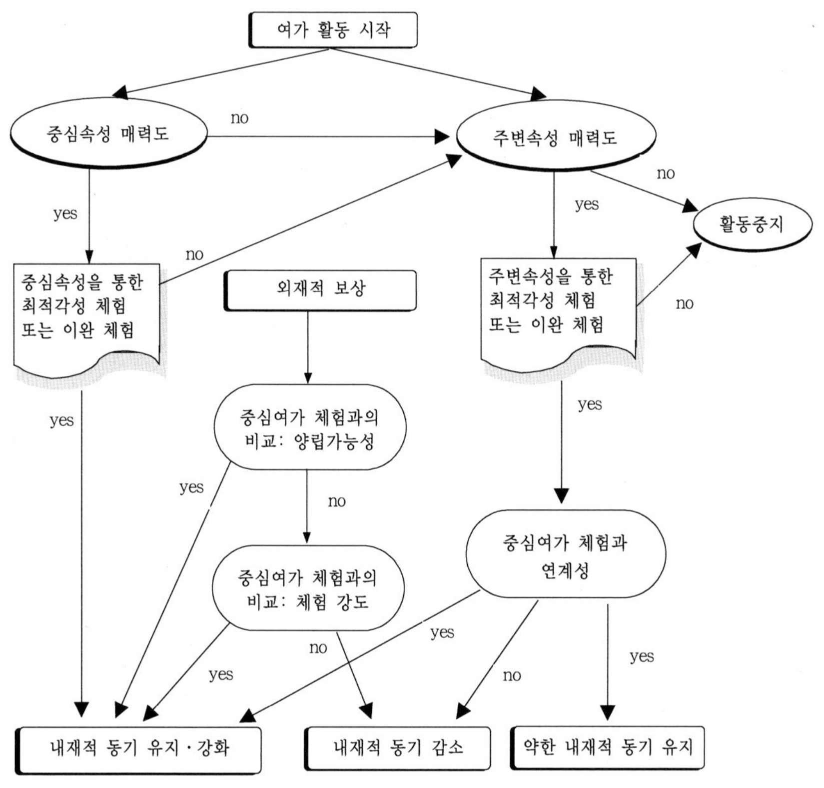

[그림 4-1] 이중통로 여가 체험 모형

　[그림 4-1]에 제시한 '이중통로 여가 체험 모형'의 논리는 내재적 동기와 외재적 보상의 관계에 대한 전통적인 관점을 벗어난다. 전통적인 관점에서는 내재적 동기로 시작한 활동의 경우 외재적 보상이 주어지면 원래의 내재적 동기가 사라진다거나 혹은 외재적 보상은 수행 수준에 대한 정보가의 역할을 담당할 수 있다고 보았다(Amabile, 1993; Deci & Ryan, 1985). 그러나 [그림 4-1]의 경우 외재적 보상이 주어진 활동이라 할지라도 그것이 주변 체험으로 지각되고 동시에 내재적 보상이 중심 체험으로 지각되면 그 활동에 대한 내재적 동기는 활성화될 수 있다는 것이다. 다만 이 논리는 활동 초기의 외재적 동기나 수행과

정의 외재적 보상이 주변 속성에 방향 지워지는 경우에 한하여 가능할 것이다. 다시 말해서, 내재적 동기로 어떤 활동을 수행할 때 외재적 보상이 주어지는 경우 그 보상이 주변적인 것으로 지각된다면 초기의 내재적 동기에는 영향이 없을 것이다.

> 명제 6. 여가 활동에 대한 외재적 보상이 주어지더라도 그것이 주변 체험으로 지각되고 중심여가 체험의 내재적 보상이 제대로 지각되는 경우 그 활동에 대한 내재적 동기는 줄어들지 않을 것이다.

외재적 보상이 주변 체험으로 지각되느냐 혹은 중심 체험으로 지각되느냐 하는 것은 보상의 구조적 특성(즉, 과제-비연계 보상, 과제-연계보상 혹은 수행-연계보상)과 관련이 있을 것이다. 하나의 여가 활동에 외재적 보상이 주어지더라도 그것이 활동의 구조적 특성과 관련이 없는 종류의 보상(즉, 과제-비연계 보상)이라면 행위자는 그 보상을 활동 주변적인 것으로 지각할 것이고 따라서 본래의 내재적 동기는 감소하지 않는다. 실제로 내재적 동기와 외재적 동기의 관계에 대한 메타분석 결과들은 과제-비연계 형태의 외재적 보상이 활동 수행 중에 주어지고 향후 그 외재적 보상이 주어지지 않더라도 내재적 동기를 감소시키지 않는다는 결론을 내리고 있다(Amabile, 1993; Cameron & Pierce, 1994; Tang & Hall, 1995). 이러한 현상이 소위 "님도 보고 뽕도 따는 경우"라고 할 수 있겠다.

그러나 주어지는 외재적 보상이 활동의 구조적 특성과 관련이 있는 경우라면(즉, 과제-연계 보상 및 수행-연계 보상) 예상은 조금 복잡하다. 기존 연구들의 일관된 결과는 과제-연계 보상이 주어지는 경우, 향후 (그것이 제거되면) 내재적 동기가 감소하고(Deci & Ryan, 1985; Tang & Hall, 1995), 수행-연계된 보상은 (향후 그것이 제거되더라도) 내재적 동기를 유지 혹은 증가시킨다는 것이다(Cameron & Pierce, 1994). 기존 연구들은 과제-연계된 보상의 부적 효과에 대하여 "과정당화 가설"로 설명하고, 수행-연계 보상의 정적 효과에 대해서는 능력에 대한 "정보가 가설"로 설명한다(장재윤·구자숙, 1998; Cameron & Pierce, 1994; Deci & Ryan, 1985; Tang & Hall, 1995). 그러나 두 가지 외재적 보상의 반대 효과를 각각 다른 기제로 설명하는 것은 논리적 모순이 될 수 있다. 특히 수행-연계 보상의 경우 자기 결정감은 감소시키는 반면 유능감을 증진시킨다는 논리를 따르기 위해서는 내재적 동기의 작용에서 유능감 지각이 자기 결정감 지각보다 더 중요하다는 가정을 해야만 한다. 이러한 가정은 내재적 동기 과정에서 자기 결정감이 유능감 지각보다 더 중요하다고 가정하는 '과정당화 가설'의 논리와 모순되는 것이다. 더불어서 유능감을 제외한 다른 종류의 여가 체험들이 내재적 보상으로 작용한다는 사실을 무시하게 된다.

이에 대한 대안 설명은 중심 체험과의 관련성으로 간단히 설명할 수 있다. 주어지는 외재적 보상이 중심 체험과 조화를 이루는 경우라면(가령, 수행-연계 보상 vs 유능감 및 최적각성) 그러한 외재적 보상은 내재적 동기에 오히려 긍정적인 효과를 지닐 것이다. 이러한 현상에 대하여 Amabile (1993)은 내재적 보상과 외재적 보상의 가산성을 고려한 동기적 시너지(motivational synergy)라는 개념을 제시하였다.

그러나 주어지는 외재적 보상이 중심 체험과 조화를 이루지 못할 뿐 아니라 그것이 야기하는 감정의 강도가 여가 체험의 강도보다 크다면 그것은 내재적 동기에 부정적인 영향을 미칠 것이다. 외재적 보상은 여가의 반대 조건을 의미하기 때문에 그 보상이 야기하는 체험은 여가 활동이 야기하는 체험과 비교될 수밖에 없을 것이다. 즉, 과제-연계적 보상이 주어지는 경우, 외재적 보상체험의 강도가 여가 중심 체험의 강도보다 크다면 행위자는 내재적 보상을 과소하게 지각할 것이고, 그 활동에 대한 내재적 동기가 줄어들 것이다. 그러나 반대로 외재적 보상 체험이 여가 중심 체험의 강도보다 약하다면 오히려 내재적 보상 체험의 강도는 과대하게 지각될 것이고, 내재적 동기는 줄어들지 않을 것이다. 후자의 경우 과제 – 연계적 보상이라 하더라도 그것은 단지 활동 주변 체험으로 지각될 수도 있다.

> 명제 7. 여가 활동에 대한 외재적 보상이 주어지는 경우 그것이 중심 체험과 조화를 이루는 조건이라면, 동기적 시너지 효과가 나타날 것이고, 그 활동에 대한 내재적 동기가 증가할 것이다.
> 명제 8. 여가 활동에 대한 외재적 보상이 중심 체험과 조화를 이루지 못하는 경우, (향후 그 외재적 보상이 제거되면) 그 활동에 대한 내재적 동기는 외재적 보상 체험의 강도와 여가 중심 체험의 강도 사이의 비교 함수에 의해 결정될 것이다.

이처럼 활동 중심 체험으로서 내재적 보상과 외재적 보상이 공존하는 경우, 어느 보상을 더 중요한 것으로 지각하느냐에 따라 그 활동은 여가가 될 수도 있고 일(혹은 의무)이 될 수 있다. 따라서 외재적 동기를 가지고 시작한 활동이라고 하더라도(가령, 운동선수) 활동의 중심 체험으로서 여가 체험(즉, 내재적 보상)이 외재적 보상보다 더 크게 지각된다면 그 개인에게 있어서 그 활동은 여가 현상으로 혹은 여가적 활동으로 인식될 것이다. 또한 반대의 변화 과정이 발생할 수도 있다. 이런 점에서 하나의 활동이 언제나 여가나 일로 지각되는 것은 아니며, 개인의 체험 과정에 따라 달라진다. 예를 들어, 어떤 목적지를 사업차 여행하는 사람에게 있어서 여행 동안에 어떤 체험을 하느냐에 따라 나중에는 동일한 여행지를 순수 관광의 목적으로 가기도 한다.

이러한 관점으로 내재적 동기에 대한 선행 연구들을 다시 검토하여 재해석할 수 있다. 예를 들어 기존 연구들을 메타분석(meta-analysis)한 Tang & Hall (1995)은 외재적 보상을 제공함으로써 활동에 대한

내재적 동기가 감소한 경우와 반대로 내재적 동기가 증가한 경우를 10
가지 조건을 고려하여 제시하였다. 그러나 이러한 해석은 매우 복잡하
여 외재적 보상과 내재적 동기의 관계를 간략히 묘사하는 데 어려움을
야기한다.

반면 이중통로의 개념으로 보면, 이러한 결과는 간단히 세 가지 조건
을 가정하여 설명할 수 있다. 첫째, 외재적 보상이 중심 체험으로 지각
되느냐 주변 체험으로 지각되느냐의 문제(즉, 과제-연계 보상 vs 과제
-비연계 보상), 둘째, 외재적 보상이 활동 중심 체험으로 지각되더라
도 그것이 여가 중심 체험과 조화를 이루느냐 부조화냐의 문제(즉, 수
행-연계보상의 경우와 긍정적 피드백 유무의 경우), 셋째, 외재적 보
상의 강도가 여가 중심 체험의 강도보다 강하냐 약하냐의 기준(즉, 최
초의 흥미 수준)으로 설명할 수 있다.

특히 세 번째 조건의 경우는 부연 설명이 필요한데, 피험자들의 최초
흥미 수준이 낮은 과제를 사용한 연구들에서 과제-연계된 보상이 주
어졌음에도 나중에 그 과제에 대한 흥미(즉, 내재적 동기수준)가 증가
하였다는 결과는 사실 전통적인 내재적 동기론의 관점으로(Deci &
Ryan, 1985) 설명하기 힘들다. 그럼에도 불구하고 최초 흥미 수준이 높
은 과제만을 대상으로 외재적 보상의 부적 효과를 말하는 것은 기존
이론의 한계를 의미할 뿐이다. 엄밀히 말하면, 대부분의 내재적 동기
연구들은 놀이나 게임같이 최적각성 추구를 전제로 하는 활동을 소재
로 활용하였고, 나아가 그것에 대한 흥미가 높은 피험자 조건에서만 외
재적 보상의 부적 효과가 발견되었다는 사실은 성취동기가 높은 경우
이거나 그러한 사람에게만 연구결과가 적용된다고 해석할 수도 있다.
성취동기는 개인의 기술과 과제의 난이도 사이의 적절한 조화의 결과
로서 Deci의 유능감이나 Csikszentmihalyi의 folw 이론처럼 최적각성 추
구를 전제로 하기 때문이다. 결국, 과제에 대한 흥미 수준이 낮은 경우
기존 내재적 동기이론의 예언이 맞지 않는다는 연구결과는 과제에 대

한 초기 성취동기 수준을 고려하지 못했기 때문일 수 있다. 그리고 어떤 과제에 대한 초기의 성취동기는 수행 경험에 대한 사전 기대를 포함하고 있다는 것은 쉽게 짐작할 수 있다.

최초흥미 수준의 한계는 이중통로 여가 체험 모형으로 설명할 수 있다. 최초 흥미가 낮은 과제라고 할지라도(즉, 활동 중심속성에 흥미수준이 낮은 경우), 과제를 수행하는 동안 여가 중심 체험을 지각한다면 '기대 이상의 재미'(즉, positive dis-confirmation between expectation and performance)를 지각하게 될 것이며, 과제-연계형 외재적 보상이 주어지더라도 그것이 예측되는 상황에서 지각되는 보상은 기껏해야 기대 충족 수준의 체험(confirmation between expectation and performance)에 불과하다. 이런 경우 여가 중심 체험의 강도(즉, 기대이상)는 보상체험의 강도(즉, 기대수준)보다 클 것이고, 내재적 동기는 오히려 증가할 것이다.

기존 연구들의 또 다른 한계는 외재적 보상이 내재적 동기에 미치는 영향을 조사하면서 정작 내재적 보상과 외재적 보상의 관계나 내재적 보상의 직접 효과에 관한 탐구 시도가 없다는 점이다. 반면 이중통로 여가 체험 모형은 내재적 보상으로서 여가 체험의 역할을 직접 다룰 수 있다는 점에서 기존 연구들의 이러한 한계를 개선하고 있다.

4.4. 이중통로 여가 체험 모형의 시사점

여가 체험은 이러한 맥락 요소들에 근거하여 중심 체험과 주변 체험으로 나누어질 수 있으며, 체험의 두 종류와 동기경향성 두 가지의 관계성은 다시 2×2의 조합으로 이해된다. [그림 4-1]의 이중통로 여가 체험 모형은 이러한 관계를 설명하고 있으며, 이 모형은 다시 중심 체험과 주변 체험의 특징이 이미 수행한 활동을 추구하는 내재적 동기에 어떻게 영향을 미치는지를 예언하고 있다. 더불어서 내재적 보상으로 작용하는 중심 여가 체험과 외재적 보상의 관계에 대해서도 전통적인 내재적 동기 연구들이 제시한 복잡한 조건들 대신에, 두 보상의 연관성과 체험 강도의 비교라는 기준으로 간단히 설명하였다. 마지막 부분에서는 여가 행동의 이중 추동 모형과 이중통로 여가 체험 모형이 일반적이며 가장 복합적인 여가라고 일컬어지는 순수 관광 행동에도 타당하게 적용될 수 있음을 설명하였다.

결국, 앞 장에서 제시한 이중 추동 모형과 더불어 이중통로 여가 체험 모형은 하나의 활동이 왜 지속되고 왜 반복되며, 또 왜 다른 여가 종류로 대체(substitution)되는지를 잘 설명해준다. 나아가 일로 시작한 활동이 나중에는 여가 활동이 될 수 있는 이유를 설명하고 있고, 반대로 여가 행동이 일로 변하는 과정도 설명해 준다. 여가 장면의 중심 맥락과 주변맥락을 구분하고 나아가 각 맥락에 맺혀있는 동기적 경향성을 고려하면 하나의 여가 활동이 지니는 생명곡선은 쉽게 그려질 것이다.

이러한 여가 체험 모형은 곧 여가 프로그램을 진단하는 데에도 쉽게 적용될 수 있다. 어떤 종류의 여가 프로그램이라 할지라도 중심 체험과 주변 체험의 조화를 만들어내고 최적각성과 이완 체험의 조화만 이루어낸다면 결코 재미없거나 혹은 버거운 프로그램은 되지 않을 것이다. 두 가지 추동의 조합과 맥락을 고려하여 여가 참여자의 동기적 위치를 확인하면, 참여자에 맞는 여가 프로그램을 개발할 수도 있다.

그럼에도 불구하고 본 장에서 제시한 여가 체험 모형은 아직 제안에 불과하다. 제안한 명제를 중심으로 경험적 연구가 이루어질 필요가 있다는 주장은 당연하다. 지속적으로 많은 후속 연구가 이루어져야만 이 모형이 타당한지를 확인할 수 있다. 더불어서 이중통로 여가 체험 모형의 적용 범위가 여가 장면에만 국한되는지의 여부도 확인되어야 한다. 언급한 것처럼 일반적으로 여가라고 부르지 않는 현상이라고 할지라도 상식적인 수준에서 이루어지는 모든 인간 행동은 곧 여가 장면의 현상과 일맥한다. 여가 행동이 가장 자연스러운 조건에서 이루어진다는 점에서 여가의 본질은 곧 상식적 가치를 지니기 때문이다. 이러한 상식적 가치 중의 하나가 바로 내재적 동기의 전제인 변화와 안정에 대한 추구이다. 변화를 원하면서 동시에 안정을 희구하는 양면성의 가치가 여가 현상을 지배하는 것이다. 우리의 정치사에서 "안정 속의 개혁"이라는 정치적 슬로건이 어떻게 그토록 큰 대중적 효과를 야기했는지를 이해할 수 있다.

제2부

여가 동기와 체험의 분석

제5장 내재적 동기와 축제 체험: 사례연구6)

국내의 경우 크고 작은 기획축제는 약 1000여종이 넘는 것으로 추산되고 있으며, 많은 종류가 지방자치단체에서 관광 상품의 일환으로 기획한 경우이다. 이러한 이유 때문에 축제를 체계적으로 평가할 필요가 있으며, 실제로 축제 참여자의 서비스 품질 지각, 만족도, 지출행동, 참여 동기 등에 대한 많은 연구들이 진행되어 왔다. 거시적 수준의 경제적 측면에서 기획 축제를 진단하고자 하였던 연구도 있고(변우희, 2003; 이충기, 1999; Leones, Colby, & Crandall, 1998; Long & Perdue, 1990; Uysal & Gitelson, 1994; Walo, Bull, & Breen, 1996), 축제 이미지 진단 연구(전재균, 2002; 이장주·박석희, 1999)와 여가 경험으로서 축제 체험에 대한 연구(고동우, 1990)나 참여 동기와 만족도 측정을 통한 축제 평가 연구(이정실·양일용, 2003; 이충기·이태희, 2000; 차동욱, 2004; Mohr, Backman, Gahan, & Backman, 1993; Uysal, Gahan, & Martin, 1993) 등이 있었다.

이들 축제 연구를 포함해 모든 소비자 행동 연구에서 이용 경험(experience)이 얼마나 긍정적이냐 하는 것이 사후 만족과 같은 후속 태도를 결정하는 것으로 가정되고 있다. 이러한 논리는 관광 행동 분야에서도 다르지 않다. 그러나 경험이라는 과정이 역동성과 지속성을 지닌다는 점에서 경험적 자료를 통해 그것의 복잡한 영향력을 확인하는 것은 결코 쉽지 않다. 경험이란 사전 동기나 기대에서 사후 평가에 이르기까지 일련의 과정을 내포하는 표현이고, 간접경험과 같은 말도 포함하는 의미가 있기 때문이다. 특히 축제나 관광 같은 여가 활동을 이해하는 데

---

6) 이 장은 필자의 논문 "축제 방문자의 내생적 체험과 외생적 체험 비교 연구: 이중통로 여가 체험 모형을 중심으로"(관광레저연구, 2005, 17권 4호, 45-64)를 재정리한 것이다.

있어서 경험은 현장 체험(onsite experience) 과정을 포함하고 있으며, 서비스 수행이 발생하는 장면에서는 종종 수행(perceived performance)이라는 용어로 다루지기도 하였다. 즉, 관광 경험은 "현장 체험(즉, 수행)-만족-재방문 및 추천행동"으로 이어지는 일련의 과정이라는 점에 대해서 대부분이 동의하고 있다(고동우, 1998a). 또한 이러한 가정 때문에 많은 관광 전략에서 관광자의 만족과 같은 긍정적인 사후 평가를 유도하는 것이 가장 중요한 것으로 간주하게 된다. 이러한 가정은 이론적으로 인지 일관성 패러다임(cognitive consistency paradigm)을 따르는 것으로 간주되며, 현장 체험은 단지 하나의 포괄적인 변수로 처리되는 경향이 있다. 몇몇 예외적인 연구들은 이러한 직선 모형이 지나치게 인지일관성 패러다임(cognitive consistency)에 단순히 의지하고 있다고 비판한다(Geva & Goldman, 1991). 사회심리학의 인지부조화 이론이 적용되는 사례도 충분히 보고 되고 있고, 체험의 맥락이 사후 태도를 결정할 것이라는 사회심리학의 연구들도 있었다(Kruglanski, 1975). 특히 내생적-외생적 체험(endogenous-exogenous experience)을 구분하여 내재적 동기(intrinsic motivation)가 어떻게 달라지는지를 보고한 Kruglanski(1975)의 연구는 활동의 주제가 분명한 관광 장면에 적용하기 쉽다고 평가된다(고동우, 1998a, b).

특히 여가 행동을 이해하는 데 있어서, 인간의 자발성이라는 전제의 합치로 인해 가장 유용하게 적용 가능한 이론은 내재적 동기론으로 알려져 있다(Neulinger, 1975, 1981). 내재적 동기이론을 집대성한 Deci와 Ryan(1985, 1991)은 여가 장면과 같은 자발적 상황에서 개인의 체험은 최소한 두 가지가 있다고 주장하였다. 첫째는 내재적 보상 체험이고 둘째는 외재적 보상 체험이다. 유사하긴 하나 약간 다른 관점에서 접근한 Kruglanski(1975)도 내생적 체험과 외생적 체험으로 이를 구분하였으며, 두 가지 체험은 보상으로서 기제가 서로 다르다고 알려져 있다. 이러한 주장은 국내에서 고동우(2002)에 의해 '이중통로 여가 체험 모형'(4장 참고)으로 다시 정리되었으며 특히 축제나 관광 같은 여가 장면에서 검증할 필요가 있다.

결국, 전통적인 인지일관성 패러다임이 설명하지 못하는 비일관적 사후 행동을 이해하기 위해서는 다른 관점의 모형이 요구된다. 특히 기획축제와 같이 주제가 분명한 관광 장면을 일반적인 기대-수행이나 만족 등의 개념으로 이해하는 것은 한계가 있으며 대안 모형을 적용하여 이를 탐색할 필요가 있다. 따라서 본 연구에서는 이중통로 여가 체험 모형을 적용하여 주제가 분명한 기획축제 방문자의 체험통로에 따라 후속 태도가 어떻게 달라지는지를 확인하고자 하였다.

5.1. 사후 태도의 개념

전통적으로 관광 행동 연구에서 가장 중요하게 다루어 온 주제는 만족과 같은 사후 태도 개념이다. 관광 만족, 재방문 의도, 추천 의도 등은 가장 대표적인 사후 태도 개념들이며 학자에 따라서 이를 동일한 구성개념의 하위 요소로 간주하기도 하고 각각을 별개의 개념으로 설정하기도 한다. 관광자 만족에 대한 가장 포괄적이고 보편적인 정의는 Lounsbury와 Polik(1992)의 연구에서 볼 수 있다. 이들에 따르면, 관광자 만족은 '관광자 자신이 관광 체험 총체에 대한 사후 이미지를 평가하는 것으로서 관광 체험 총체에 대한 일종의 태도'로 정의된다. 전반적 평가 개념으로서 만족에 대한 이러한 정의는 사실 소비자 행동 연구의 관점과 다른 것이 아니다. 그러나 구체적인 측정 수준에서 만족 개념은 연구 상황에 따라 몇 가지 종류로 나누어진다.

첫째는 관광 만족을 사전 기대의 충족 정도로 이해하는 경우인데 이들은 대개 기대의 각 차원별로 그러한 기대가 충족된 정도로 평가한다

(김인호, 1993; Oliver, 1977; Ross, 1993). 예를 들어 "제주도의 지역 문화에 대한 기대는 관광하는 동안 얼마나 충족되었는지?"의 정도로 평가한다. 그러나 이러한 관점은 사전 기대가 현지 체험 동안에도 변하지 않고, 새로운 기대 또한 만들어지지 않는다는 가정이 가능해야만 실현될 수 있다.

둘째 방법 역시 사전 기대-수행의 관점을 따르고 있는데 다만 측정 방식에 있어서 기대 점수와 수행 점수를 각각 도출하여 그것을 비교한 수치를 독립 변수로 놓고 전반적 만족 평가를 예측하는 방식이다. 물론 전반적 만족은 전통적인 소비자 행동 연구와 다르지 않으며 대개 "일반적으로 보아서 당신은 이번 여행에 대해 얼마나 만족하는가"의 정도로 측정한다(Maddox, 1985; Mazursky, 1989).

그러나 이 두 가지 관점의 문제는 사전 기대가 수정되거나 새로운 기대가 만들어진다면 최종적인 만족은 사전 기대의 충족으로 가정할 수 없다는 데 있다. 실제로 관광과 같은 여가 장면에서 비교적 긴 여정 동안에 많은 환경과 상호 작용하여야 하는 조건이 전제되기 때문에 기대-수행 패러다임은 한계를 지닐 수밖에 없다. 이러한 지적은 역동적인 체험 환경이 조성되는 기획축제의 경우에도 그대로 적용될 것이다.

셋째, 관광지의 속성별 만족도를 측정하여 이를 총합하는 방식의 접근이다. 이러한 관점은 관광학 연구 초기부터 나온 것으로서 아마도 Pizam, Neuman & Reichel(1978)이 처음일 것이다. 이러한 관점은 관광지의 속성별 수행 수준이 전반적 만족의 일부로 작용한다는 가정을 하고 있으며, 속성의 종류에 따라 만족을 구분할 수 있다는 점에서 의의가 있다(고동우, 1998b). 그러나 속성만족도를 곧 전반적 만족으로 보아야 하는지 혹은 전반적 만족의 선행 변수인지 여부는 여전히 논란 거리이다.

넷째 방식은 가장 포괄적인 접근양식인데, 재방문 의도나 추천 의도 같은 개념에 이미 만족의 정도가 반영된다는 가정 아래 이들 여러 개념을 하나로 묶어서 전반적 관광 만족으로 측정하는 방식이다(Moscardo & Pearce, 1986; Stewart & Hull Ⅳ, 1992). 그러나 이들 재방문 의도나 추천 의도의 개념이 만족이라는 감정상태의 영향을 받는다고 하더라도 만족과 동일시할 수 있느냐 하는 점은 여전히 논란이 된다. 만약 내용이 본질적으로 다르다면 이들 개념은 각기 다른 방식으로 측정되어야 할 것이다. 실제로 관광 행동 연구에서 재방문 의도나 만족은 서로 다른 기제에 의해 결정될 수 있다는 결과가 보고 되고 있다(고동우, 1998b; Geva & Goldman, 1991). 다시 말해 관광자가 관광 행동에 대해 만족한다고 응답하더라도 재방문 의도와 추천 의도는 낮을 수 있다.

이러한 주장의 근거로서 최소한 두 가지 주장이 존재한다. 하나는 인지부조화의 해결 결과로서 만족 반응이 유도된다면 이러한 만족은 자기 정당화(justification)에 의한 가상 만족(pseudo satisfaction)에 불과하며 이 경우 만족은 재방문 의도를 유발하지 못한다는 것이다(Geva & Goldman, 1991). 둘째는 내재적 동기론의 관점에서, 사후 만족은 참여한 활동의 체험 및 결과에 대한 감정 평가인 반면, 재방문 의도나 추천 의도는 해당 활동에 대한 흥미(interest)의 수준을 의미한다는 것이다. 실제로 내재적 동기에 관련된 많은 실험연구들은 경험한 활동에 대한 흥미수준을 재참여의도로 측정한다(Deci & Ryan, 1985). 결국 기획 축제의 경험 수준을 평가하는 데 있어서 만족, 재방문 의도 및 추천 의도와 같은 사후 태도의 개념은 각각 개별적으로 설정하여 측정할 필요가 있을 뿐 아니라 그것의 결정기제가 어떻게 다른지를 경험적으로 확인할 필요가 있다.

5.2. 두 가지 체험통로: 내생적 체험과 외생적 체험

축제를 포함한 여가 장면에서, 사후 태도의 개념이 다양할 수 있다는 주장은 곧 그것을 유도하는 기제(mechanism)에 대한 부연 설명을 요구한다. 전통적으로 사후 평가는 기대-체험(수행) 일치의 패러다임에 의존하여 왔다. 그러나 이미 언급한 것처럼 사전 기대가 역동성을 지닌 채 변한다면, 체험 도중에 새로운 기대가 유발된다면, 혹은 준비 안 된 욕구가 새롭게 활성화되고 나아가 예상치 못했던 환경과의 상호 작용 하에서 현지 체험이 이루어진다면, 사전 기대는 더 이상 사후 평가의 선행 요인으로 의미가 없을 것이다. 이러한 지적은 관광을 포함한 여가 체험이 단 한 가지 종류의 활동만으로 이루어지는 것이 아니며 따라서 체험의 맥락 역시 매우 다양하게 얽혀 있다는 사실로부터 타당한 추론 이 될 수 있다.

고동우(1998b)는 관광 체험이 맥락에 따라 관광지 관련 체험과 관광 지 비관련 체험으로 나누어진다고 보고 각각 사후 태도에 미치는 영향이 다르다는 사실을 검증하였다. 그의 연구는 부분 상관계수의 차이를 비교 하는 방식이었다. 이러한 연구의 배경에는 Kruglanski(1975)가 검증하 고 제안한 내생적-외생적 귀인이론(endogenous-exogenous attribution theory)이 있다. 이에 따르면, 어떤 활동을 하는 동안 보상을 받게 될 때 (즉, 현장 체험), 그 보상이 수행 중인 활동의 속성으로 지각되면(즉 내 생적 체험) 그 활동에 대한 흥미가(즉 내재적 동기) 좋아지는 반면, 활 동과 관계없는 속성으로 지각되면(즉, 외생적 체험) 그 보상은 개인의 활동 흥미를 오히려 감소시킨다는 것이다. 예를 들어 증권놀이를 하는 학생들에게 과제에 성공하면 돈을 주는 경우, 돈은 증권과 관련된 내생 적 보상이므로 향후 그 놀이에 대한 흥미를 증가시킨다. 반대로 나무토 막 쌓기 놀이를 하는 이들에게 성공하면 돈을 주는 것은 외생적 보상이 된다. 각각 보상이 없는 조건이나 외생적 보상이 주어지는 조건에 비해 내생적 보상이 주어지는 경우 그 활동에 대한 흥미 즉 내재적 동기가 증가하는 결과를 확인하였다(Kruglanski, 1975).

이러한 주장은 여가 활동의 체험통로가 최소한 두 가지로 나누어진다는 것을 의미한다. 하나는 여가 활동의 핵심 주제를 처리하는 내생적 체험과정인 중심통로이며 다른 하나는 여가 활동과 관련 없는 주제를 처리하는 외생적 체험과정인 주변통로가 될 수 있다. 이러한 논리에 근거하여 4장의 이중통로 여가 체험 모형이 제안되었다. 이중통로 여가 체험 모형의 또 다른 이론적 근거는 내재적 동기 이론(intrinsic motivation theory: Deci & Ryan, 1985)이다. 따라서 내재적 동기이론에 관해 중요한 내용을 살펴볼 필요가 있다.

여기서 말하는 내재적 동기란 두 가지 조건을 갖춘 경우를 말한다. 첫째는 자기 결정성(self-determination)의 확보이며 둘째는 내재적 보상 추구(seeking intrinsic rewards)의 정도이다. 학자에 따라서 이 두 가지 조건을 상호연계된 것으로 보기도 하고 상호 독립적인 것으로 간주하기도 한다. 심리학의 영역에서 동기론을 연구하여 왔던 Deci와 Ryan(1985)은 상호연계된 것으로 이들 개념을 설정하였으며 자기 결정감이 전제된 조건에서 내재적 보상 추구의 활성화가 가능하다고 보았다. 그러나 여가심리학의 개척자로 알려진 Neulinger(1981)는 여가 개념에 대한 심리학적 정의를 내리면서 이 두 가지 차원이 각각 독립적인 기준으로 설정되어야 한다고 주장하였다. 그는 내재적 보상 추구를 곧 내재적 동기라고 규정하였으며, 자기 결정성(즉, 지각된 자유감)은 별개의 조건으로 간주하였다. Neulinger(1981)에 따르면 이 두 가지 조건이 충족된 상황의 경험을 순수 여가(pure leisure)라고 규정하고, 둘 중 하나만 충족된 조건은 각각 leisure-work과 pure work이라고 분류하였다. 그러므로 두 가지 기준이 상호 독립적이냐 아니면 연계적이냐 하는 것은 논란이 될 수 있다. 이와 관련한 논란은 3장과 4장을 참고할 수 있다.

그러나 문제는 어떤 여가 활동을 시작하는 데 있어서 참여 여부를 자신이 스스로 결정하였는가의 여부(즉, 자기 결정성), 그리고 활동 수행 동안 활동의 특징으로부터 유도되는 즉각 체험을 추구하는가의 여부(내재적 보상 추구)가 축제 참여와 같은 여가 활동 장면에서 결정적인 요소로 고려되어야 한다는 점이다. 내재적 동기이론을 적용하여 이해하면, 특히 축제와 같은 여가 상황에서 내재적 보상이 되는 체험은 축제의 고유한 주제에 관련된 체험이며, 그러한 고유성 체험을 추구하는 것이 그 축제에 대한 내재적 동기의 정도를 가늠할 것이다. 역으로 축제에 직접적으로 관련이 없는 주변 상황에 대한 지각 체험은 그야말로 외생적 주변 체험에 불과할 수 있다. 이중통로 여가 체험 모형은 바로 이러한 논리에 근거하고 있다. 이 모형은 여가 활동의 과정에서 현장 체험은 두 가지의 체험통로를 통해 지각되며, 각각 중심통로와 주변통로로 간주될 수 있다고 본다. 그리고 두 가지 통로의 기제는 각각 달라서 해당 여가 활동(예, 축제)의 고유한 특징에 대한 체험은 내생적 체험(endogenous)이 되지만 주변상황에 대한 지각은 외생적 체험(exogenous)이 된다. 다시 말해 자발적 의사에 의해 시작한 여가 활동에서 사람들은 누구나 그 활동의 중심 주제와 관련된 자극에 매력을 느끼지만 그러한 자극이 충분하지 않다면 활동의 주변적인 자극에서 매력을 느끼고자 할 것이다. 중심 자극에 대한 체험이 긍정적이면 이는 강한 내재적 보상으로 작용하고 따라서 전통적인 내재적 동기론의 예상처럼 그 활동에 대한 내재적 동기(흥미)를 강화시킬 것이다. 그러나 반대로 중심 체험이 없거나 약하고, 주변 체험이 내재적 보상이 되면, 초기의 내재적 동기는 약해지거나 유지될 것이며, 만약 중심 체험이나 주변 체험 모두를 느끼지 못한다면 오히려 초기 내재적 동기는 약해질 것이라고 보았다.

이러한 논리를 주제가 분명한 기획 축제 장면에 적용하면, 축제의 주제와 관련된 고유성 체험은 내생적인 것으로 내재적 보상으로 작용하여 사후 축제에 대한 내재적 동기(흥미)를 강화시킬 것이며, 주변 체험만 느끼는 경우 그것은 외생적인 것이므로 상대적으로 초기 내재적 동기에 대한 심리적 보상이 약할 것이며, 아무런 긍정적 체험을 얻지 못하는 경우에는 내재적 동기가 완전히 사라질 가능성이 있다.

다만 Deci와 Ryan(1985), Neulinger(1981)가 주장했던 것처럼 내재적 동기의 기제는 자기 결정성에 의해 달라질 수 있다. 만약 Deci와 Ryan(1985)의 이론처럼 자기 결정성이 내재적 동기의 전제조건이 된다면 자기 결정성은 이중통로의 기제를 조절하는 역할을 할 수 있을 것이다. 다시 말해 자기 결정성이 전제된 경우 내재적 동기 수준이 강할 것이기 때문에 중심통로를 통한 내재적 보상(즉, 내생적 체험)이 재방문 의도와 같은 사후 흥미에 미치는 영향은 자기 결정성이 낮은 경우에 비해 더 클 것이다. 반대로 주변통로를 통한 외생적 체험이 사후 흥미에 미치는 영향은 자기 결정성이 낮은 경우에 더 클 것이다.

5.3. 연구가설

이상의 논리를 기획축제 방문자에게 적용하면 다음과 같은 가설이 추론 가능하다. 일반적인 수준에서 기획축제의 핵심 주제에 관련된 고유성 체험을 강하게 하는 경우 그것은 사후 태도에 긍정적인 영향을 미칠 것이며, 그것의 영향력은 주제와 직접 관련이 없는 주변 속성에 대한 긍정적 체험의 영향력보다 클 것이다. 즉, 만족, 재방문 의도, 추천 의도 등 사후 평가 변수를 결정하는 축제 체험은 주변 체험보다 중심 체험의 강도라고 볼 수 있다. 따라서 다음과 같은 가설이 가능하다.

가설 1. 해당 축제의 주제에 관련된 고유성 체험을 하는 중심통로 체험자의 축제 평가가 주변통로 체험자의 축제 평가에 비해 높을 것이다. 축제 평가 변수는 각각 축제만족, 재방문 의도, 추천 의도 및 축제 평점 등이다.

한편 중심통로 경험자가 주변통로 경험자에 비해 해당 축제를 더 긍정적으로 평가하는 경향은 자기 결정성의 조건에 의해 달라질 것이다. 내재적 동기론에 의하면 자기 결정은 내재적 보상 추구의 전제조건이거나 독립적인 조절변수가 된다. 즉, 자기 결정성의 수준에 따라 중심 체험과 주변 체험의 내재적 보상 효과는 다르다고 추론할 수 있다. 그러나 그러한 보상은 다시 초기의 흥미수준에 영향을 미친다는 점에서, 자기 결정성과 체험통로의 상호 작용 효과는 활동에 대한 흥미 정도를 반영하는 재방문 의도나 추천 의도에서 분명하게 나타날 것이다. 반면, 흥미만이 아니라 감정 반응을 의미하는 전반적 만족의 경우는 두 가지 변수의 상호 작용 효과를 가늠하기 어렵다. 왜냐하면 전반적 만족의 결정요인은 상황마다 다를 것이기 때문이다. 따라서 다음과 같은 가설이 가능하다.

가설 2. 자기결성성이 약한 조건보다 강한 조건에서, 기획축제의 핵심 주제에 관련된 고유성 체험을 하는 중심통로 경험의 방문자가 주변통로 경험자에 비해 해당 축제에 더 많은 흥미(즉, 재방문 의도와 추천 의도)를 보일 것이다.

5.4. 연구방법 및 절차

5.4.1. 조사 대상자 및 축제

이상의 연구 가설을 확인하기 위하여 2004년 5월 영천시 보현산 자락에서 진행된 "제1회 보현산 별빛문화축제"를 방문한 500명을 조사하였다. 별빛문화축제는 다른 종류의 이벤트에 비해 주제가 분명하고 한정된 공간에서 다양한 프로그램이 진행되었다는 점에서 본 연구의 주제와 잘 맞는 것으로 판단된다. 모든 조사는 축제의 자원봉사자 50명으로 하여금 축제 기간 중 귀가하는 방문자를 주차장에서 편의 조사하는 방식으로 이루어졌다. 조사 대상자 500명 중 불성실응답자 및 인근지역 방문자(영천시 거주자)를 제외하고 246명의 자료를 본 연구에서 분석하였다. 지역 주민의 경우 순수 축제 방문자라고 보기 어렵다고 판단했다.

5.4.2. 측정변수 및 설문지

본 연구에서 핵심적으로 고려되는 변수는 자기 결정성, 축제 체험, 그리고 사후 평가 변수들이다. 사후 평가변수들로는 전반적 축제만족, 재방문 의도, 추천 의도 및 축제 평점 등을 활용하였다. 일단 축제를 방문한 사람들은 축제에 대하여 흥미를 지닌 상태에서 방문한 것이라고 가정할 수 있기 때문에, 초기의 내재적 동기를 따로 측정하지는 않았다. 다만 조절변수이자 내재적 동기의 전제가 되는 자기 결정의 수준을 가늠할 수 있을 것이다.

여기서 '자기 결정성'을 '축제장을 방문하기로 스스로 결정한 정도'로 조작적 정의하고, 이의 측정은 "이 축제에 참여하기로 결정할 때 가장 큰 영향력을 행사한 사람은 누구입니까?"라는 질문에 대해 네 가지 응답 보기를 제시하여 하나를 고르게 하는 방법으로 시행하였다. 네 가지 보기는 각각 ① 내 자신, ② 나를 포함한 동료들의 의견수렴, ③ 내 의견보다는 다른 동료들의 의견, ④ 기타 등이었다. 나중의 분석에서 '기타' 응답자는 극소수(9명)이었다. 따라서 이들 응답자는 ③번 항목에 포함하여 분석하였다. 여기서 ①번 항목은 주도적인 자기 결정성이 높은 편, ②번 항목은 자기 결정성이 어느 정도 있는 수준 그리고 ③번 및 ④번 항목은 자기 결정성이 낮은 수준으로 간주하였다.

축제 체험 변수는 '축제를 통해 느끼는 주관적인 다양한 느낌'을 반영하며, 체험의 종류로서 중심 체험과 주변 체험으로 구분하였다. 중심 체험은 축제의 본질을 반영하는 고유성과 대동성을 고려하였고, 주변 체험은 축제장소나 시기 등의 물리적 조건에 대한 지각 및 물가나 기념품 등 소비행위의 조건을 고려하였다. 중심 체험 척도는 다분히 축제의 본질과 관련된 내용이고 주변 체험 문항은 서비스 측면이 강한 것으로 간주되었다. 따라서 이들 측면을 유사하게 고려한 고동우(1999)의 축제 체험 척도를 활용하여 초기 근거 문항(5점 리커트형)으로 삼았다. 나중에 이들 문항을 요인 분석하여 네 개의 요인으로 구분되는지를 확인하였으며 네 개 요인의 표준 점수(factor score)를 근거로 군집분석을 수행하였다. 군집분석 결과 모든 응답자는 중심 체험 집단과 주변 체험 집단으로 구분하는 것이 타당했다(결과 참고).

사후 평가의 개념은 각각 전반적 축제 만족, 재방문 의도, 추천 의도 및 축제평점이다. 각각이 의미 차이가 있으므로 여기서는 개별적으로 측정하였다. 전반적 만족의 경우 '이번 축제에 대하여 전반적으로 만족하는 정도'와 '불만의 정도'(역전문항)를 각각 측정한 다음 두 개 문항 응답치를 평균하였고, 재방문 의도는 '기회가 된다면 다음번에도 이 축제를 보러 오겠다'는 문항에 대해 동의하는 정도로 측정하였다. 추천 의도는 '다른 사람에게 이 축제를 한 번 보도록 권유할 의지'로 조작적 정의하였으며, 한 문항으로 측정하였다. 이들 세 가지 변수 측정의 문항은 각각 5점 리커트형 척도로 구성하였다. 축제 평점은 '이 축제의 성공 정도에 대한 평가'로 조작적 정의하고, '100점 만점에 이 축제를 평가하라'는 개방형 질문으로 측정하였다. 그 외에 표본의 분포를 확인하기 위하여 성별, 나이, 거주지 등 인구통계학적 질문들을 포함하였다. 설문지는 지시문을 포함하여 모두 3쪽으로 구성되었다.

5.5. 분석 결과

5.5.1. 표본의 인구통계적 특징

246명의 자료를 분석한 결과는 〈표 5-1〉에 제시하였다. 남자에 비해 여자가 다소 많았고, 평균 연령은 32세 정도였다. 축제의 성격상 미혼자보다는 기혼자가 더 많았으며 특히 자녀를 동반한 경우가 많았다. 이는 이 축제가 천문 혹은 별과 관련된 것에 기인한다고 여겨진다. 축제의 장소인 영천을 제외했음에도 불구하고 비교적 근거리인 대구경북 거주자가 가장 많았다. 이는 이 축제가 처음 열리는 상황에서 홍보가 부족한 이유 때문일 것이다. 학력은 고졸, 대학재학 및 대졸이 절대 다수였다. 이러한 경향은 관광 실태의 현황과 대체로 일치한다. 여행 동료로는 가족동반이 가장 많았고, 친구/애인끼리 온 사람도 많은 편이었다. 응답자의 가정 월소득 수준은 전국평균인 335만 원이었으나 편차가 매우 컸다. 최고 소득자는 월 5000만원이 넘는 경우였다. 축제 평점의 경우 100점 만점에 평균 72점이었다.

5.5.2. 축제 체험에 따른 집단 구분

축제 체험의 다양한 측면을 고려하여 측정한다고 해도 실제로 응답자들이 이론적인 전제처럼 중심통로 체험자와 주변통로 체험자로 구분되는지는 여전히 미지수이다. 따라서 여기서는 20문항으로 이루어진 축제 체험의 다양한 측면을 고려하여 우선 요인 분석을 수행한 후 이들 탐색된 요인의 표준 점수를 활용하여 체험 군이 어떻게 구분되는지를 확인하고자 하였다. 만약 두 개의 체험통로를 가정한다면 이론적으로는 최대 네 개 집단이 산출될 수 있다. 왜냐하면 A(중심통로 체험), B(주변통로 체험) 둘 다가 높은 경우, AB 둘 다 낮은 경우, A>B인 경우, 그리고 A<B인 경우 등이 그것이다. 그러나 실제 응답 자료를 가지고 통계적으로 집단이 어떻게 구분되는지를 확인하여야 하며, 여기서는 군집분석을 통해 통계적으로 집단을 세분하기로 했다.

〈표 5-1〉 표본의 인구통계 자료(N=246)

변수/수준		빈 도	퍼센트
성 별	남	113	45.9
	여	133	54.1
결혼상태	미혼	95	38.6
	기혼	136	55.3
	기타	15	6.1
거주지	대구/경북(영천 외)	201	81.7
	부산/경남권	32	13.4
	서울/경기권	4	1.6
	기타	9	2.8
학력수준	초등졸 이하	11	4.6
	중졸 이하	11	4.6
	고졸 이하	59	23.9
	대학 재	64	26.0
	대졸	87	35.4
	대학원졸 이상	9	3.7
	무응답	5	2.0
여행동료	혼자	1	.4
	친구/애인	75	30.5
	가족동반	124	50.4
	직장동료	11	4.5
	친목단체	20	8.1
	기타	15	6.1
만 연령 평균(sd)		32.2(10.0)세	
가정 월소득 평균(sd)		335.9만 원(603만 원)	
만족도 평균(sd)		3.58(.89)	
재방문 의도 평균(sd)		3.27(.73)	
추천 의도 평균(sd)		3.56(.87)	
축제성공도 평균(sd)		72.4(13.3)점	

주. 각 변수별 무응답 있음

이를 위해 우선 20개 문항에 대한 주성분 분석을 수행하였다. 이 중 두 개 이상의 요인에 걸쳐 요인부하가 비슷하게 분포하는 경우와 어느 요인에 포함시키기 어려운 경우 등을 제외하여 요인 구조가 비교적 분명하게 해석될 때까지 반복하였다. 고유값, scree plot, 누적 설명량 및 해석가능성 등을 두루 고려한 결과 네 개 요인의 구조가 적절하다고 판단되었다. 그 결과는 〈표 5-2〉와 같다. 최종적으로 열두 개 문항이 남겨졌으며 요인들의 누적 설명량은 61.7%였다. 〈표 5-2〉에서 보는 것처럼 첫 번째 요인은 그 내용 상 축제 주제의 고유한 측면과 관련된 문항이었으므로 "고유성 요인"으로 명명하였다. 두 번째는 축제 장소, 시기 및 교통 등을 반영하였으므로 "물리적 조건" 차원으로 간주할 수 있었다. 세 번째는 축제장에서 다른 사람들과 교류하는 측면을 반영하였으므로 "사회교류성"이라고 명명하였다. 다만 이 요인은 처음에 생각했던 것처럼 축제의 대동성을 의미한다기보다 오히려 축제 공급자들과의 교류 내용을 더 많이 담고 있었다. 마지막으로 네 번째는 축제장 내 소비 행동의 조건에 해당되었으므로 "소비조건" 차원으로 정하였다. 그리고 각각 요인별 내적 합치도를 분석한 결과 매우 충족할만한 수준은 아니었으나 대체적으로 탐색적 수준의 척도에서는 받아들일 만하다고 판단되었다.

〈표 5-2〉 축제 체험 척도 최종 요인 분석 결과(n=246)

문항(5점 척도)|요인	F1. 고유성	F2. 물리적 조건	F3. 사회 교류성	F4. 소비 조건	h^2	Alpha (α)
별빛축제만의 고유한 경험이 가능한 기회였다.	.786				.646	
이번 축제는 다양한 체험을 할 수 있는 기회였다.	.737				.608	.76
견문을 넓힐 수 있는 기회였다.	.723		.389		.699	
관람한 내용은 별빛축제의 취지를 제대로 반영했다	.615			.408	.555	
축제 시기는 바람직한 것 같다		.790			.686	
축제장까지 오는 교통상의 불편함은 없었다.		.725			.532	.66
이곳 축제장소는 적당했다		.723			.635	
도우미(자원봉사자)들과 교류기회가 많았다			.793		.666	
함께 온 사람들과 더욱 친해질 수 있었다.			.752		.600	.60
주최 측 사람들은 친절했다			.546		.371	
축제장 내 물가 수준은 적정했다				.805	.728	
이번 축제장에는 사고 싶은 기념품이 많았다	.337			.749	.677	.63
고유근	2.29	1.81	1.76	1.54		
누적 설명량(%)	19.05	34.17	48.83	61.69		

주. 주성분분석. varimax rotated.

이 네 개 요인별 각 응답자의 요인점수(factor scores)를 구하였고, 요인점수를 분류 근거로 삼아 군집분석을 통하여 표본이 어떻게 나누어지는지를 확인하고자 하였다. 이미 언급했던 것처럼 체험과정이 두 가지 통로를 통해 이루어질 경우 이론적으로 설정 가능한 최대의 군집

수는 네 개가 된다. 그러나 최소한 1개 집단으로 귀결될 수도 있다. 따라서 여기서는 사전에 군집 수를 두 개, 세 개, 네 개로 고정하여 각각의 결과를 살펴보았다. 그 결과 군집의 중심값(centers) 간 최소거리가 최대인 경우는 두 개 집단으로 분류하는 경우였으며 그 거리는 7.57이었다. 세 개 집단인 경우 6.295, 네 개 집단인 경우는 5.325였다. 따라서 여기서는 두 개 집단으로 분류하는 것이 타당한 것으로 판단된다. 군집분석 결과는 〈표 5-3〉과 같다.

〈표 5-3〉 축제 체험에 따른 군집분석 결과 (N=246)

요인(분류변수)	군집(cluster)		F값
	1(주변 체험 집단, n=115)	2(중심 체험 집단, n=131)	
고유성	-.295	.259	20.28***
물리적 조건	.314	-.276	23. 3***
사회성	.339	-.298	27.54***
소비조건	.664	-.584	155.8***

주. K-MEANS 방식. ***: p<.001

〈표 5-3〉에서 보는 것처럼 집단 1의 경우 고유성을 제외한 나머지 세 가지 요인에서 긍정적인 응답점수를 보이는 반면 집단 2의 경우는 반대로 고유성 차원에서만 긍정정인 점수를 보이고 다른 차원에서는 모두 부정적인 점수를 보인다. 특히 '사회성' 차원이 축제 방문자들끼리의 대동성이라기보다 자원봉사자나 주최 측의 친절에 대한 지각을 의미한다는 점에서 축제의 본질로서 대동성이 아니라 축제의 편의성을 반영하는 것으로 해석할 수 있다. 따라서 이러한 군집분석의 결과는 두 개 집단을 각각 주변 체험 집단과 중심 체험 집단으로 분류하는 것이 타당하다는 것을 알려준다. 결국 가설 검증을 위하여 본 연구에서는 두 개 집단을 중심 체험통로와 주변 체험통로의 변수로 처리하였다.

5.5.3. 두 가지 통로의 효과 비교

가설을 검증하기 위하여 다변량분석(MANOVA)을 수행하였다. 왜냐하면 각 종속 변수별로 별개의 분석을 하면 응답의 연계성으로 인해 종속 변수 간 관련성을 통제할 수 없기 때문이다. 독립 변수 역시 두 개 이상이므로 다변량분석을 통하여 종속 변수 간 다중공선성의 문제를 해결할 필요가 있었다. 분석 결과는 〈표 5-4〉에 정리하였다. 축제방문의 참여 여부를 결정할 때의 영향력을 의미하는 자기 결정성과 축제 체험의 두 가지 통로를 의미하는 체험통로 유형 사이의 상호 작용 효과가 두 가지 종속 변수 즉, 재방문 의도와 추천 의도에서 발견되었다. 그러나 전반적 만족이나 축제 평점의 경우 상호 작용 효과는 물론 단순주효과조차 발견되지 않았다. 네 가지 종속 변수 모두 자기 결정이 높은 조건(즉, 자신 결정 및 동료 의견 수렴)에서는 중심통로 체험자가 주변통로 체험자에 비해 더 높은 응답 점수를 보이고 있는 반면, 자기 결정이 낮은 조건에서는(즉, 동료들 의견 추종) 오히려 반대로 주변통로 체험자가 더 긍정적인 반응을 보이는 경향이 있었다. 그러한 경향은 재방문 의도와 추천 의도에서 통계적으로 유의한 수준에서 더욱 분명하게 나타나고 있다(각각 F값 2.60, 4.7, p<.05). 전반적 만족과 축제 평점은 통계적으로 유의하지 않았으나 그 패턴은 발견되고 있다.

결국 본 연구에서 예상했던 가설 1(체험통로에 따른 축제 평가의 차이라는 단순주효과)은 기각되었다. 그러나 축제의 흥미를 반영하는 재방문 의도와 추천 의도를 종속 변수로 하는 자기 결정성과 축제 체험 통로의 상호 작용 효과를 예상한 가설 2는 지지되고 있다. [그림 5-1]은 네 가지 종속 변수별로 두 가지 독립 변수가 미치는 상호 작용 효과 패턴을 보여준다.

〈표 5-4〉 자기 결정 및 체험통로에 따른 축제 평가 분석
(MANOVA, n = 246)

독립 변수(n)		종속 변수(평균, 표준편차)			
		전반적 만족	재방문 의도	추천 의도	축제평점 (100점)
자신 결정	중심통로(43)	3.97(.98)	3.48(.78)	4.00(.88)	77.57(12.2)
	주변통로(39)	3.56(.98)	3.23(.76)	3.50(.92)	69. 2(10.8)
의견수렴	중심통로(44)	3.66(.71)	3.36(.62)	3.66(.75)	73. 9(8.67)
	주변통로(60)	3.59(.81)	3.25(.72)	3.48(.75)	71. 1(13.9)
의견추종	중심통로(25)	3.45(.97)	2.90(.76)	3.30(1.16)	69. 3(15.3)
	주변통로(35)	3.46(1.09)	3.58(.78)	3.94(.80)	72. 1(12.2)
F값	자기결정수준	2.66n.s.	.67n.s	2.73n.s.	.59n.s.
	체험통로유형	1.71n.s.	.01n.s.	.34n.s.	2.19n.s.
	자기 결정*통로유형	.86n.s.	2.90*	4.17*	2.66n.s

주. * p<.05, ** p<.01, n.s.: non-significant. 축제만족도, 재방문 의도, 추천 의도 는 5점 척도..

이러한 결과는 만족이나 종합 평점의 기제가 통로 혹은 체험의 종류에 의해 단독적으로 결정되는 것이 아님을 보여준다. 또한 참여자의 초기 의지 즉 자기 결정의 여부도 단독적인 결정요인이 아니라는 것을 의미한다. 그야말로 전반적 평가이기 때문에 다양한 원천의 체험 및 동기에 의해 종합적으로 결정될 수 있음을 의미한다. 반면 축제에 대한 직접적인 흥미 수준을 반영하는 재방문 의도나 추천 의도는 그것의 결정 기제가 다소 복잡하긴 하나 자기 결정과 축제 체험 경로의 상호 작용에 의해 좌우될 수 있음을 의미한다. 이미 이론적으로 고찰했던 것처럼 자기 결정이 존재하는 조건에서 중심통로 체험의 영향력이 증가한다는 것을 확인시켜 준다. 또한 자기 결정이 약한 경우에는 오히려 중심 체험보다 주변 체험에 의해 더 영향을 받고 있음을 나타낸다. 이러한 패턴은 재방문 의도와 추천 의도 변수에서 모두 유사하게 나타나고 있다.

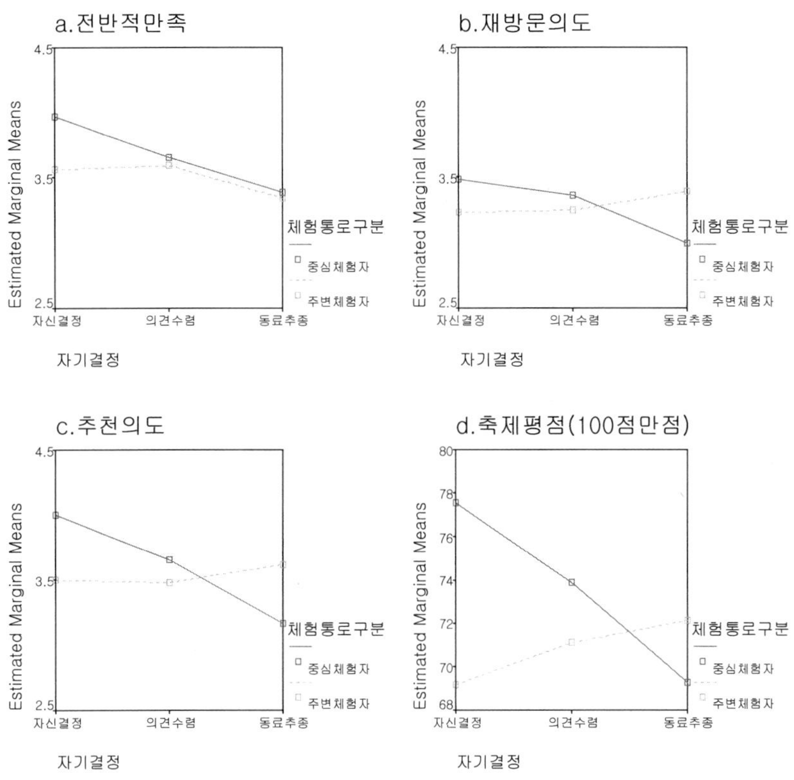

[그림 5-1] 자기결정수준과 축제 체험 통로에 따른 축제 평가의 패턴

5.6. 논의 및 결론

본 연구는 대표적인 여가 활동 중 하나인 기획축제 경험의 심리적 기제를 파악하여 해당 축제에 대한 흥미가 왜 달라지는지를 이해하는 데 있다. 내재적 동기이론에 근거하여 여가 활동에 대한 흥미를 반영하는 재방문 의도나 추천 의도는 종합적 평가 결과인 전반적 만족 등이

개념적으로나 기제적으로 다를 수 있다는 사실을 검증하고자 하였다. 주제가 분명한 소규모 축제인 '제1회 보현산 별빛축제' 참가자 246명의 응답 자료를 근거로, 사후 태도 중 재방문 의도나 추천 의도는 축제 참여자의 초기 의지(즉, 자기 결정 수준)와 체험통로의 상호 작용에 의해 결정될 수 있음을 확인하고자 하였다. 특히 이론적인 개념인 체험통로를 확인하기 위하여 여러 종류의 축제 체험에 대한 지각수준을 측정한 다음 요인 점수를 근거로 군집분석을 수행하여 두 가지 통로 유형 방문자를 구분하였다. 연구결과 전반적 만족이나 축제 평점은 두 가지 독립 변수의 영향을 받는 것이 통계적으로 유의하지 않았지만, 재방문 의도나 추천 의도는 자기 결정과 체험통로에 의해 상호 작용 영향을 받는 것으로 확인되었다.

이러한 결과는 지금까지 일반적으로 사용하였던 사후 평가 개념인 재방문 의도, 추천 의도 및 전반적 만족이 개념적 수준에서만이 아니라 그것의 결정 기제 역시 다르다는 것을 의미한다. 특히 내재적 동기이론의 논리가 타당하다는 것을 의미하며 여가 활동에서 자기 결정 수준과 내생적 보상(endogenous rewards)의 여부가 활동에 대한 흥미를 의미하는 재방문 의도나 추천 의도를 결정한다는 사실을 보여준다. 이러한 경향은 특히 여가 활동 참여에 대한 초기 결정에 자신의 의지가 얼마나 반영되느냐에 따라 달라지며, 자기 결정이 확보된 조건에서 더욱 분명하다는 것을 뜻한다. 이러한 논리는 가설 2로 진술되었으며 그 가설은 지지되었다.

가설 2가 상호 작용 효과를 의미하였기 때문에 체험통로의 단순 주효과를 의미하는 가설 1의 지지 여부는 사실 덜 중요하다. 물론 통계적 유의성 수준에서 가설 1은 기각되었으나 두 가지 통로의 효과 차이를 반영하는 패턴도 확인되고 있다. [그림 5-1]을 보면 대체적으로 중심통로 체험자의 네 가지 태도 점수가 주변통로 체험자의 그것보다 다소 높게 나타나고 있다. 통계적으로 분명하지 않는 수치의 차이는 아마도

이 연구가 설문지를 이용한 조사 자료의 분석 방법을 택하기 때문일 수도 있다. 이미 Kruglanski(1975)는 실험을 통해 내생적 체험 보상이 외생적 체험보상에 비해 흥미에 대한 효과가 훨씬 크다는 사실을 증명한 바 있기 때문이다.

결과적으로 본 연구의 결과는 최소한 두 가지 중요한 결론을 유도한다. 첫째는 관광학 연구에서 일반적으로 포괄하여 사용하였던 사후 평가 개념, 즉 전반적 만족, 재방문 의도 및 추천 의도가 개념적 수준에서만이 아니라 기제적 측면에서도 다르다는 것이다. 전반적 만족이나 평가(여기서는 축제평점)는 그야말로 다양한 원천의 긍정적 체험에 근거한 종합 평가반응을 의미하는 반면, 재방문 의도나 추천 의도는 해당 여가 활동의 중요한 요소에 근거한 체험에 의해 좌우된다는 점이다. 축제의 고유성 체험 같은 것은 축제의 핵심 요소이며 그러한 핵심 요소를 긍정적으로 지각하는 것이 흥미를 결정하는 데 더 중요하다는 사실이다.

둘째, 내재적 동기이론에 근거한 이중통로 여가 체험 모형이 경험적으로 지지되고 있다는 사실이다. 이중통로 여가 체험 모형은 내생적 - 외생적 체험(즉, Kruglanski 등, 1975)의 차이에 근거하여 여가 활동에서 행위자는 최소한 두 가지 통로를 통해 다양한 체험을 지각하며, 특히 중심통로 체험을 하는 경우 해당 여가 활동에 대한 내재적 동기는 내재적 보상을 얻게 되며 따라서 활동에 대한 흥미가 증가할 것이라는 주장이었다. 본 연구의 결과는 중심통로 체험자와 주변통로 체험자가 분명히 다른 기제를 작동시킨다는 사실을 확인하여 준다. 주변통로를 통한 여가 체험은 그 종류가 다를 뿐 아니라 후속 태도 특히 흥미에 대한 영향력이 상대적으로 적다는 사실이 그것이다. 여기서 축제의 고유성 체험은 곧 중심통로 체험이 되었다.

따라서 이러한 연구결과는 향후 축제를 포함한 여가 활동 장면에서 현장 체험의 심리적 기제를 이해하는 데 중요한 이론적 공헌을 한다. 냉

정히 말하여 축제를 포함한 관광 상품의 진단 틀로서 체계적인 이론적 모형이 부족하였던 관광학의 한계를 극복하는 데 도움을 줄 것이다. 특히 자기 결정성이 확보된 자발적 참여자의 긍정적 태도와 향후 행동을 예측하는 데 있어서 이러한 이론적 모형은 타당한 근거가 될 것이다.

이러한 이론적 시사점은 여가/관광학의 발전만이 아니라 근거학문이 된 심리학의 영역에서도 공헌할 것이다. 왜냐하면 내재적 동가이론의 내재적 보상 기제를 중심 체험과 주변 체험으로 확대 분류한 모형이 제시되었기 때문이다. 여가 활동에 대한 태도와 향후 행동 경향에 대한 기제적 논리는 여가 관광 현상에 대한 다학제적 접근의 타당한 사례가 될 것이며, 종합학문의 위상을 표방하는 여가 관광학에 공헌하는 것이다.

실무적인 측면에서도 본 연구의 결과는 중요한 시사점을 제공한다. 특히 공급자 중심의 서비스 품질 개념은 재미와 같은 여가 체험의 현상에서 핵심적인 요소라기보다 주변 요소에 불과할 수 있고, 해당 활동의 고유한 측면을 핵심적으로 고려하는 것이 더 중요하다는 것을 말해준다. 다시 말해 이중통로 여가 체험 모형의 논리가 지지되었다는 사실은 향후 이를 이용한 여가 활동 및 다양한 관광 상품의 진단이 가능하다는 것을 알려준다. 관광 체험도 체험 나름이라는 것이다.

관광 상품 진단이라는 과제에서 본 연구의 결과는 축제의 만족도 실태 조사와 같은 단순한 연구보고 수준을 넘어 주제 관리의 중요성을 알려 줄 수 있으며, 축제 기획에서 핵심주제와 주변 요소의 기능적 차이를 고려한 관리의 단초를 제공할 수 있다. 나아가 중심 체험이 가능한 축제 내 상품 개발의 방향에 대해서 매우 구체적인 전략 방향을 제시하고 있다.

이러한 시사점에도 불구하고 본 연구는 몇 가지 한계가 있다. 첫째는 이중통로 체험을 구분하기 위하여 체험 측정 요인에 근거하여 군집분석을 수행하였으나, 이는 단지 통계적으로 기준을 삼은 상대적 구분에 불과하다는 것이다. 개념적으로 사전 기준을 미리 설정하여 실험방법을 활용하였다면 더욱 분명한 통로의 기제 차이를 확인할 수 있었을 것이다. 이러한 문제는 물론 향후 연구에서 해결하여야 한다. 둘째, 본 연구는 지방도시의 소규모 축제 방문자만을 대상으로 하였고, 아직은 프로그램 상 미진한 요소가 많은 기획 축제이기 때문에 중심 체험과 주변 체험이 분명하게 구분되지 않는 한계가 있을 수 있다. 향후 주제와 구성이 더욱 분명하고 체계적인 기획축제 방문자를 대상으로 연구를 반복할 필요가 있다. 셋째 조사 대상자를 임의로 표집하였다는 것도 한계 중 하나이다. 체계적 표집을 통한 표본 설정이 필요한 점은 너무 당연하며 따라서 연구결과의 일반화를 위하여 향후 연구대상 축제 및 표본을 다양화할 필요가 있다. 뿐만 아니라 축제의 범위를 넘어 관광지 체험이나 스포츠 활동 등 다양한 여가 장면에서 이 연구의 결과를 확인할 필요가 있을 것이다.

제6장 여가 경험의 심리적 본질: 재미체험의 종류[7]

여가라는 것이 일련의 주관적인 심리상태와 경험과정을 포함하는 활동이기 때문에, 그 활동을 하는 개인이 체험하는 내용을 이해하는 것이야말로 여가의 본질을 이해하는 데 있어서 무엇보다도 필요한 작업이다. 더욱이 여가 경험에 대한 심리학적 접근이 전무한 한국의 상황에서 여가현상에 대한 기초 연구로서, 여가 경험의 심리적 본질(psychological nature of leisure experience)을 밝히는 작업은 무엇보다 필요하다. 따라서 여기서는 현대 도시인의 가장 인기 있는 여가 활동의 참여자를 대상으로 여가 활동을 하는 동안 개인이 겪게 되는 심리적 체험의 내용을 질적 연구방법으로 분석하고자 하였다.

6.1. 여가 경험의 과정

여가에 대한 관점은 시대적 가치관과 함께 변해왔으며, 여가 개념 역시 연구자의 관점에 따라 달리 정의되고 있다. 그러나 앞에서 보았던 것처럼 여가를 '개인이 주관적인 경험을 얻기 위해서 비교적 자유롭게 선택하여 참여한 어떤 활동'으로 정의한다면, 여가의 본질은 개인의 주관적인 심리상태에 있는 것이며, 주관적인 심리상태를 파악하는 것은 가장 중요한 연구 작업이 될 수 있다.

그동안 여가 경험의 내용을 밝히고자 했던 기존 연구는 크게 세 가지 영역으로 나눌 수 있다. 이들 세 영역을 경험적으로 (empirically)

---

7) 6장은 [성영신, 고동우, 정준호(1996). 여가경험의 심리적 본질: 재미란 무언인가?, *소비자학연구*, 7(2), 35-57].의 내용을 재정리한 것이다.

구분하기는 매우 어렵지만 이론적인 측면에서 개념적으로 구분하는 것은 가능하다. 이 세 가지 영역은 여가의 동기에 관한 연구, 동기가 실현되는 과정인 여가 체험에 대한 연구, 여가 체험의 결과에 대한 내용을 다루는 연구 등이다.

우선, 여가 동기라 함은 여가 체험에 앞서서 개인이 어떤 여가 활동을 좋아하고, 선택하고 참여하게 되는 의식적·무의식적 이유를 의미한다. 지금까지 여가 동기에 대한 기존 연구들은 대개의 경우 의식상에서 보고하는 행동의 목적 내용에 주의를 두는 경향이 있었다(예, Tinsley, Barrett, & Kass, 1977: Zuckerman, 1979: Williams, Schreyer, & Knopf, 1990). 그러나 최근에는 여가 참여의 공통분모로서 내재적 동기(intrinsic motivation)의 개념을 활용하여 여가 행동을 설명하려는 연구가 늘고 있다(Neulinger, 1974: Iso-Ahola, 1980: Deci & Ryan, 1985). 그러나 전반적으로 볼 때 여가 동기에 대한 연구는 한계를 안고 있는데, 왜냐하면 개념상 동기란 객관적으로 관찰하기는 어려우며 역동성을 지니기 때문이다.

둘째, 동기 이후에 나오는 여가 체험 단계의 내용을 파악하려는 연구 노력은 비교적 최근에 이르러 증가하는 추세이다. 체험 연구의 증가 추세는 부분적으로 질적 방법론이 인정을 받는 학문적 풍토의 형성과 관련이 있기 때문이다(예, Csikszentmihalyi, 1975, 1990, Csikszentimihalyi & Larson, 1985; Lee 등, 1994). 가령, Lee 등(1994)은 현장추적방법과 면접법을 병행하여 다양한 활동에 참여하는 개인들의 여가 체험 내용을 파악하고자 하였다. 이런 연구들은 여가 체험의 내용이 활동과 상황 그리고 참여자의 특성에 따라 다를 것이라는 가정을 받아들이지만, 여가에 대한 기초 연구로서 여가 활동 시의 체험 내용을 총체적으로 파악하려는 경향이 있다. 체험의 포괄적인 내용을 알아야만 모든 여가 활동의 일반적이고 공통적인 체험 내용에 대한 연구와 활동 특정적인(activity-specific) 체험 내용을 밝히는 연구가 가능하다고 믿기 때문이다.

한편 일반적으로 볼 때, 여가 활동을 하는 동안 사람들은 자신들의 감정을 공통적으로 '재미있다'는 말로 표현한다. 기존 연구에서도 재미는 여가 체험의 내용으로 분류되고 있다. Lee 등(1994)은 재미를 대인교류, 탈출, 자연교류, 신체적 자극 등등과 동일 차원으로 분류하고 있다. 그러나 재미는 다양하고 구체적인 각각의 체험 맥락에서 도출되는 감정이다(윤홍미·안신호·이승혜, 1996). 재미있다는 말은 구체적이고 다양한 체험에 동반하는 반응으로서 포괄적인 의미를 지닌다고 하겠다. 즉, 재미는 다른 구체적인 체험 차원들과 대등한(parallel) 인식수준에 있는 것은 아닐 것이다. 그런데 지금까지 여가 장면에서 재미의 감정이 어떠한 체험으로부터 유발되는지는 알려져 있지 않다. 여가 경험의 본질을 이해하기 위해서는 재미가 어떠한 구체적인 체험들과 관련되는지를 파악해야 할 것이다.

그러데 여가 체험 내용은 반드시 동기의 실현만으로 이루어지는 것은 아니고, 동기실현과는 달리 체험 중에는 부정적인 내용들도 포함되기 마련이다. 따라서 여가 경험의 세 번째 과정인 결과 단계에서는 만족과 같은 긍정적 요소뿐 아니라 스트레스와 같은 부정적 요소도 나타날 수도 있다. 여가 체험의 결과에 대한 연구는 매우 다양한데 여가의 기능적 측면에 대한 연구들은 모두 여기에 해당한다. 여가 결과에 대한 연구들은 여가를 긍정적으로 체험하는 것이 긍정적인 결과를 가려올 것이라는 점을 가정한다(Iso-Ahola, 1980). 따라서 여가 결과의 긍정적 측면을 유도하기 위한 조건으로서 여가 체험의 긍정적 측면을 체계적으로 연구하는 것이 최근 주제가 되고 있다.

결국 여가 경험 과정을 세 단계로 나누어 볼 때, 경험의 핵심에 해당하는 부분은 체험 과정의 단계라고 볼 수 있다. 여가 체험의 단계에서 동기가 실현되며, 체험의 내용에 따라 여가 결과가 달라지기 때문이다. 따라서 여가 경험의 본질을 이해하기 위해서는 여가 체험의 심리적 차원을 포괄적으로 파악하는 데서 출발할 필요가 있다.

6.2. 연구목적

서구의 몇몇 연구들이 여가 경험의 과정과 내용을 파악하여 왔음에도 불구하고, 서구인을 대상으로 한 연구에서 나온 심리적 체험의 내용을 한국인의 여가 경험의 본질적 내용으로 간주하기에는 무리가 있다. 서구인을 대상으로 그들의 문화 배경하에서 이루어지는 여가 활동을 연구하여 밝혀진 여가 체험의 내용을, 한국과 같이 독특한 문화적 배경하에서 이루어지는 여가 현상에 그대로 적용하여 한국의 여가 문화를 이해할 경우 문화편향적 관점(pseudo -etic approach)의 한계를 벗어날 수 없기 때문이다. 따라서 여가 활동을 할 때 체험하는 주관적 심리상태의 포괄적 내용에 대한 연구가 전무한 한국의 상황에서 무엇보다도 시급한 연구는 문화토착적 관점(emic approach)에서 한국인들이 여가 활동을 하는 동안 체험하는 심리적 내용을 탐색적으로 파악하는 작업이다. 그래서 본 연구에서는 참여 인구가 많은 여가 활동들 중에서 다양한 체험이 가능한 활동을 대상으로 여러 질적 방법을 통하여 여가 활동을 할 때 체험하는 심리적 차원의 내용을 포괄적으로 분석하고자 한다. 이러한 연구를 통하여 한국인의 여가 체험 내용이 서구 연구의 결과들과 어떻게 다른지에 대한 비교가 가능할 것이며, 또한 이를 토대로 급증하는 여가 인구의 삶의 질 개선과 향후 여가 산업 및 정책의 방향을 설정하는 데 필요한 과학적 근거를 마련할 수 있을 것이다.

6.3. 연구방법

6.3.1. 연구대상자

만 18세에서 34세의 여가 활동 참여자 24명을 대상으로 하였다(여자 10명, 남자 14명, 그리고 대학생 7명, 대학원생 한 명, 직장인 14명, 자영업 2명). 10대에서 30대 초반까지의 여가 참가자로 연구대상자를 한정지은 것은 다음과 같은 이유 때문이다. 1960년대 이후에 태어난 이들 세대는 후기 산업시대의 주역으로 그 이전 세대에 비해 강하고 세련된 여가 욕구를 지니고 있어 향후 여가문화를 충분히 즐기면서 살아갈 여가산업의 잠재고객으로서 이들을 대상으로 연구하는 것이 장래의 여가 정책 수립과 여가산업 설계에 도움을 줄 것이기 때문이다.

6.3.2. 연구대상 여가 활동

본 연구에서는 복합적이고 다양한 체험이 가능한 두 종류의 여가 활동을 연구대상으로 삼기 위하여 다음과 같은 대조적인 기준을 설정하였다. i) 그 활동이 대중적이며 서민적인 것과 비교적 고급스러운 것, ii) 우리 문화에 안정적으로 정착된 여가와 비교적 최근에 각광을 받는 것, iii) 여러 사람이 함께 즐기는 것과 혼자 즐기는 것, iv) 비교적 저렴하게 즐길 수 있는 것과 비용이 많이 드는 것, v) 시기적으로 사시사철 참여가 가능한 여가와 계절 특정적인 여가, 그리고 vi) 누구나 쉽게 즐길 수 있는 여가와 특별한 장비나 기술이 필요한 여가 등의 여섯 가지 기준을 고려하였다. 그래서 각 기준의 전자에 해당하는 것으로 '놀이동산'을 그리고 후자에 해당하는 여가 활동으로 '스키'를 연구대상 활동으로 선정하였다.

6.3.3. 연구절차

여가 활동을 할 때 느끼는 심리적 체험의 내용은 구하기 위하여 참여관찰(participative observation), 개별면접(individual interview), 소규모 표적 집단 면접(small focus group interview) 등의 질적 방법을 활용하였다. 구체적인 절차는 다음과 같다.

우선, 스키의 경우, 자료 수집은 1996년 2월 한 달 동안 이루어졌다. 참여관찰과정은 연구자들이 세 군데의 스키장을 가서 직접 스키를 타며, 스키장의 시설, 스키 타는 행동, 휴식 행동, 대기 행동 등 스키어들의 행동을 관찰하는 절차로 이루어졌다. 면접과정은 참여관찰 도중에 스키를 즐기는 임의의 사람들과 대화를 통하여 슬로프에서의 체험 내용을 직접 채록하는 방식, 휴식을 취하는 사람들과의 대화, 그리고 스키장까지 가는 도중과 돌아오는 도중에 수행하였다. 각 면접시간은 30분에서 1시간 정도 소요되었다. 표적 집단 면접(FGI)은 연구자 1인이 모더레이터가 되어 모두 두 번 실시하였는데, 한 번은 대학생 세 명을 대상으로, 다른 한 번은 직장인 세 명을 대상으로 실시하였다. 두 번의 표적 집단 면접은 각각 약 두 시간이 소요되었다. 면접의 주요 내용은 '스키를 타게 된 동기', '스키를 타는 동안 재미있었던 경험', '스키가 재미있는 이유', 그리고 '다른 종류의 여가와 스키 경험이 다른 점' 등이었다. 놀이동산의 경우는 자료 수집은 1996년 3월 초 약 보름간이었다. 참여관찰은 한 명의 연구협조자와 함께 연구자들이 에버랜드에서 직접 놀이를 즐기면서, 놀이동산에서의 사람들의 행동패턴과 연구자들의 놀이 체험을 채록하는 방식으로 이루어졌다. 여기에는 그 한 명의 연구협조자로부터 구한 여가 체험의 내용도 포함하였다. 그리고 표적 집단 면접은 최근 3개월 이전에 에버랜드, 롯데월드, 서울랜드 중 한 군데 이상을 다녀온 대학생 네 명을 대상으로 약 두 시간 동안 실시하였다. 표적 집단 면접의 주요 내용은 '놀이동산을 가게 된 동기', '재미있는 경험의 내용', '놀이동산이 재미있는 이유', '다른 여가 경험과 비교할 때 놀이동산 경험의 독특성' 등에 관한 것이었다.

위 과정을 통해 얻은 녹취 자료는 우선 글의 형태로 옮겨 적었으며, 모든 응답 자료는 연구대상자의 특성에 관계없이 종합하여 총체적 자료(data pool)로 만들었다. 그리고 연구자들이 토의를 통하여 총체적 자료의 내용 하나하나를 해석학적 관점으로 의미 분석하였다.

6.4. 결과 및 해석

우선 해석의 용이성을 위하여 여가 참가자의 응답 내용이 무엇과 관련한 행동을 할 때의 체험 내용인가에 따라 크게 세 부분으로 나누었다. 이때 응답자의 말에 근거하여 모든 내용을 세 영역 중 한 가지로 분류하였다. 첫째는 여가 참여자 개인의 자기(self)와 활동의 관계 맥락을 고려할 때 느끼는 심리적 내용인 '활동지향적 체험'으로서, 이는 구체적인 여가 활동에 참여하는 동안 활동 자체의 특성과, 구체적인 활동에 참여하게 되었다는 사실 때문에 겪게 되는 개인의 심리적 내용을 말한다. 둘째는 활동을 하는 동안 직·간접적으로 맺게 되는 대인관계 맥락에서 유발되는 심리적 내용인 '사회지향적 체험'이다. 그래서 사회지향적 체험은 자기와 대인관계의 맥락을 원천으로 하는 심리적 차원이다. 셋째는 활동이 이루어지는 물리적 환경 요소 때문에 겪게 되는 심리적 내용인 '환경지향적 체험'이다. 이는 자연환경이나 인공시설의 특성과 자기(self)의 관계 맥락에서 유발되는 체험 영역이다.

응답 내용을 세 영역으로 분류한 후, 각 영역에 포함된 응답 내용을 의미 분석하여 심리적 차원별로 범주화하였다. 세 가지 영역과 각 영역의 심리적 차원 범주는 [그림 6-1]과 같다.

여가 체험

활동지향적 체험	사회지향적 체험	환경지향적 체험
· 자유감	· 자기표현감	· 자연 교류감
· 유능감	· 대인 교류감	· 편리함
· 신체적 역동감	· 고독감	
· 모험감	· 유행심리	
· 일탈감		

[그림 6-1] 여가 체험의 분류

6.4.1. 활동지향적 체험

'활동지향적 체험'이란, 개인이 여가 활동을 하는 동안 활동 자체의 특성이나 활동을 하게 되었다는 사실 때문에 여가 참여자가 겪게 되는 심리적 체험 내용을 말한다. 자료를 분석한 결과, 활동지향적 체험에는 자유감, 유능감, 신체적 역동감, 모험감, 일탈감 등 다섯 가지 내용이 분류되었다. 각각의 내용과 의미는 다음과 같다.

[자유감]

어떤 상황에 처해있는 개인에게 자유로움이 있다면 그것은 대개 선택의 대안이 많다는 것을 의미한다. 자유로움은 여가상황에서 쉽게 체험할 수 있다. 예컨대 《놀이기구 많은 데가 인기가 있어요(놀이, F1). 드림랜드는 좁고 그래서 탈 것도 별로 없고, 재미없어요(놀이, F1, F2)》[8]와

---

8) 분석의 사례가 되었던 응답 내용은 문장 단위로 제시하였으며, 놀이공원 참여자의 경우는 "놀이, 숫자"로, 스키장 응답자의 경우는 "스키, 숫자"로 표시하였다.

같은 응답은 선택할 대안이 많은 것이 참여자의 자유감을 유발한다는 것을 보여준다. 그래서 주어진 순간의 자유감은 선택할 대안이 충분히 있는가 하는 정도에 의해 결정될 것이며, 자유감을 누릴 수 있는 장소가 보다 매력적인 곳으로 지각될 것이다. 이 경우 재미의 체험은 선택의 폭에 의해 결정되고 있다. 그러므로 이 내용에서 알 수 있는 것은 자유감이 재미있는 여가 체험의 주요 요소가 된다는 사실이다.

여가 체험으로서 자유감을 유발하는 것은 단지 선택대안의 범위만이 아니다. 《사람이 많으면 기다리는 시간도 많아야 되니까, 대개 토요일, 일요일 같은 날은 아예 안가요. 평일 날 가면 내 마음대로 엄청 많이 타죠.(놀이, F1, F2, F4)》의 내용은 시간의 문제가 자유감의 지각에 영향을 준다는 사실을 보여준다. 여기서는 기다려야만 원하는 활동을 할 수 있다는 시간 제약의 문제가 자유감을 제한하고 있다.

자유감의 제한을 가져오는 다른 경우도 고려해 볼 수 있다. 가령, 《조카 데리고 가면-내 맘대로 못하니까-귀찮아서 안 데리고 가요(놀이, F1, F2).》의 내용은 자유감의 제한을 가져오는 요인이 대안의 폭이나 시간상의 문제뿐 아니라 자기가 돌봐주어야 할 대상이 있는 상황도 있음을 보여준다. 이 인용문에서 '조카'를 다른 주변 인물로 대치해도(가령, 부모나 조부모) 의미가 통할 것이다. 그리고 주변 인물과의 관계는 다분히 사회적 규범이나 의무의 문제로 해석이 가능하다. 그래서 규범이나 의무를 지켜야 하는 상황에서는 자유감을 느끼기가 더욱 어려울 것으로 예측할 수 있다.

규범이나 의무의 문제와 관련한 자유감의 제한은 다음 인용문에서 보다 분명히 나타나고 있다. 《직장생활을 하면서 하고 싶은 것을 마음대로 못한다는 것이 스트레스를 준다. -회사는 돈을 받고 다니는 곳이지만 스키장은 돈을 내고 오는 곳이다. 돈을 내고 마음대로 한다는 것이 스트레스를 풀리게 한다.(스키, I1)》의 사례는 직장생활이 상호교환의 관계로 이루어졌기 때문에 직장으로부터 혜택을 받는 만큼 응당히 돌려줘야 할 부분이 있고, 또 스키장에는 대가를 지불한 만큼 받아야 할 부분이 있다는 호혜의 신념을 보여주고 있다. 그런데 이 인용문에서 주의하여 살펴볼 부분은 '마음대로 못하는 상황'이 개인에게 스트레스를 주며, '마음대로 할 수 있는 상황'을 지각하면 그것만으로도 스트레스가 풀린다는 내용이다. 이는 의무의 요소가 있을 때 자유감의 제한을 받으며 그로 인해 개인은 부정적인 정서를 느끼게 되지만, '마음대로 할 수 있다'는 기대만 있어도 개인의 기분은 긍정적으로 변한다는 사실을 보여준다. 이는 자유감이 객관적인 행동의 자유를 누릴 수 있다는 기대가 있는 경우까지도 포함하여 심리적으로 느끼는 자유로움의 중요성을 반영한다.

이상에서 볼 때, 자유감은 자기 의지로 행동을 선택한 경우와 행동을 선택할 수 있다는 기대가 있는 경우 모두를 포함한다. 또 자유감은 여가 활동에서 재미를 느끼게 하는 주요 요소가 되며, 자유감을 체험하지 못할 경우 스트레스와 같은 부정적인 정서를 느끼게 된다. 그러나 자유감 정도는 선택의 폭이 충분한 정도만을 의미하는 것은 아니며, 선택 내용을 행동으로 실현할 만큼 시간이 충분한가의 문제와 사회적 규범이나 의무의 요소가 존재하는 정도 등에 의해 결정된다는 사실에 주의할 필요가 있다.

[유능감]

본 연구의 자료에서 두드러진 내용 중의 하나는 '여가를 하는 동안 사람은 활동과 관련한 자기의 능력이나 기술을 확인하는 체험을 한다'는 사실이다. 여가를 하는 동안 능력이나 기술과 관련한 개인의 체험 내용을 여기서는 포괄적으로 '유능감'이라고 지칭하겠다. 유능감에 관한 응답은 기술을 필요로 하는 스키 경험의 자료에서 두드러졌다. 가령, 《─ *빠른 속력으로 슬로프를 타고 내려왔다는 느낌이 좋아요(스키, I3 ,I4).* · *상급으로 올라간다는 것은 그만큼 속도에 대한 통제력이 증가한다는 것*

*을 의미하죠(스키, F4).》*의 사례는 스키처럼 속도가 관계가 있는 여가 활동의 경우, 속도를 통제한다고 지각할 때 개인은 긍정적인 정서를 느끼게 됨을 보여준다.

그러나 《*초급 타면서 안 넘어지면 중급으로 올라가고, 현재 단계에서 심심함을 느끼면 상급으로 올라가는 기분이 좋다(스키, F4, I3).*》에서처럼, 능력의 확인으로 인한 즐거움은 개인의 능력에 비추어 과제가 너무 쉬운 경우에는 체험할 수 없다. 즉, 유능감은 활동이 도전할 만한 수준의 것이 아닌 경우에 체험할 수 없다. 이 사례의 내용은 활동이 도전할 만한 수준의 것이 아닌 경우에 참여자는 재미를 느낄 수 없을 뿐 아니라 지루함을 느끼게 되고, 그래서 개인은 유능감을 얻기 위해 자기 능력과 적절히 맞는 새로운 도전과제를 추구한다는 것을 보여준다. 그러므로 하나의 활동을 심심하거나 지루하다고 느끼는 것은 이미 그 활동을 수행할 충분한 능력이 있음을 스스로 지각하는 것이며, 이런 경우 사람은 자기의 능력과 적절히 맞는 새로운 활동을 수행함으로써 자기의 능력과 기술이 향상되고 있다는 느낌을 누리려고 할 것이다. 다음 사례는 기술 향상에 대한 긍정적인 느낌을 보여준다.

그렇지만 능력이나 기술의 확장은 주관적인 판단에만 근거하는 것은 아니다. 스키처럼 슬로프 코스의 급수가 정해진 경우에는 초급에서 상급 코스로 올라갈수록, 즉 객관적인 단서에 의해 기술의 확장을 확인할 수 있다. 예컨대, 《*슬로프 단계(초급→중급→상급)를 밟고 올라가면서 느끼는 성취감이 좋다(스키, F4). 중급에서 상급으로 올라갈 때 뿌듯하잖아요(스키, I5, I6).*》의 사례는 슬로프 코스의 수준이 진전됨에 따라 자신의 능력이 향상되고 있는 것을 확인할 때의 긍정적인 느낌을 말해준다. 이 내용은 활동에 필요한 능력과 기술의 확장이 주관적인 느낌에 근거한 것일 뿐 아니라 객관적인 단서(코스의 단계 변화)에 근거함으로써 확인할 수 있음을 의미한다.

한편, 여가 장면에서 유능감을 확인할 수 없으면 개인이 느끼는 긍정적인 감정은 줄어들게 된다. 《선수처럼 실력이 쑥쑥 늘거나 그렇지 않으면 나중에 흥미를 잃게 되는 스포츠인 것 같아요(스키, F5). ·여러 가지 코스를 마스터한다는 그런 생각에서 가는 것이고, 대체적으로 계속하는 사람과 안 하는 사람의 차이죠(스키, F4, F6).》의 내용들은 기술과 능력의 향상을 경험하지 못하는 경우 긍정적인 느낌을 가질 수 없다는 것을 의미한다. 활동을 하는 동안 능력을 확인하지 못하게 되면 그 활동에 대한 흥미를 잃게 되며 그래서 궁극적으로 자기 능력과 맞지 않는다는 이유 때문에 그것을 그만두게 될 것이다.

유능감과 관련한 체험의 내용은 놀이동산의 경험에서도 발견할 수 있었다. 《여자애들 둘이 탄 것하고 남자애들 탄 데하고 돌아가는 게 달라. 남자애들은 팍팍 돌아가는데 우리들은 안 돌아가요. 그래서 재미없어요(놀이, F2). ·(범퍼카 같은 경우는)타면 탈수록 기술이 늘어요. 그리고 잘하면 되게 재미있어요(놀이, F3, F4).》의 내용은 놀이동산의 다양한 놀이기구 중에서도 기술이 필요한 놀이기구를 탈 때, 능력이 있고 없음이 그 놀이에 대한 재미의 체험을 결정한다는 점을 보여주고 있다. 인용문 중 전자 경우는 신체적 힘을 필요로 하는 능력의 실현이며, 후자의 경우는 쉽게 느는 기술의 확인과 관련한 내용이다. 여기서 '신체적 힘'에서처럼 쉽게 늘지 않는 능력을 필요로 하는 놀이보다는, 운전처럼 쉽게 획득할 수 있는 기술이 필요한 놀이가 '재미'의 체험을 쉽게 유발한다고 볼 수 있겠다.

여가 활동에서의 능력 확인은 기술과 능력에 대한 주관적인 평가만으로 가능하다. 그러나 대개의 경우 개인이 느끼는 유능감은 객관적인 지표를 통해서도 확인할 수 있다. 예컨대, 연구자들이 놀이동산(에버랜드)을 관찰하는 동안 '해머치기'(해머를 들고 지정된 판을 내리치면 모든 관람객들이 볼 수 있도록 치는 강도가 곧바로 수치로 나타난다)와 접할 수 있었는데, 이 놀이는 놀이동산의 다른 놀이들과는 독특하게 다르며, 많은 사람들이 참여한다는 사실을 알 수 있었다. 해머치기는 참여자의 힘과 기술의 정도를 곧바로 알려주는 장치를 포함하고 있었으며 이러한 설비가 연구자를 포함한 놀이 참여자의 관심을 유도했을 것이다. 즉, 놀이에 있어서 능력과 관련하여 신속하고 정확하게 그리고 객관적(가시적)인 단서를 제공해 주는 것이 유능감으로 인한 재미의 체험감을 고양시킬 것이다.

[신체적 역동감]

여가 활동을 하는 도중에 사람들은 '자신의 몸이 활발히 움직인다는 느낌'을 겪을 수 있다. 이러한 느낌을 여기서는 '신체적 역동감'이라고 부를 것이다. 이런 느낌은 대개의 경우 운동 능력을 요구하는 활동 즉, 놀이나 스키 같은 활동에서 느끼기가 쉽다. 가령, 《*직접 몸을 움직이면서 하니까 스키는 재미있다(스키, F1, F4, I3). · 운동한다는 느낌이 들면서 동시에 재미있고 즐긴다는 느낌이 든다(스키, F1, I5).*》와 같은 반응은 '직접 움직인다'는 느낌이 긍정적인 정서 상태로 체험된다는 것을 보여주고 있다. 직접적인 신체적 움직임을 지각할 때 참여자는 재미를 느낀다. 그리고 직접적인 신체적 움직임이 참여자가 의도한 것인지 아닌지는 중요하지 않은 것 같다. 《*넘어지고 뒹굴어도 재미있다(스키, F1, I2).*》에서처럼, 자신의 의지와는 관계없는 움직임이 발생하더라도 그것은 재미의 요소가 될 수 있다. 이른바 실수에 의한 움직임도 긍정적인 체험으로 느낄 수 있는 것이다. 의도하지 않은 움직임을 재미의 일부로 느낄 수 있는 이유는 아마도 활동적인 여가가 활발한 신체적 움직임을 필요로 하는 여가라는 것을 인식하고 있기 때문이 아닌가 싶다.

한편, 여가 참여자가 신체적 역동감을 느끼는 방식은 여러 가지가 있을 수 있다. 스스로 직접 움직인다는 느낌 이외에도 여러 단서를 통하여 자신의 몸이 움직인다는 것을 느낄 수 있을 것이다. 《*바닥에 직접 발바닥으로 진동을 느끼면서 나가니까 느끼는 속도감이 더 크죠(스키, F1, I1).*》의 내용에서 움직임의 단서는 '발바닥으로 느끼는 진동'이다.

그러므로 신체적 역동감의 단서로 우선은 촉각적 단서를 들 수 있다. 즉, 촉각 단서를 통하여 자신이 움직인다는 느낌을 가질 수 있으며, 그런 단서가 있을 때 역동감을 더 크게 느낀다고 하겠다.

역동감은 촉각만이 아니라 시각 단서에 의해서도 느낄 수 있다. 《*후룸라이드가 재미있지 않아요?, 주욱 내려올 때 물이 옆으로 좌악 펼쳐지니까(놀이, F2).*》의 내용은 신체적 역동감을 느끼게 해주는 시각적 단서의 효과를 보여주고 있다. '물이 옆으로 펼쳐지는 것'을 눈으로 확인함으로써 신체적 역동감을 크게 느낀다는 것을 보여준다. 하지만 눈으로 직접 확인하는 것만이 역동감의 시각적 단서는 아닌 것 같다. 가령, 《*뒤에서 눈이 퍽퍽 튀는 게 좋다(스키, F1). · 턴(회전)할 때 눈을 훑어내는 느낌이 좋아요(스키, I7).*》에서는 촉각을 통해 시각 단서를 가상적으로 상상함으로써 역동감을 느끼고 있다. 즉, 스키를 탈 때 눈이 튀는 것을 직접 보지 않으면서도 상상을 통해 시각적 체험을 한다고 볼 수 있겠다.

그리고 연구자들이 놀이동산을 참여 관찰하는 동안 청각단서의 역할을 확인할 수 있었다. 예를 들어, '아마존 익스프레스'를 타는 동안 참여자의 몸이 기구에 고정되어 있음에도 불구하고 기계설비에서 나오는 효과음은 신체적 역동감의 단서로 청각자극을 고려할 수 있다.

그런데 신체적 역동감은 몸을 직접 움직임으로써 느끼든지 혹은 단서를 통해 느끼든지 간에 재미와 같은 긍정적인 체험으로 나타난다. 《*……기분이 우울하다거나 스트레스를 받았을 때는 운동을 하고…… 확 육체적으로 움직임으로써 머리도 맑아지고 기분도 리후레쉬할 수 있는 경험이 돼요. 적당하게 운동하면 건강해지잖아요(스키, F4).*》의 인용문은 신체적 역동감이 가져오는 심리적 결과를 잘 보여주고 있다. 역동감을 체험하면 스트레스가 풀릴 뿐 아니라 재충전의 느낌도 가지게 되고 더불어 건강해진다는 느낌을 겪게 된다.

요약하면, 신체적 역동감은 직접 확인과 간접 확인으로 구분할 수 있다. 직접 확인이란 몸으로 느끼는 자신의 움직임을 의미하며, 간접 확인은 단서를 통한 움직임의 확인이라고 하겠다. 역동감의 단서는 여가를 즐기고 있는 현장을 감각적으로 확인시켜주는 역할을 하며, 활동 상황에서의 단서란 참여자의 지각을 더욱 생동감 있게 해준다. 따라서 신체적 역동감의 단서가 많을수록 참여자는 그 여가를 더 재미있다고 느낄 것이다. 그리고 여가상황에서 지각할 수 있는 역동감의 단서는 크게 시각·촉각·청각의 세 종류로 분류할 수 있었다.

[모험감]

스키의 경우 '스키가 재미있는 이유가 무엇이냐'라고 물었을 때 가장 공통적인 대답은 속도감과 스릴이 있다는 것이었다. 또 놀이동산에서 가장 재미있는 게 무엇이냐고 물었을 때 공통적으로 대답한 내용은 속도와 현기증, 공포를 체험할 수 있는 '88열차', '독수리 요새', '바이킹' 같은 기구였다. 예컨대, 《*청룡열차 같은 것은 빠르니까 스릴 있잖아요 (놀이, F1, F2, F3).*》와 같은 응답 내용은 단적으로 속도에 의한 모험감의 체험을 말하고 있다. 속도감을 일상적인 표현으로 바꾸면, 빠른 느낌이다. 사실 속도감에 대한 인간의 욕구는 시대와 문화에 따라 다르지 않은 공통적 요소이다. 그러나 속도를 사람이 도저히 이겨낼 수 없으면, 속도가 지나칠 경우 사람은 공포를 느끼게 된다. 그럼에도 불구하고 인간은 속도로 인한 공포를 즐기려고 하는 경향이 있다. 그런데 《*스키의 속도감이 다른 종류의 여가에서 (오토바이, 자동차 등) 얻는 속도감과 다른 점은 최소한의 단순한 장비만을 이용하여 몸으로 진동을 느낀다는 데 있다(스키, F4, I1).*》의 내용에서 보는 것처럼 인간은 순수한 자신의 능력을 배가할 수 있는 도구를 이용하여 속도감을 체험하려는 경향이 있다. 하지만, 이용하는 도구가 단순할수록 여가 참여자는 속도에 의한 긍정적인 체험을 더 크게 느낀다. 왜냐하면 빠른 속도를 최소의 장비로 체험할 때, 위험을 극복한다는 느낌이 더 클 것이기 때문이다.

모험은 속도를 통해서만 체험하는 것이 아니다. 예컨대, 《*위에서 밑으로 활강할 때 묘한 쾌감 같은 것이 있잖아요(스키, I1, I2, I3, I6, I7). ·공중에 뜬다는 느낌 때문에……저 같은 경우에는 그런 것이 가장 재미있고, 또 겁나지만 또 타고 싶다는 느낌을 가지게 하고……(놀이, F1, F2, F3, F4).*》의 내용들은 공통적으로 현기증의 요소가 모험과 관련이 깊다는 것을 보여주며, 동시에 현기증은 두려움이나 공포와 같은 정서를 수반한 체험이라는 것을 보여준다. 모험감의 체험은 두려움이나 불안과 관련한 체험이라고 할 수 있으므로, 모험감은 현기증의 요소가 없더라도 공포나 불안의 체험을 수반할 때 느낄 수 있다. 왜냐하면 불안이나 두려움을 야기하는 것은 현기증의 요소만이 아니기 때문이다. 예컨대, 《*그게 스릴 있다고 그러잖아요? 스키 타는 것도 딱 떨어질 때 공포심이 있으니까 재미있는 거잖아요(스키, F3). ·동굴 같은데 들어갈 때는 막 떨리고 그래요, 무서우니까 더 재미있어요(놀이, F4).*》의 사례들은 현기증이 없는 공포나 불안의 정서를 체험할 때 느끼는 모험감을 보여주고 있다. 그런데 불안이나 공포는 위험의 요소와 관련이 있다. 위험을 극복하고자 할 때 여가 참여자는 비로소 모험을 즐긴다고 하겠다. 《*코스 중간 중간에 위험의 요소가 있으니까 자신이 균형을 잡고 하는 것이 모험을 즐기는 측면이라고 할 수 있겠죠(스키, F4, I3).*》의 내용은 위험을 극복하는 순간이야말로 모험감을 체험한다는 것을 단적으로 보여주고 있다. 위험이라는 것은 자기 능력 이상의 과업을 수행할 때의 상황이므로 자기의 능력을 배가할 수 있는 도구를 이용하여 그 상황을 극복하고자 하며, 위험을 극복하는 과정에서 모험의 심리상태를 겪게 되는 것이다.

[일탈감]

'여가를 왜 하는가'라는 질문에 대해 조사 대상자들이 가장 쉽게 망

설임 없이 응답한 내용은 일탈감과 관련한 것이었다. 직장인들의 경우 이러한 응답의 경향은 두드러졌다. 《*지금은 회사 오니까. 어떻게 보면 단조롭기도 하고 사람이 쳇바퀴 도는 것 같기도 하고, 그러니까 업무 끝나고 나면 피곤하더라도 ─ 놀게 되고 노는 것을 찾게 돼요(스키, F4, F5, F6, I3, I6).*》라는 응답이 있었는데, 이 내용은 사람들이 여가 활동을 찾아서 하게 되는 이유가 우선은 일상에서의 단조로움을 피하기 위한 것이라는 것을 보여준다. 새로운 자극을 추구함으로써 단조로운 생활 패턴으로 인한 권태를 극복할 수 있는 것이다. 《*주말이나 휴일엔 무조건(일상을) 떠나고 싶다는 느낌을 가지게 된다(스키, F5, F6). · 연애하면 맨 날 밥 먹고 영화보고 차 마시고, 지겨운 거예요. 그러니까 이제 뭔가 다른 이질 체험을 해 보고 싶고……(스키, F5, F6)*》의 내용은 권태로운 일상에서의 탈출 즉, 일탈감의 동기를 잘 보여주고 있다. 즉 일탈감은 권태로부터 벗어나고 싶은 인간의 욕구가 실현되는 상황에서 체험하는 내용이라고 하겠다.

일탈감의 체험은 호기심의 충족과 밀접한 관련이 있다. 가령, 《*안 해 본 것에 대한 호기심이 발동한다. 자꾸 무엇인가를 새롭게 경험해 보고 싶다는 호기심……. 해 보지 못했다는 것 거기에 큰 비중을 둬요 (스키, F4, F5).*》의 사례는 권태로부터 벗어나고 싶다는 동기와 새로운 자극에 대한 호기심이 적절히 조화를 이룰 때 호기심의 충족을 통한 일탈감의 체험과정을 보여주고 있다. 그래서 아직까지 경험해 보지 못한 여가 활동의 종류는 사람들의 일탈동기와 맞물려서 호기심을 자극할 것이다. 《*스키는 새로운 스포츠이다. 참 특이한 스포츠고, 눈 위를 달리는……(스키, F4). · 저는 뭣도 모르고 (새로운 코스에 대한) 호기심이 있으니까 한번 타 보자……(스키, F4).*》의 내용은 기존의 경험과 다를 것이라는 기대가 여가 행동의 동기가 됨을 잘 보여준다. 또 호기심은 여가 활동의 종류에만 적용되는 것이 아니고, 하나의 여가 활동 내에서도 새로운 체험의 가능성이 있는 상황이라면(즉, 스키장에서 새로운 코스) 충분히 유발되고 있다.

이렇게 호기심을 실현함으로써 일탈감을 체험할 때 개인은 재미를 느끼게 된다. 예를 들어, 《*이렇게 돌아다니면서 자기가 눈으로 보는 건데 호랑이, 코끼리 처음 보는 것도 아니고, 다본 건데……재미없죠 (놀이, F1, F2). ·나랑 다른 별난 사람들 많잖아요, 그래서 재미있어요 (놀이, F3, F4).*》의 내용들은 공통적으로 호기심의 실현 여부가 재미의 체험과 관련된다는 것을 보여주고 있다. 이미 익숙해진 활동은 개인의 호기심을 자극하지 못하며 따라서 재미를 줄 수 없게 된다.

결국, 여가를 통한 일탈감은 두 단계로 구분된다. 하나는 일상의 단조로움에서 벗어나는 것을 의미하는 내용이고, 다른 하나는 새로운 종류의 활동에 대한 호기심의 충족과 관련한 심리상태이다. 그런데 이 두 과정은 연속적으로 이루어질 수도 있다. 일상을 떠나고 싶다는 동기와 연계되며, 호기심이 충족된다는 것은 이미 일상의 암묵적인 규칙과 질서, 자극을 벗어난 상태가 전제되어야 하기 때문이다. 그러므로 일탈감의 두 내용인 일상탈출과 호기심 충족은 상호 독립적인 두 차원일 수도 있고 연속적인 심리적 과정으로 이해할 수도 있다.

지금까지 활동지향적 체험의 내용으로 자유감, 유능감, 신체적 역동감, 모험감, 일탈감 등 모두 다섯 가지를 분석하였다. 이들 체험들은 공통적으로 여가 장면에서 활동 자체의 특성 때문에 겪게 되는 내용들이다. 그런데 이중 자유감과 일탈감의 내용은 구체적인 활동들의 여러 특성 때문에 느끼는 것만이 아니고, 구체적인 활동을 하게 되었다는 사실이나 기대 때문에 유발되는 부분도 있었다. 가령, 여가 장면에서 구체적인 행동을 스스로 선택했을 때뿐만 아니라, 여가 장면이 직장이나 일상의 의무로부터 벗어난 상황이라는 지각이 있을 때 자유감을 느낄 수 있다. 또, 일탈감도 새로운 종류의 활동을 하게 되었다는 호기심의 충족뿐만 아니라 일상의 단조로움을 벗어났단 사실을 지각함으로써 체험할 수 있다. 따라서 활동지향적 체험을 활동 자체의 특성 때문에 겪게 되는 내용으로 본다면 여기에는 앞서 분류한 다섯 가지 차원이 모두 포함될 것이며, 또 구체적인 활동을 하게 되었다는 사실이나 기대 때문에 겪게 되는 체험에는 자유감과 일탈감이 포함될 것이다.

6.4.2. 사회지향적 체험

여가 활동을 하는 동안 참여자는 주변의 다른 사람들과 직·간접적으로 관계를 맺게 되는데 이때 체험하게 되는 심리적 내용을 여기서는 '사회지향적 체험'이라고 부르겠다. 여기에는 자기표현감, 대인 교류감, 고독감, 유행심리 등이 있다.

[자기표현감]

인간은 기본적으로 사회적 동물이기 때문에 여가 활동을 하는 동안 자신의 여러 가지 특징을 다른 사람들에게 표현하려는 경향이 있다. 한 개인이 자기의 여러 가지 특징을 표현하는 것은 그 개인과 타인을 연결시켜 주는 의사소통의 수단이 된다. 특히 여가라는 것이 자발적으로 선택한 활동이기 때문에, 여가 활동을 하는 동안 개인의 여러 가지 특징들은 자연스럽게 표출될 수 있을 것이다. 대외적인 자기 표출의 체험을 여기서는 '자기표현감'이라고 지칭할 것이다. 본 연구에서 확인한 자기표현의 체험은 크게 네 가지로 구분할 수 있었다. ⅰ) 외모의 표현, ⅱ) 기술과 능력의 표현, ⅲ) 가치관 및 성격의 표현, ⅳ) 사회적·경제적 지위의 표현 등이 그것이다.

[외모의 표현]

자기표현의 내용에는 신체적 모습과 의상으로 대변되는 외모의 표현이 들어 있다. 수행 중인 여가가 그러한 외모의 특징을 잘 나타낼 수 있는 구조를 지니고 있다면 외모에 대한 표현은 자기 존중감의 고양과 관련이 있다. 사례 《*설원에서 예쁜 옷 입고 뭐가 된 것처럼 막 활강하고 내려오면 되게 기분이 좋아요(스키, F1, F2, F5, F6)*》는 외모가 제대로 표현되었을 때 체험하는 긍정적인 심리상태를 잘 묘사해 준다. 이는 외모에 대한 자신감이 자기 존중감과 깊은 관련이 있다는 심리학의 기존 이론에 일치하는 현상이다. 그래서 외모 표현이 제대로 되지 않을 경우에는, 《*제 스키복은 옛날 거예요, 되게 촌스럽게-, 그리고 좀 창피하죠(스키, F3). 이 몸이 어떻게 (놀이동산에서 춤·댄스대회에) 나갈 수 있겠니?(놀이, F2).*》의 내용처럼 부정적인 심리적 체험을 하게 된다.

[기술과 능력의 표현]

활동 자체를 수행하는 데 필요한 개인의 능력과 기술을 타인에게 보여주는 것도 여가 활동에서는 중요한 체험이 된다. 이처럼 여가 기술을 습득함으로써 활동을 좀더 멋있게 즐길 수 있으며, 멋있는 모습을 타인에게 보여줌으로써 자신의 능력을 타인에게 보여주는 즐거움을 느끼게 되는 현상을 여기서는 '기술과 능력의 표현'이라고 하겠다.

가령, 《*스키를 탈 때 남들에게 멋있게 보이고 싶은 욕구가 있어요(스키, F5).*》의 경우처럼 인간에게는 외모가 아니더라도 멋있게 보이고 싶어 하는 욕구가 있다고 할 수 있다. 그러한 욕구가 있기 때문에 《*어딜 가더라도 뭐든지 잘하는 사람 있으면 멋있게 보이고 그 사람처럼 되고 싶어 하고 그러는 것은 당연하잖아요(스키, F1, F2, F5, F6, I1, I2, I3, I4, I5, I7, I8).*》의 내용처럼 기술과 능력을 잘 표출하는 사람을 부러워하는 마음을 가지게 된다. 그렇게 때문에 《*누구든지 어느 운동을 하더라도 그럴 것 같아요. 이왕이면 폼 나고 싶고, 이왕이면 '너 참 잘하더라'라는 이야기 듣고 싶고 그래요. 어느 것이라도 꼭 스키가 아니더라도(스키, F4, F5).*》의 사례처럼 자신의 능력과 기술에 대해 타인으로부터 인정을 받고자 하며, 그러한 인정을 받을 때 긍정적인 심리적 상태를 체험하게 된다. 또 이 내용에서 알 수 있는 것처럼 능력과 기술을 대외적으로 보여주고 확인받는 것은 앞서 논의했던 유능감과 밀접한 관련이 있다고 볼 수 있다.

[가치관 및 성격의 표현]

자기표현의 내용 중에는 바로 개인의 가치관과 성격에 관련한 것들이 있다. 여기에는 개인의 삶의 모습과 살아가는 방식에 대한 생각들, 그리고 자기 자신에 대한 평가의 내용이 들어 있었다. 가치관과 성격은 모두 개인의 행동양식을 결정하는 구성개념이지만, 성격이 개인의 사고와 행동을 결정하는 의식적·무의식적 경향성이라면 가치관은 개인이 인생을 통하여 달성하고자 하는 목표와 수단에 대한 신념체계이다. 따라서 성격과 가치관은 서로 밀접한 관련을 맺을 수밖에 없다.

성격이나 가치관의 표현이라고 여겨지는 내용 중에서 두드러진 것은 도전적이고 진취적인 생활 태도에 관한 것이었다. 다음의 예들은 모두 도전적이고 진취적인 성격 내지는 그러한 가치신념의 내용을 표현하고 있다. 《인생에 대한 마인드가 있는 사람들이 열심히 놀아요, 놀아도 적극적으로 놀고(스키, I6, I7). ·어쨌든 그런 마인드가 확실한 사람들은 뭘 해도 최선을 다해서 하더라구요. 술을 마셔도 열심히 마시고 적극적으로, 놀 땐 신나게 놀고 딱 끝마치고 더 아쉬움 남기고 더 놀아야 하는 데 끌고 그러지 않아요.(스키, F4, F5, I6, I7).》 이 사례들에서 알 수 있는 것은 '매사에 적극적이고 의욕적인 자세를 견지하는 것이 바람직하다'는 것이다. 그래서 어떤 종류의 여가 활동을 하든지 간에 적극적으로 참여하는 사람은 진취적이고 의욕적인 신념이나 성격을 표출하고 있다고 하겠다. 특히 위 사례들이 모두 스키 경험에 근거한 응답 자료라는 점을 고려할 때, 적극적이고 의욕적인 생활 자세는 신체적이든 지적이든 참여자의 역동성을 요구하는 여가 활동에서 잘 발현된다고 할 수 있을 것이다.

그런데 가치나 성격은 개인마다 다르며, 여가 활동의 종류를 선택할 때 이미 개인의 가치나 성격은 당연히 개입된다. 예컨대 놀이동산의 체험 자료는 가치와 성격의 개인차를 보여준다. 《그 애는요, 동물원 가는 게 신기하다고 그래요. 걔는 주로 어린애들이 하는 걸 좋아해요(놀이, F1, F4). ·걔는 동물원을 되게 좋아했는데 저는 빨리(다른 데로) 가자고 그랬어요(놀이, F4).》의 내용들은 여가 종류를 선택하는 데 있어서 개인적인 취향이 다르다는 것을 보여준다. 또 여가 선택을 하는 데 있어서 가치신념의 표현은 선택 상황이 어떠하냐에 따라서 달라진다. 《성격이라기보다는요, 같이 가는 사람에 따라 다르죠. 그러니까 가족끼리 소풍가는 거라면 동물원 가는 것도 괜찮고, 애인하고 가는 거면 돌아다니는 거니까 좋고(놀이, F1, F2).》의 내용은 여가를 하는데 누구와 하느냐 하는 것이 여가 선택의 중요한 변수가 된다는 것을 보여주고 있다.

이 결과로부터 알 수 있는 것은 어떤 가치관, 어떤 성격의 소유자가 스키나 놀이동산과 같은 독특한 여가를 즐기는가 하는 것이 아니라, 어떤 종류의 여가를 하든지 간에 사람들은 자기의 성격과 가치관, 생활 방식이 드러나는 방향으로 여가 활동에 참여한다는 사실이다. 여가 과정 중에는 개인의 가치나 성격의 부분이 드러날 수밖에 없으며, 여가는 개인의 성격과 가치를 표현해 주는 좋은 수단이 된다는 사실을 알 수 있다.

[사회적 · 경제적 지위의 표현]

여가 활동이 가지는 표현의 의미는 그 활동을 하는 동안 드러나는 여러 가지 특징들만이 아니라 그 활동을 수행한다는 '사실'만으로 표현되는 내용이 있다. 하나의 활동이 총체적으로 상징적 의미를 지닐 때 그 상징의 구체적인 내용은 활동을 한다는 사실만으로도 대외적으로 표현의 역할을 담당한다. 예컨대, 여가 참여자의 경제적 수준이나 사회적 지위를 대외적으로 과시하는 것으로 보이는 체험은 특히 스키 경험의 자료에서 두드러졌다. 예를 들어, 《스키가 지금 현재 보편화되어 있지만, 아무래도 좀 비싼 편이다.(스키, F4, F5, F6, I3, I4, I5, I9.) · 서민들이 타기에……아직은 경제적으로 부담스러울 것이다(스키, I3). · 친구들이 제가 부산(고향) 가서 스키 탄다고 그러면, 전부 다 부러운 듯이 쳐다봐요(스키, F4).》의 내용은 일반 대중들이 즐기기에는 아직 부담스러운 여가(즉, 스키)를 자신들은 즐길 수 있으며 즐기고 있다는 것을 나타낸다. 스키와 같은 여가는 비교적 고급스러운 종류의 활동이며, 그러한 활동을 함으로써 자신의 경제적 지위를 표출하는 것이라고 하겠다. 다시 말해 이 응답자들에게 있어서 고급스러운 여가는 사회적, 경제적 계층을 표시하는 상징적 의미를 띠고 있다. 이런 경우 고급스러운 여가를 하는 사람은 그러한 활동을 한다는 사실을 대외적으로 표출함으로써 타인들이 자신을 부러워할 것이라고 기대한다.

그리고 《스키장에 가면 스키복하고 굉장히 과시하는 사람이 많잖아요. 그런 것이 대단히 중요하죠. ……그러니까 아직까지 그래도 좀 부르조아틱한 면이 있잖아요. 그러니까 그런 면이 상당히 중요하죠. 과시한다는 것(스키, F4, F6). · 대중 교통수단이 있음에도 불구하고 자기 차를 몰면서 보상심리를 얻는 것처럼 스키도 그렇다. ……아직 스키는 서민들이 타기에는 고급스러운 여가이다. 따라서 스키를 즐기는 대열에 합류했다는 보상심리가 한몫을 하죠(스키, I4)》의 내용에서처럼 한 개인이 계층적 우월감을 가지고 있는 상태에서 고급스러운 여가 활동을 하게 되면 의복이나 장비를 통하여 또 활동한다는 사실을 알림으로써 대외적으로 자기의 계층적 특징을 과시하게 된다. 그러므로 고급스러운 여가를 한다는 것은 과시적 소비의 일부로 볼 수도 있다. 이러한 여가 활동은 인간이 지니고 있는 계층 상승에 대한 희구의 실현 기회가 된다.

결국, 여가 활동을 통하여 사회적·경제적 지위를 표출하는 것은 앞서 보았던 다른 종류의 자기표현 내용들과 비교할 때 특징적인 면이 있다. 개인의 외모, 기술/능력, 가치관/성격의 표현이 비교적 자연스럽게 자신의 특징을 나타내는 것이라면, 사회적·경제적 지위의 표현은 활동을 통한 순수한 자기표현이 아니라 여가 활동의 상징성을 즐기는 경우에 해당한다고 볼 수 있겠다. 사실 이러한 과시적 여가 체험은 Veblen(1899)이 "유한계급론"에서 말한 여가의 의미와 일맥상통한다. 여가를 대외적인 자기 과시의 상징물로 여기는 사람들에게 있어서, 여가란 그것 자체가 목적(autotelic)이 아니라 과시욕의 수단이 된다고 (instrumental)하겠다. 그리고 위 사례들이 모두 스키 경험의 자료에서 나온 것이고, 놀이 경험의 자료에서는 이러한 내용이 전혀 없었다는 사실을 고려할 때, 우리 문화에서 스키는 아직 고급스러운 상징의 의미를 지니고 있으나 놀이동산은 매우 대중적인 여가 활동의 의미를 지닌다고 보아도 무방할 듯하다.

[대인 교류감]

여가 활동을 하는 동안 사람은 다른 사람과 교류를 하기가 쉽다. 비교적 가까운 타인과 긍정적인 영향을 주고받는 체험을 '대인 교류감'이라고 부를 때 이에 해당하는 반응들이 있었다. 실제로 연구자들이 관찰한 바에 따르면, 놀이동산과 같은 경우는 대부분의 참여자들이 가족이나 친구들의 삼삼오오 모임 형태로 오고 있었다. 그리고 《*(여가를 함께 하면) 다른 사람들과 친해질 수 있어 좋고……(스키, F5).*》와 같은 반응은 단적으로 대인교류의 경험을 나타낸다.

대인 간 교류의 체험을 구체적으로 살펴본 결과 여가를 통한 대인교류의 체험은 두 가지로 나눌 수 있었다. 첫째, 여가 공유를 통하여 아직 친밀하지 못한 관계가 친밀한 관계로 변화하는 과정이 있었고, 둘째는 이미 가까운 관계를 유지하는 사람들이 여가 활동을 함께 함으로써 그 친밀감이 더욱 강화되는 과정이다. 예컨대 《*회사 들어와서 처음 하니까 동료들하고 어울릴 수 있을 것 같고, 같이 어울려서 같이 다닐 수*

있을 것 같고 그렇더라구요(스키, F4). ·사교를 위해서라면 어떤 레저라도 오기로 배우죠(스키, F4, F5). ·미팅해서 처음 만났을 때 서먹서먹하다가 롯데월드 가서 놀고 그러면 친해지더라구요(놀이, F1, F2).》의 내용들은 첫 번째 경우에 해당하는 것이다. 이 사례들을 통하여 알 수 있는 것은 친밀하지 않은 사이일지라도 여가 활동을 공유함으로써 서로 친밀감을 형성할 수 있다는 것이다. 전혀 모르는 사이의 사람들이라도 하나의 공간에서 활동을 공유하는 것은 새로운 관계 형성의 기회로 작용하는 것이다. 위 사례에서 주의할 부분은 '사교'라는 용어인 것 같다. 사교를 위해서 여가를 한다는 것은 여가 활동이 대인교류에 중요한 수단이 된다는 것을 의미한다.

한편, 《가족끼리 오면 좋은 것 같아요, 나중에 대화를 할 때도 공유하는 경험이 있으니까 좋은 대화 주제가 되기도 하죠(스키, I1). ·친구들끼리 가며 더 단합되고 가까워지죠(놀이, F2).》의 내용들은 이미 형성된 관계를 더욱 친밀하게 하는 과정으로서 여가 체험을 말하고 있다. 즉 가까운 사람들이 여가 활동을 함께 한다는 것은 서로의 관계를 유지·강화시키는 역할을 한다.

이상에서 알 수 있는 것은 여가 활동을 하는 동안 대인 간 교류를 체험할 때, 상대자는 접촉을 자주하고 있거나 자주할 가능성이 있는 비교적 가까운 사람이라는 사실이다. 즉, 의미 있는 타인과의 관계 맥락에서 체험하는 내용으로서 대인 교류감은 특정한 대상과의 직접적인 관계 속에서 느끼는 심리적 체험이다. 그리고 대인 교류감은 두 부분으로 나눌 수 있다. 하나는 여가를 공유함으로써 새로운 관계가 형성이 되며, 따라서 대인교류의 영역이 넓혀지는 체험이면, 다른 하나는 여가를 공유함으로써 친밀한 관계가 유지·발전된다는 느낌이다.

[고독감]

여가 활동을 하는 동안 사람들이 느끼는 체험은 대인 교류감과는 정

반대 현상인 혼자 있을 때의 즐거움에 관한 내용도 있었다. 예컨대, 《스키는……개인적으로 자기 개인 시간을 즐기는 것, 공동의 집단에 끼어 있지만 자기 나름대로의 시간을 즐기는 것 그런 게 좋아요(스키, I3, I4, I7). ·스키는 개인적으로 타는 거죠, 동호회 내에서도 대인교류는 중요하지 않아요(스키, I3).》의 내용은 대인교류의 측면보다는 혼자 있을 때의 긍정적 심리상태를 단적으로 말해 준다. 긍정적인 고독감을 느끼고자 하는 것은 인간의 기본적인 성향인 것 같다. 《슬로프에 사람들이 많으면 싫죠, 일부러 사람이 없는 새벽이나 야간 스키를 즐기곤 하죠, 일부러 서울서 멀리 떨어진 곳까지도 가기도 하고……(스키, 거의 모든 응답자). ·아무도 없는 산속에서 타고 싶고 그래요(스키, F3).》의 사례들은 타인의 영향을 벗어나고자 하는 인간의 동가를 잘 묘사하고 있다. 사실 새벽이나 야간 또 아무도 없는 산속에서 스키와 같은 여가를 즐기는 것은 위험할 수도 있다. 그럼에도 불구하고 타인의 영향을 벗어나고자 하는 이유 때문에 위험을 감수할 수도 있는 것이다. 이러한 현상은 타인 회피적 체험이라고 할 수 있다.

그런데 타인 회피적 체험의 동기는 인간의 자기 몰입 성향과 관련이 있다. 가령, 《(스키는) 나만이 혼자서 멋을 낼 수 있는 운동이다(스키, I3, I8), ·혼자 스키를 타면서 이렇게 하면 폼이 멋있게 나오겠다고 깨닫는 게 좋다(스키, I4, I7).》의 사례는 자기도취적인 체험의 내용을 반영하고 있다. 스스로 선택하고 결정하고자 하는 '자유감'의 동기와 관련이 있을 뿐만 아니라 자기 자신에 대하여 철저하게 몰입한 상황을 보여준다. 이러한 심리적 차원은 자기 몰입적 체험이라고 하겠다.

결국, 여가를 하는 동안 고독감을 느끼는 것은 두 가지 차원으로 나눌 수 있다. 하나는 타인의 영향으로부터 벗어나고자 하는 타인 회피적 체험 차원이고, 다른 하나는 자기의 선택과 결정을 즐기는 자기 몰입적 체험 차원이다. 대개 이 두 가지 차원은 동시에 체험될 것이다. 혼자 있을 때의 즐거움은 개인 내부지향적 동기의 실현으로 얻는 체험이라고 할 수 있으며, 그러한 체험은 혼자서 하는 여가 활동을 하는 동안에 잘 드러날 것이다. 실제로 위의 사례들은 스키 경험의 자료에서만 발견할 수 있었는데, 이는 스키와 같은 여가가 활동 자체의 측면에서 볼 때 놀이동산의 경험에 비해 개인적인 활동의 속성을 지녔기 때문일 것이다.

[유행심리]

사회지향적 체험에는 개인 내부 지향적 체험이나 가까운 사람과의 교류감 외에 익명의 대중을 지향한 심리적 체험이 있다. 소위 유행을 따라서 행동할 때 그러한 체험을 한다고 볼 수 있으며, 그러한 심리적 체험을 여기서는 '유행심리'라고 명명하겠다. 《사람이 아무도 스키를 안 탄다면 왜 가겠어요? 그런데 주위에서 막 스키 타고 그러면 왠지 쫓아가 보기도 하고 그러다보면……(스키, F1, F3). ·작년부터 부서에 스키 타는 붐이 일었는데 그 붐에 편승했어요(스키, F4, F6).》의 사례는 전형적인 유행심리를 보여주는 내용이다. '남들이 하니까 해보자' 하는 동조 현상을 보여주는 것이다. 이는 주변 사람들(reference group)의 행동양식을 따르려는 동기를 잘 보여준다. 그리고 이러한 동조 현상은 여가 활동을 할 수 있는 물리적 상황과도 관련이 있다. 예컨대, 《요즘처럼 따뜻한 날씨에 스키장을 가면 신선도가 떨어진다는 생각이 들어서 별로 매력을 못 느껴요, 끝물이라는 느낌이 들잖아요, 봄엔 놀이동산이 낫겠죠(스키, F5).》의 사례는 스키라는 여가 활동에 대한 계절적 고정관념을 보여준다. 스키와 같이 계절 특정적인 여가를 특정한 계절(겨울)을 벗어나서 즐기는 것은 심리적으로 부담이 된다. 이러한 현상 역시 크게는 동조의 심리가 작용한 결과라고 하겠다.

동조 행동의 이면에는 문화적 소외에 대한 두려움이 깔려 있다. 《스키를 안 타니까 사람들과 애기도 안 통하고 문화적으로 소외되는 듯한 느낌이 들어요, 그래서 스키를 시작하게 된 거죠(스키, F5). ·남한테 뒤지지 않으려면 이것저것 조금씩 다 할 줄 알아야 되는 것 아닌가요

*(스키, F4).》*의 사례는 유행심리가 문화적 소외에 대한 두려움을 극복하고자 하는 의도에서 나온다는 것을 잘 표현하고 있다. 인간은 사회적 환경 내에서 살아갈 수밖에 없다는 명제를 받아들일 때 문화적 소외에 대한 두려움은 사회적 행동의 주요 원천이 된다.

한편, 유행 행동은 대중문화를 선도하는 위치에 서고 싶어 하는 동기에 의해서 발현될 수도 있다. *《캐나다처럼 어디에나 스키장이 널려 있고 스키가 대중화되어 있다면 사람들이 막 스키, 스키 하지는 않을 거예요. 희소가치 때문에 일단은 더 얘기가 많이 되는……(스키, F5, F6).》*의 사례는 이미 대중화된 문화를 추종하는 심리적 차원이 아니라 희소가치가 있기 때문에 행동을 한다는 문화선도적 동기의 발현을 보여주고 있다. 따라서 이 내용은 앞서 보았던 자기표현의 내용 중 '사회경제적 지위의 표현'과도 밀접한 관련이 있다.

결국, 여가 행동에 있어서 유행은 대중문화에 대한 동조 심리(계절 상황에 대한 고정관념, 문화적 소외의 두려움), 그리고 문화 선도적 동기의 발현에 의한 복합적인 체험이다. 그런데 이러한 유행 행동은 다분히 타인의 시선을 의식한 상태에서 발현되는 것으로 문화적 소외에 대한 두려움이나 문화 선도의 동기 실현이라는 것 모두가 결코 개인의 순수한 자발성에 의해 야기되는 것이 아니라 타인의 가치기준을 염두에 두고 이루어지는 사회심리적 과정이라고 할 수 있다.

6.4.3. 환경지향적 체험

여가 활동을 하는 동안 겪게 되는 체험 내용은 활동 자체이나 사회적 측면뿐 아니라 활동공간인 주변 환경과의 맥락에 원천을 두는 경우도 있었다. 여기서 주변 환경이라 함은 활동이 이루어지는 물리적 공간의 자연적 요소와 인공 시설의 측면을 의미한다. 즉, 활동이 이루어지는 환경의 자연적 요소(wilderness)와 관련한 체험이 있었고, 활동의 원활함을 위해 설비된 각종 인공 시설에 대해 편안함을 느끼는 경우가 있었다. 전자의 체험을 '자연 교류감'이라고 하고, 후자의 체험을 '시설의 편리함'으로 부를 것이다.

[자연 교류감]

활동이 이루어지는 물리적 공간의 자연 요소와의 맥락에서 대두하는 체험 차원인 자연 교류감은 사실 옥외 활동(outdoor activities) 형태의 여가에서 쉽게 체험할 수 있는 것 같다. 자료에서 《*얼굴에 부딪히는 바람의 느낌, 굉장히 시원한 느낌(스키, I7). ·밖에 나가면 시원하잖아요. 거기 막 맑은 날씨하고, 나무 많고……(놀이, F4). ·바닷가 같은 데……, 야외로 나가는 게 좋겠죠, ……자연 있는 데……사람 없는 데……강이나 풀밭 그런데……(놀이, F3, F4).*》의 사례는 자연 요소를 접하고자 하는 동기와 자연 요소를 접할 때의 느낌을 단적으로 보여준다. 일반적으로 자연의 요소는 바람, 야외, 맑은 날씨와 나무, 좋은 공기, 바닷가, 강, 풀밭, 그리고 사람이 별로 없는 상황이라고 할 수 있겠다.

그런데 자연 교류감의 내용에는 두 가지 차원이 있었다. 하나는 자연 환경을 소유·통제·정복한다는 느낌의 내용이며, 다른 하나는 자연의 일부가 되어 자연에 동화되었다는 느낌이다. 예컨대, 《*자연을 요리한다는 느낌이 들죠(스키, I4). ·급경사와 같은 곳을 탈 때는 정복감 같은 것이 있어요(스키, I5). ·하얀 순백색의 눈밭을 가로질러 간다는 느낌이 있어요. 아주 좋죠(스키, I6). ·(동물원에서)호랑이 새끼를 직접 만져 보면 재미있을 것 같아요(놀이, F3).*》의 사례는 자연 요소를 소유하고 통제하고 싶어 하는 동기와, 그런 동기가 실현된 심리적 상태를 단적으로 보여준다. 이러한 자연 정복감은 스스로 세상의 주인이 되어 자연을 정복함으로써 주변 환경을 통제한다는 느낌으로서 이때 상쾌함이나 통쾌함과 같은 감정을 체험하게 된다.

반면에, 《*자연 속에서 하나가 된 듯한 느낌이다(스키, I8). 자연 속에서 같이 호흡할 수 있다는 것이 좋다(스키, I6).*》의 사례는 자연 정복감과는 달리 자연의 뜻을 거스르지 않고 자연과 조화를 이룰 때의 체험 내용을 표현하고 있다. 이러한 느낌은 자신이 자연의 영향하에 놓여 있으며 자연의 일부가 되었다는 사실을 지각할 때 체험하는 재미이다. 이때 개인은 포근함과 안정감, 편안함 등의 감정을 느끼게 될 것이다.

결국, 여가 활동을 하는 동안 자연적 요소와 관련한 심리적 체험은 자연환경에 대한 통제와 소유의 욕구, 그리고 의존의 욕구가 활성화되기 때문에 나타나는 현상이다. 이 두 가지 동기적 측면은 동시에 작동하기도 하여, 자연 정복감과 자연 동화감을 동시에 체험하는 것도 가능하다. 예컨대 '하얀 눈밭을 가로질러 간다'는 표현과 '자연 속에서 같이 호흡할 수 있다'는 표현은 동일 응답자의 입에서 동일 순간에 나온 것이었다. 이는 정복·통제감의 욕구와 의존의 욕구가 동전의 양면과 같아서 자연지향적 체험이 매우 복합적으로 동시에 경험된다는 것을 의미한다.

[편리함]

본 연구의 자료를 살펴본 결과 많은 인공 시설과 관련한 체험은 편리함에 관한 것이었다. 가령, 《*스키장으로 가거나 올 때는 편안함을 추구하게 되죠, 그래서 자동차를 운전하기보다는 패키지로 다니는 것이 편하죠(스키,I4,I8). ·스키장은 가까울수록 좋아요(스키, F6).*》의 사례는 스키장과 관련한 이동의 편리함이 중요한 체험임을 보여준다. 스키라는 여가와 관련하여 스키장을 가고 오는 이동 과정은 여가 활동의 주변적 요소이다. 이동이라는 주변 체험은 하나의 여가 공간 내에서도 있을 수 있다. 《*롯데월드는 놀이기구 사이의 간격이 가까운 편이에요, 그래서 편하죠(놀이, F3, F4).*》의 사례는 놀이동산 내에서 이동의 문제가 편안함이라는 체험과 관련되어 있다는 것을 보여준다.

이와는 달리, 《*돈만 있으면 다 되잖아요. 얼마나 좋아……(스키, F4, F5, F6).*》과 같은 사례는 원하는 행동을 얼마나 쉽게 실현할 수 있는가에 대한 내용이다. '돈만 있으면 다 된다'는 표현은 여가 활동을 하는 데 있어서 발생 가능한 문제를 쉽게 해결하는 것의 중요성을 알려주고 있다. 여가 활동을 하는 데 있어서 수반하는 문제들이 무엇인지는 명확히 알 수 없지만, 그러한 문제는 여가 활동에서 주변 체험이며 주변 체험은 가능한 한 편안한 상태에서 얻으려는 경향을 엿볼 수 있다.

활동의 주변 체험은 문제 해결하고만 관련된 것은 아니다. 《*스키장 자체는 굉장히 도회지적이고 다분히 신나는 음악 그리고 좀 화려하고……이런 게 좋죠(스키, F5, F6).*》의 사례는 여가 공간에서 접하는 분위기가 얼마나 익숙한 것인가의 문제를 보여주고 있다. 사례의 응답자(F5, F6)는 모두 대도시에서 성장하고 생활하는 미혼의 직장 여성이었는데, 이들이 사용한 '도회지적', '신나는 음악', '화려함'과 같은 용어를 근거로 볼 때, 도회지에서의 일상적인 분위기와 유사한 분위기를 접할 때 여가 참여자는 긍정적인 체험을 한다는 것을 알 수 있다. 즉 이러한 체험은 자극이 익숙하기 때문에 얻게 되는 편안함이라고 하겠다.

그런데 편리한 시설이나 익숙한 분위기를 추구하는 것은 앞서 보았던 '일탈감'의 내용과 매우 대비되는 현상이다. 일탈감은 평범한 일상에서의 탈출과 새로운 체험에 대한 호기심의 내용으로 이루어졌다는 점에서 적절한 각성을 추구하는 현상이라고 본다면, 시설의 편리함은 익숙한 자극과 손쉬운 문제 해결을 추구하는 내용으로 이루어지므로 각성이 없는 심리적 편안함을 추구하는 현상이라고 하겠다. 심리적인 각성을 추구하는 것과 추구하지 않는 것이 하나의 여가 활동에서 동시에 나타날 수 있다는 점은 주의해 볼 필요가 있다. 이는 사람이 여가라는 일련의 활동을 수행하는 동안, 한 가지 동기만이 활성화되는 것이 아니라 서로 상반되는 동기가 동시에 활성화될 수 있으며, 여가 경험이 매우 역동적이라는 사실을 알려준다.

6.5. 논의 및 결론

본 연구는 여가 경험이 주관적이며 역동적이라는 전제하에서 여가 경험을 하는 동안 사람들이 느끼는 재미의 심리적 근원이 무엇인가를 탐색적으로 알아보고자 하였다. 소비 행동의 측면에서 볼 때, 여가 활동은 합리적 의사 결정에 따르는 종류의 소비 행동과는 달리 비합리적이며 정서적인 역동성을 지닌 경험적 소비(experiential consumption)의 특징을 지닌다. 그러므로 여가 경험에 대한 연구는 정보처리적 관점의 실험 패러다임보다는 체험론적 방법을 활용하는 것이 보다 타당할 것이다(Hirschman & Holbrook, 1992: Lee *et al.*, 1994). 따라서 본 연구에서는 질적 방법을 활용하여 여가 참여자의 심리적 체험을 의미 분석하였으며, 연구결과 여가 체험은 세 가지 영역에서 11개의 차원으로 정리되었다. 본 연구에서 밝혀진 여가 체험의 심리적 본질을 토대로 향후 여가 연구를 위한 이론적인 시사점과 사회교육 및 복지정책 그리고 여가 산업을 위한 제언을 논의하고자 한다.

본 연구에서 밝혀진 여가 체험의 특징을 논의하는 데 있어서 우선 고려해야 할 부분은, 11가지 심리적 차원들이 한국인의 독특한 여가 문화를 반영하고 있는가 하는 점이다. 이를 위하여 여가 체험에 관한 기존의 서구 연구결과와 본 연구결과를 비교하고자 한다.

우선 본 연구에서 분석한 여가 체험의 구체적인 차원들은 기존의 서구 연구들이 가정하거나 발견한 여가 체험의 종류보다 다양하다는 점에서 차이가 있다. 예를 들어 '여가만족도' 척도를 구성하고자 했던 연구들은, 심리적, 교육적, 사회적, 이완, 생리적, 심미적 등 여섯 차원의 여가 체험을 이론적으로 가정하거나(Beard & Ragheb, 1980), 친밀감, 이완, 성취감, 권력, 초월감, 흥분, 신기성, 지적 만족, 사회성, 시간 때우기, 건설성 등 11차원의 체험을 확인하였다(Pierce, 1980). 여가 체험의 내용과 관련하여 비교적 최근에 이루어진 연구로, Caldwell, Smith 및 Weissinger(1992)는 '여가 체험총집(leisure experience battery)'을 구성하면서 따분함, 자각, 불안, 도전 등 네 차원을 포괄적인 정서적 체험으로 가정하였다. 본 연구와 비교할 때, 이들 연구가 여가 체험의 중요한 차원인 '자기표현', '신체적 역동감', '유행심리', '대자연감' 등의 내용은 포함하지 못했다는 사실이 주의를 끈다.

또 질적 연구방법을 활용(자기녹음방법 및 면접)하여 여가 체험의 내용을 파악한 Lee 등(1994)은 여가 경험 과정이 매우 역동적이며 내용 면에서 다양하다고 결론을 얻었으며, 주요 체험 차원으로 대인교류·탈출·자연교류·신체적 자극·재미(fun)·즐거움(enjoyment) 등을 발견하였다. 그 외에 소진감·동료 이해감·신경증적 느낌·실망·좌절·죄의식·묵상 등의 체험도 발견하였다. 그러나 Lee 등의 연구에서는 '유능감', '유행심리'들이 빠져 있고, '재미', '즐거움' 같은 포괄적인 의미의 차원들이 세분되지 않고 구체적인 내용이 없이 제시되어 있다. 이는 아마도 체험의 종류를 분류하는 기준이 명확하지 않기 때문일 것이다.

결국, 기존의 서구 연구들이 언급하고 있는 여가 체험의 내용들과 비교할 때, 본 연구의 결과는 여가 경험의 모든 내용을 망라하였다고 할 수는 없으나 포괄적이고 새로운 내용들을 포함한다는 점에서 한국인의 여가 현상을 이해할 수 있는 기초 자료를 제공하고 있다. 특히 '자기표현감'의 구체적인 차원들, '유행심리', '편리함', '대자연감'의 두 가지 내용(정복감·동화감) 등은 새로운 발견이라고 할 수 있다. 그리고 '사회지향적 체험'의 구체적 내용인 자기표현감, 대인 교류감, 유행심리 등은 한국 문화의 특성을 반영하는 것으로 여겨진다.

이론적 측면에서 논의해야 할 두 번째 내용은 11가지 심리적 차원의 유기적 관련성에 관한 것이다. 이는 각각의 심리적 차원이 개념적으로는 서로 독립적일 수 있으나, 실제 체험에 있어서는 상당 부분 상호의 존적임을 의미한다. 예를 들어, 스키는 신체적 움직임을 필수로 하는 운동 형태의 여가 활동이기 때문에 '유능감'의 체험은 '신체적 역동감'을 수반하게 된다.

또 유능감은 '모험감'과도 밀접한 관련이 있으나, 이 두 가지 차원은 매우 대조적인 내용을 반영하고 있다. 모험감은 안정적인 정서 상태를 벗어나서 공포, 불안 같은 부정적인 정서를 의도적으로 추구하고 극복하려는 동기에서 비롯된 체험인 반면, 유능감은 자신의 능력 범위 안에서 주어진 활동을 수행할 때의 즐거움이기 때문에 뿌듯함이나 성취감 같은 비교적 안정적인 심리상태의 체험이다. 또한 모험감은 자기 향상(self-enhancement)의 동기에서, 유능감은 자기 확인(self-recognition)의 동기에서 비롯된 것이지만, 이 둘은 모두 자기 존중감과 밀접히 관련되어 있다는 점에서 공통적 특성을 지닌다.

여가 체험들 사이의 관계는 인간의 기본적인 동기 성향인 최적각성 추구(optimal arousal seeking)와 항상성 추구(homeostasis seeking)라는 맥락에서도 이해할 수 있다. 가령, 역동감이나 일탈감, 모험감 등이 적절한 긴장을 추구하는 성향에서 비롯된 체험이라면, 편리함과 같은 체험은 오히려 생리적, 심리적인 안정을 추구하는 성향 때문에 나타나는 체험이다.

따라서 하나의 여가 경험에서도 서로 상반되는 심리적 동기 성향이 동시에 발현될 수 있다는 점을 주목하여야 한다. 상반되는 동기 실현의 과정은 대인 교류감과 고독감을 비교할 때도 잘 드러난다. 전술했던 것처럼 대인 교류감은 타인과의 친밀한 관계를 추구할 때의 내용인 반면, 고독감은 타인과의 관계를 벗어나고자 할 때의 체험이다. 그리고 자연 교류감의 내용 역시 자연 정복감과 자연 동화감이라는 두 가지 상호 대조적인 차원으로 이루어졌는데, 전자가 비교적 서구적인 가치 실현의 결과라면 후자는 동양의 전통적인 자연 사상과 맥을 같이하는 체험이다.

본 연구의 결과로부터 논의해야 할 세 번째 부분은 '재미' 체험과 관련된 내용이다. 본 연구의 응답자들은 '재미있거나 재미없는' 체험을 자유감, 유능감, 신체적 역동감, 모험감, 일탈감, 자연 교류감 등의 체험 맥락에서 표현하고 있다. 이 중에서도 특히 유능감·신체적 역동감·모험감 등의 응답 내용과 재미는 관련이 깊은 것으로 파악되었다. 이러한 사실은 재미의 감정이 주로 활동지향적 체험에서 나온다는 것을 보여준다. 또, 서론에서 언급했던 것처럼 재미는 다양하고 구체적인 체험 맥락에서 유발된다는 것을 알려준다. 그리고 본 연구에서 파악한 11가지의 여가 체험들은 서로 긴밀한 유대관계를 맺고 있기 때문에 '재미'는 매우 복합적이고 다양한 얼굴을 가진 구성체라고 하겠다.

요약하면, 본 연구에서 밝힌 여가 체험의 차원들은 서구 연구와 비교할 때 한국의 문화적 독특성을 반영하고 있으며, 동시에 여가 체험들이 복잡한 유기적 관계를 지니고 있음을 보여준다. 이러한 결과는 한 문화 내의 여가 현상을 연구하고자 할 때, 연구자의 직관과 기존 서구 이론의 틀에만 의존할 경우 현상을 제대로 이해하지 못하는 한계에 부딪힐 수밖에 없음을 암시한다.

제7장 재미 추구양식의 진화에 대한 이론: 재미진화모형[9)]

재미(fun)는 거의 모든 여가 활동에서 공통적으로 말하는 체험이다. 그만큼 재미는 여가 현상을 이해하는 데 중요한 개념이 된다. 하지만 심리학의 역사에서 재미 자체를 연구주제로 다루었던 사례는 찾기 힘들다. 이는 아마도 일 중심의 패러다임과 인지주의 접근이 환영받는 학문적 풍토의 영향 때문이라고 볼 수도 있다.

후기 산업사회에 이르러 여가 현상의 중요성이 사회적인 이슈가 되고, 심리학 내에서도 정서와 같은 심리적 반응이 관심을 받으면서 재미와 관련된 연구들이 나타난다. 1970년대 이후 이루어진 내재적 동기 이론의 연구과정에서 내재적 보상으로 간주하는 변수는 대부분 '재미'와 관련이 있다(Deci & Ryan,1985). 그럼에도 불구하고 재미의 구성 개념에 대하여 논의하는 것은 어려운 작업이다. 재미라는 현상이 어떠한 심리적 체험들로 이루어졌는지, 한순간의 재미가 왜 갑자기 지루함으로 바뀌는지, 나아가 재미를 느끼는 대상이 왜 변화하는지 등을 이해하여야 하기 때문이다. 이러한 어려움에도 불구하고 재미 현상을 이해하는 것이야말로 여가 현상의 본질을 이해하는 것이 될 것이며, 인생사의 많은 부분을 보다 재미있게 만드는 데 필요한 단초를 제공할 수 있다는 점에서 매우 중요하다. 따라서 본 연구에서는 사람들이 어떤 종류의 재미를 느끼는지를 살펴보고 재미를 구하기 위하여 어떤 행동을 하는지를 알아보고자 한다. 체계적인 설명을 위하여 재미를 구하는 가치 양식이 어떻게 달라지는지를 하나의 모형으로 제시하였다.

---

9) 7장은 [고동우(2002). 여가 경험의 변화과정: 재미진화모형. *한국심리학회 연차학술발표대회논문집*, 465-471]을 재정리한 것이다.

7.1. 두 가지 동기 성향

여가 경험에서 재미는 긍정적 정서 상태를 의미하는 경우가 많다. 예컨대 스키장과 놀이동산 참여자들에게 그들의 경험을 물으면 대부분은 재미있다 혹은 재미없다고 대답한다. 이 때 재미는 자유감, 유능감, 신체적 역동감, 모험감, 일탈감, 자기표현감, 대인 교류감, 고독감, 편리함, 자연 교류감 등으로 나타난다('6장' 참조). 그런데 이러한 다양한 체험은 최소한 두 종류의 기본 욕구의 실현함수라고 할 수 있다.

모든 심리적 체험은 최적각성 추구(optimal arousal seeking)와 이완 추구(relaxation seeking)라는 두 가지 동기적 추동이 작용한 결과로 이해된다(고동우(2002a; 성영신 등, 1996b). '여가 동기의 이중 추동 모형'에서 보면, 신기성, 다양성, 성취, 모험, 자기 향상감 등은 최적각성 추구의 실현으로 나타나고, 안전감, 안정감, 친숙성 등은 이완 추구의 실현 결과이며, 대인교류, 일상탈출, 자연 교류감 등은 두 가지 추동이 동시에 작용한 결과로 설명할 수 있다. 그러나 하나의 여가 활동을 수행할 때 이들 여러 가지 체험이 각각 개별적으로 지각되지는 않는다. 예컨대 다양성을 체험하는 동안 편안함을 느낄 수도 있고, 편안함을 느끼면서 동시에 자기 향상의 느낌을 가질 수도 있다. 가령, 스키를 즐긴다고 해보자. 스키는 짜릿함을 주지만 스키장에는 친한 친구들과 가고 그래서 동시에 대인관계를 재확인할 수 있다. 자연교류와 같은 체험은 두 가지 의미를 동시에 포함한다. 하나는 자연을 정복하는 느낌이고 다른 하나는 자연의 일부가 되는 느낌이다(성영신 등, 1996a). 전자가 최적각성의 결과라면 후자는 이완의 결과임을 이해하는 것은 어렵지 않다. 결국 우리가 말하는 재미라는 표현 속에는 이들 구체적인 차원의 심리적 체험들이 복합적으로 녹아 있다. 이들 심리적 체험을 고려할 때 재미는 상황마다, 또 개인마다 다른 내용을 담고 있는 것이다.

7.2. 재미의 두 종류

재미의 공통적인 심리적 차원이 없을 것이라고 가정한다면 재미 개념을 논하는 것은 의미가 없을 수도 있다. 구체적인 심리적 차원을 아우르는 보다 추상적인 용어를 쓴다면 모든 재미의 공통 요소를 찾을 수도 있을 것이다. 즐거운 경험이라는 심리적 차원은 최소한 두 가지로 구분된다. flow 개념을 제안하였던 Csikszentmihalhyi(1990)은 즐거움의 주요 구성 요소로 pleasure와 enjoyment를 구분하여 설명하였다 (pp.45-48). pleasure는 생리심리학적 기제인 항상성(homeostasis)을 이루어낼 때 느끼는 체험으로서 정신적 entropy(즉, 쓸모없는 에너지)를 남긴다. pleasure는 개인의 성장이나 성숙과는 관련이 없으며 대개 기대가 충족될 때 지각된다. 예컨대, 잠, 휴식, 식사, sex와 같은 여가 활동은 pleasure를 가져온다. 반면 enjoyment는 심리적 에너지를 요구하긴 하지만 구체적인 활동을 통하여 더 많은 에너지를 축적할 때 나타난다. 그래서 기대 충족을 넘어서 기대 이상의 체험을 할 때 느끼는 반응은 여기에 해당된다. 예컨대 독서를 할 때, 대화를 나눌 때, 또 운동을 할 때 '재미있다'고 응답한다면 대개 새로운 지식이나 능력이 생겼음을 의미한다. 이러한 체험이 개인의 성장과 관련된다는 사실도 부인할 수 없다. 심리적 에너지를 투자하지 않더라도 pleasure는 느낄 수 있다. 그러나 enjoyment는 심리적 에너지의 투자 없이는 도달할 수 없다.

기대 충족이나 항상성의 개념이 앞에서 말한 이완 추구와 관련되어 있음을 추론할 수 있다. 또 enjoyment는 기대 이상의 체험을 의미하는 바 최적각성 추동의 작용 결과라는 사실을 알 수 있다. 결국, 재미라는 심리적 반응은 대개 이 두 가지 체험으로 이루어진다고 할 수 있으며 거의 모든 여가 활동에서 추구하는 재미 역시 이 두 가지일 것이다.

7.3. 가치의 위계와 재미진화모형

문제의 초점은 pleasure와 enjoyment의 재미를 얻기 위한 방법에 있다. 재미라는 것이 여가 활동에서 추구하는 목표 가치(value of ends)라면 pleasure와 enjoyment는 재미의 하위 차원이 되며, 이러한 목표를 달성하기 위해선 수단적 가치(values of means)가 실현되어야 한다. 다시 말해 재미라는 궁극 목표를 위하여 다양한 수단적 가치를 통로로 이용할 수 있다. 이러한 설명은 Rokeach의 '궁극적 가치-수단적 가치(terminal values- instrumental values)'의 개념을 활용하여 소비자 장면에 확장한 가치 사슬의 개념틀로 이해할 수 있다(Guttman, 1982; Rekom, 1994; Reynolds & Guttman, 1988). Guttman(1982)은 제품이나 서비스의 구체적인 속성을 그러한 속성이 소비자에게 가져오는 추상적인 결과와 결합하여, 구체적인 실체와 추상적인 실체를 하나의 틀로 통합한 수단-목표 이론(means-end theory)을 제시하였다. 이러한 수단-목표 사슬의 관점에 따르면, 가치는 소비자 선호와 선택 행동을 결정하는 핵심 요인이 된다.

가치 개념을 중심으로 하는 수단-목표 이론은 나중에 가치 위계 지도(Hierarchical Value Map)라는 분석기법을 낳았다(Reynolds & Guttman, 1988). 가치위계 지도란 구체적인 제품군에 관련된 주요 의미를 가치 사슬의 논리로 만들어낸 사다리 형태(laddering)의 그림이다. 예컨대 선박여행서비스에서 사람들은 궁극적으로 자기 존중감을 확인하고 싶어 하지만(즉, 궁극적 가치), 자기 존중감을 느끼기 위해서는 좋은 서비스를 받아야 하고 좋은 서비스는 또 다양한 방식으로 이뤄질 수 있다. 가령, 종업원으로부터 친절한 대우를 받아야 하고, 친절한 대우를 느끼기 위해서는 종업원의 말투, 외모, 즉각적 반응 등이 선결되어야 한다. 종업원 친절행동은 또한 보다 구체적인 행동들로 구성된다.

이처럼 여가 서비스 장면에서 궁극적 가치를 실현하기 위한 수단은 여러 단계의 더 세부적인 가치 및 행동들이 이루어져야 하며, 각 상위 단계는 하위 단계를 수단으로 하여 달성된다(van Rekom, 1994).

Klenosky, Gengler 및 Mulvey(1993)는 스키장 선택 행동을 수단-목표 가치의 패러다임으로 이해하고자 하였다. 연구자들은 질적 연구를 통하여 참여자들이 원하는 궁극적 가치 즉 체험이 재미와 흥분(fun & excitment)라는 사실을 확인하였고, 재미와 흥분을 느끼기 위해서는 더 많은 스키를 즐길 수 있어야 하고, 더 많은 도전을 경험해야 하며, 더 많은 스키와 더 많은 도전을 위해선 돈과 시간의 절약, 그리고 다양한 스키장 및 난이도가 필요하다. 이들 중간 단계의 수단적 가치는 다시 구체적인 스키장의 세부 속성들이 보장되어야 지각될 수 있는 것이다.

사다리 형태로 이루어진 이러한 가치위계 지도는 고객의 가치 구조를 이해하고 나아가 여가서비스의 매뉴얼을 만들어내는 데 도움이 된다. 그러나 이러한 지도를 그리기 위한 작업이나 실제의 지도는 복잡하기 짝이 없다. 사실 여가 장면에서 추구하는 재미를 달성하는 데 필요한 하위 단계의 수단적 가치들은 매우 복잡한 구조를 지닐 것이다. 이론적 의의를 말하기 위해서는 이를 단순하게 정리하는 것이 필요하다. 이게 곧 단순화의 원칙(parsimony principle)이기 때문이다.

모든 여가 활동에서 공통적으로 추구하거나 체험하는 재미를 수단-목표의 가치 구조로 이해할 때, 수단에 해당되는 구체적인 체험이나 행동은 몇 개의 범주로 정리할 수 있다. 다시 말해 어떤 활동을 수행할 때 사람들이 원하는 것이 동일한 가치라고 하더라도 수단적 가치의 경향성을 범주화시킬 수도 있다. Kluckhohn & Strodbeck(1961)는 가치의 네 가지 차원(즉, 자연관계, 시간차원, 개인적 활동, 타인관계 등)을 제안하면서 그러한 차원들이 각각 어떠한 행동양식으로 나타나는지를 행렬로 제시하였다. 구체적으로, 소비자 장면인 구매 행동(buying behavior)에서 개인의 활동 양식은 되는 것(being), 되어가는 것(beingin-becoming) 그리고 하는 것(doing)으로 나누어진다고 보았다(Horton, 1984, p.307, 재인용). 부연 설명하면, 소비자 구매 행동은 '되기'의 가치와 '하기'의 가치 사이의 범위 내에서 이루어지는 것이다. 그런데 구매 행동은 결국 가지기(having)의 가치 혹은 소유 가치를 의미하는바, 소비자 행동은 최소한 가지기, 되기, 하기의 가치를 모두 포함하며 이들 수단 가치를 통하여 소비자는 행복과 같은 궁극적 가치를 추구할 것이다.

한편 여가 장면을 고려할 때, 특히 관람형 여가의 경우 보는 것 (seeing)은 거의 공통적인 행동이다. 엄밀히 말하면 보는 행동이야말로 가장 공통적이며 시작단계에서 나타나는 양식이다. 그러므로 앞에서 말한 세 가지 행동양식과 더불어 보기의 행동양식 역시 재미 체험의 수단 가치로 이해하는 것이 타당해 보인다. 이와 관련하여 최근에 고동우 (2002b)는 한 개인이 어떻게 축구팬이 되어 가는지를 이 네 가지 행동양식의 변화로 설명하면서 그 변화과정은 몰입수준과 시간의 함수에 의한 진화 통로를 거친다고 제안하였다. [그림 7-1]의 "재미진화모형"으로 정리하였다.

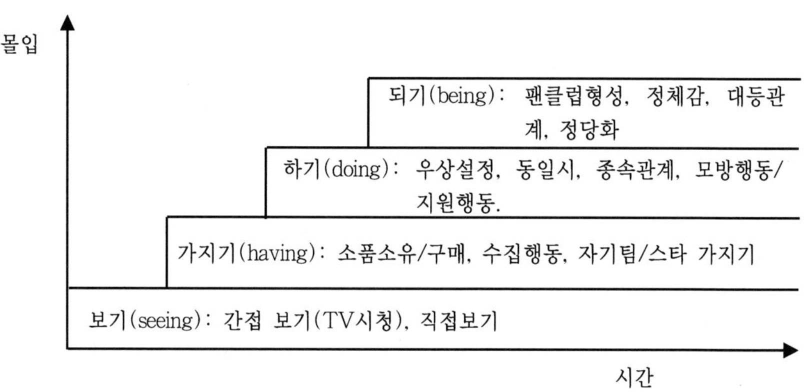

[그림 7-1] 재미진화모형

보기(seeing) 사실 모든 여가 행동에서 사람들은 가장 먼저 "보는 것"을 통해 재미를 느낀다. 이때 몰입수준은 그리 크다고 볼 수 없다. 그러나 시간이 지날수록 또 대상(활동이나 장면)이 가져다주는 재미가 지속될수록 몰입수준도 함께 증가한다. 보는 재미는 매스미디어의 발달로 인해 간접적으로 이루어질 수도 있다. 그래서 보기는 크게 간접보기와 직접보기로 구분된다.

가지기(having) 보는 것만으로 재미를 지속하기는 어려우며, 정상적인 경우 일정 기간이 지나면 그 활동의 구성 요소를 소유하고 싶어 한다. 그 활동이 만약 운동경기라면, 운동복, 경기 장비, 유니폼 등을 구입하며, 스타의 사인을 받으려고 하고, 나아가 자기 팀이나 자기 선수(우상)를 "가지게" 된다. 이때를 보통 수집의 시기라고 할 수 있고, 수집가들은 대개 그 활동에 대한 지식도 소유하게 됨으로써 거의 전문적인 해설가가 된다. 친구들끼리 그 활동에 대하여 아는 것을 풀어놓는 행동도 발견된다. 가지기 단계에서는 경기장 관람 같은 직접보기 행동도 증가할 것이다. 이 시기에 해당 활동에 대한 몰입수준은 보는 단계의 그것에 비해 클 것이다.

하기(doing) 가지기의 재미는 다시 발전하여 그 활동과 직접 관련된 행동으로 나타난다. '하기'의 양식은 두 가지로 구분된다. 가장 먼저 나타나는 행동이 모방이다. 자기 스타의 행동양식을 따라 하는 것이다. 예컨대 동네에서 이뤄지는 축구나 야구, 농구 혹은 노래부르기는 이러한 가지기 가치의 실현과정이라고 할 수 있다. 우리는 어린 시절 홍수환이 되기도 했고 타잔이 되기도 했다. 또한 이순신 장군은 물론이고 심지어 슈퍼맨이 되기도 하였다. 이러한 모방하기가 동일시의 심리적 과정과 연관된다는 사실은 자명하다. 두 번째의 하기는 바로 개인적인 수준의 팬덤(fandom)이다. 팬으로서 우상을 지원하고 사랑하는 행동이 나타나며 심한 경우 개인은 팬으로서 우상의 일부가 된다. 즉, 종속의 관계가 설정되는 것이다. 이쯤 되면 우상의 일거수일투족을 관찰하고

감시하는 것만이 아니라 그(녀)를 위해 금전적 심리적 지원을 아끼지 않는 행동이 나타난다. 이것은 이제 삶의 일부가 된다. 이 과정이 강한 심리적 몰입과 격동하는 재미 상태를 반영하는 것은 자명하다. 이러한 종속과정은 마치 사랑에 빠진 모습과 유사하다.

되기(being) 동일시 과정이 발전하면 보다 성숙한 형태의 재미 추구 양식이 나타난다. 하기의 동일시 과정은 사실 자아와 우상을 구분하지 못하는 정신적인 미분화 상태를 의미한다. 대개의 팬은 동일시의 재미를 얻는 수준에 머무르지만 보다 합리적인 사람들은 자신의 동일시를 다른 사람과 공유하고 싶어 한다. 자신의 감정을 타른 사람과 공유함으로써 자기 행동에 대한 합리화 근거를 찾을 수 있고 따라서 정당화할 수 있고 나아가 공유감정의 시너지(synergy)를 만들어 낼 수 있다. 이 단계에서 나타나는 현상이 바로 비공식적 집단행동이다. 동일시 단계에서는 개인 팬으로서 존재했으나 이 단계에서는 집단 팬으로 존재한다. 공식적인 팬클럽을 형성하여 클럽의 구성원이 되면, 응원하기나 지원하기는 배가 된다. 조직적으로 움직일 수 있고, 공유경험이 커지기 때문에 자기 행동에 대한 명분을 얻을 수 있다. 동일시 단계에서 스타는 우상이었으나 팬클럽의 멤버가 되면 스타는 더 이상 우상이 아니다. 우상과 팬의 관계는 이제 동등한 관계 수준으로 인식된다. 그래서 스타의 행동을 무조건 따라하는 것이 아니라 그들의 욕구에 맞추어 팬클럽의 희망을 요구할 수도 있다. 선수나 연예인 같은 스타도 이 팬클럽을 무시할 수 없게 된다. 팬클럽의 구성원은 이제 완전한 정체감을 가지게 된다. 이것이 정체성의 즐거움이며 곧 '되기'의 재미이다. 멤버 되기의 재미를 얻기 위해선 개인의 노력도 필요하다. 동료들과 조직을 구성하여 공식적인 집단행동을 하기 위해선 나름대로의 규칙과 행동양식을 통일하여야 하고, 대상 활동에 대한 전문적인 지식을 갖추어야 하고, 감정과 지식을 공유하고 양보할 수 있는 자세가 요구된다. 성숙한 동료의식과 충분한 여유시간도 필요하며, 이러한 게 부족하면 멤버십을 유지하기가 어렵다. 그래서 되기의 재미를 구할 수 있는 사람은 그리 많지 않을 것이다.

여가 장면에서 재미 추구 행동이 언제나 최종 단계까지 도달하는 것은 아니다. 가령 보기수준이나 가지기의 수준에서 정체되거나 혹은 그 대상에 대한 재미 추구 행동을 멈출 수도 있다. 낮은 단계에서 상위 단계로 넘어가는 과정은 개인이 지닌 지각 능력 및 성격 그리고 자극에 대한 개인의 역치수준이 결정할 것이다. 하나의 여가 활동에서 재미 추구 행동을 진화시키지 못하고 어느 한 단계에 머물러 있는 경우에는 여가 중독 현상이 나타날 수도 있고, 더 이상 재미를 느끼지 못하면 그 여가 활동을 그만둘 수도 있다.

7.3. 재미진화의 사례: 2002년 월드컵 즐기기

재미진화모형을 2002년 월드컵 시즌에 나타난 사회적 현상에 적용시켜 볼 수 있다. 월드컵이 열리기 1주일 전 소위 붉은 악마 회원은 11만 명에 불과하였다. 붉은 악마는 국가대표 축구팀을 사랑하자는 명분의 팬클럽이다. 재미진화모형으로 설명하면 최종 네 번째 단계의 재미를 추구하는 사람인 것이다.

그런데 월드컵 한 달 전쯤 있었던 모 신문사의 여론조사 결과에서 한국인은 가장 좋아하는 스포츠로 축구(49%)를 꼽고 있었다. 야구선호도(18%)의 두 배가 넘는 수치였다. 일본인의 경우는 오히려 야구(36%)를 축구(7%)보다 5배 더 선호하는 것으로 나타나 대조를 보였다. 그러나 프로축구 평균 관중 수를 비교하면 일본(경기당 약 12,000명)이 한국(경기당 9,000명)보다 더 많았다. 이러한 모순적인 현상은 아마도 한국인의 축구 즐기기가 '간접보기'의 단계에 머물러 있었기 때문일 것이다.

월드컵과 같은 대형 이벤트와 대표팀 경기에는 물론 더 많은 관중이 몰린다. 즉, 직접보기의 재미 현상이다. 프로축구와 대표팀 경기의 관중 차이는 경기력의 수준 차이로 귀인할 수 있다. 결국 스포츠 관람에서 재미의 진화는 경기력이 결정하는 것이다.

월드컵 직전에 있었던 몇 차례의 평가전에서 대표팀은 욱일승천의 경기력을 보여주었다. 강팀들과 가졌던 경기를 매번 이긴 것은 아니지만(1승 1무 1패) 경기 수준만큼은 보는 재미를 불러오기에 충분했다. 이 시기에 평소 축구에 관심이 없었던 여성 관람자가 많아졌다는 사실을 재인식할 필요가 있다.

월드컵이 열리면서 즉각적으로 나타난 현상이 증가하는 TV 시청율과 거리의 멀티비전 시청이었으며, 동시에 붉은 악마를 상징하는 빨간색 티셔츠였다. 경기장과 거리는 붉은색 티셔츠와 유니폼으로 물들었고, 이들 복장은 서서히 일상복이 되어갔다. 폴란드와 있었던 첫 경기 이후 이들 제품이 동나고 각종 축구 용품은 집집마다 필수품이 되었다. '가지기' 재미가 본격적으로 나타난 것이다.

놀이터나 공원에서 야구공이나 농구공을 가지고 놀던 아이들은 보이지 않았다. 대신 축구공을 차는 주부와 아이들 그리고 부자지간의 공놀이가 빈번하게 나타났다. 심지어는 여학교에서 체육시간에 축구를 하게 해달라는 요청이 빗발쳤다고 한다. 축구를 하는 동안 개인은 '안정환'도 되고 '설기현'도 되었다. 모방행동을 통한 '하기'의 재미가 나타난 것이다. 경기장에선 붉은 물결이 수놓을 정도였고, 거리에선 수백만의 자칭 붉은 악마가 목이 터지도록 외치고 있었다. 응원하기의 재미이다. 선수들의 일거수일투족이 거리의 괴성을 자아내게 했고, 사람들은 함께 역동성을 느끼고 있었다. 월드컵 전에는 그저 평범했던 일부 선수들은 우상이 되었고, 이들이 머물던 숙소에 소녀 팬들이 잠입하기도 하였고 사랑한다거나 결혼하자는 메시지가 구호처럼 보이기도 했다. 감독을 우상으로 모시는 풍경도 나타났다. 동일시의 즐거움은 월드컵이 끝난 다음에도 지속되었다.

월드컵이 끝난 후 공식적인 붉은 악마 조직은 각 프로팀별로 해체되었다. 월드컵 시기에 공식적인 구성원 수는 확인되지 않았다. 다만 개별 선수를 우상으로 섬기는 팬들이 모이면서 여러 팬클럽이 형성되었고, 선수를 둘러싼 이들 팬클럽들 사이의 논쟁이 뉴스거리가 되었다. 선수들 역시 팬클럽의 공식 항의와 요구에 부응하는 모습을 보였다. 김남일 선수의 팬클럽 회원 1만 명이 프로축구 관중 수를 결정하기도 하였다. 이천수 선수는 끊임없는 구설수에 올랐다. 팬클럽은 외국 진출을 추진하는 일부 선수들을 위하여 소속 구단을 위협하기도 하였고 또 종용하기도 하였다. 팬클럽을 통한 되기의 재미인 것이다.

그러나 이제 프로축구가 월드컵의 열기를 제대로 이어 가리라고 보는 사람은 거의 없다. 월드컵 시기의 축구 즐기기가 프로축구 관람에 전이되는 현상은 학습이론으로도 쉽게 이해할 수 있다. 그러나 2002년 월드컵에서 보았던 경기의 묘미가 유지되지 않는 한 재미의 진화는 정체되거나 퇴보할 수밖에 없다. 게임의 법칙에서 공정성은 재미를 유도하는 결정 요소가 된다는 점에서 경기진행과 관련된 문제가 발생하는 한 축구의 재미는 이제 보장할 수 없다. 결국 재미의 진화과정은 활동 자체가 지니는 본질적인 규칙이 보장되어야만 달성된다는 것을 알 수 있다.

7.4. 관광 행동의 재미진화

재미진화과정은 관광 행동에서도 충분히 확인된다. 관광은 말 그대로 무엇을 보기 위하여 수행하는 여행이다. 그래서 보는 재미는 관광 행동의 핵심 요소가 된다. 그런데 어떤 사람들은 보는 것만을 추구하지 않는다.

어떤 사람은 여행하는 동굴에 자기 이름을 새겨 넣는 것같이 흔적을 남긴다. 이러한 흔적 행동을 통해 소유하는 느낌이 가질 수도 있다. 또 많은 사람들은 적당히 보고 나서 목적지의 기념품이나 특산물을 구입하는 데 열을 올린다. 대개의 관광자가 티셔츠 한 장 사는 것은 보통이다. 대부분의 관광지가 열쇠고리 같은 기념품을 만들고 있는 이유도 이 때문이다. 이것이 바로 가지기의 재미이다. 여행지마다 동일한 종류의 기념품을 수집하는 사람도 있다. 이들이 자칭 전문가가 되어가는 현상도 발견할 수 있다.

한 곳을 여러 번 여행한 사람들의 행동은 조금 다르다. 예를 들어 과거 제주도를 여러 번 다녀온 사람들은 보는 것과 가지는 것으로 재미를 느끼지 못한다. 이들은 대개 제주도의 고유문화를 알아보려고 하고, 지역주민들과 교류를 추구하거나 혹은 어느 한 곳에서 며칠을 그냥 쉬다가 오기도 한다. 이들은 제주도 방언을 따라하기도 하고, 지방자치단체와 정부의 관광정책이나 제주도 정책에 대하여 비판을 하기도 한다. 지역주민들과 그러한 문제를 토론하기도 하고 혹은 개발업자의 편에서 바람직한 개발 방향을 나름대로 조언하거나, 개발의 부작용에 대하여 아쉬워하기도 한다. 이들은 진심으로 자신이 제주도를 사랑하고 있음을 공공연히 밝히기도 한다. 이것이 바로 '하기'의 재미인데 이러한 관광행동은 거의 연구되지 않았다.

하나의 관광지에 애착을 보이는 사람들 중 일부는 자신의 애착을 공식적인 집단행동으로 나타내기도 한다. 가령, 해당 관광지의 문화재를 보호하기 위하여 기금을 조성하거나 순례단을 구성하기도 한다. 독도수호대와 같은 단체는 여기에 해당된다. 개별적인 여행지 보호 행동이 아니라 집단을 통해 드러내는 것이다. 이 과정에서 초기에 형성하였던 비공식적인 집단은 점차 공식 조직으로 발전하고 구성원들은 집단 정체감을 느끼게 된다. 순례관광은 이 수준에서 나타난다. 하지만 실제의 순례관광자는 그리 많지 않다.

7.5. 재미진화모형의 전망

　지금까지 여가 행동에서 느끼는 재미의 가치가 어떤 수단적 행동을 통해 나타나는지를 살펴보았다. 행동양식으로서 수단 가치는 보기, 가지기, 하기, 되기의 네 단계 과정을 거치는 것으로 이해된다. 거의 모든 관람형 여가는 이러한 행동 진화 단계를 거칠 것이다. 이러한 재미진화모형은 여가 행동을 진단하고 예측하는 데 도움이 될 것이다. 다시 말해 이론이 많지 않은 여가 행동 연구 분야에서 이러한 모형은 충분한 시사점을 가진다. 나아가 여가 프로그램을 구성하는 데에도 도움이 될 것이다. 다만 이론적 근거가 미약하고 경험적 자료로 검증하지 못하였다는 점에서 아직은 한계를 지닌다. 따라서 향후 관련 이론에 대한 고찰 및 경험적 연구가 요망된다. 다음 장에서는 재미진화모형을 적용한 여가 행동의 분석 사례가 소개된다.

제8장 재미진화모형을 적용한 여가 체험의 이해: 프로야구와 프로축구 관람자 분석[10]

이미 얘기된 것처럼 거의 모든 여가 활동에서 재미(fun)는 공통적으로 추구되는 체험이다. 이 말은 관광을 포함한 여가 현상을 이해하는 데 있어 재미 개념이 중요하다는 사실을 말해 준다. 하지만 여가학이나 관광학을 포함한 제반 사회과학의 역사에서 재미 자체는 주요한 연구 주제로 대접받지 못했다(고동우, 2002a, b). 후기 산업사회에 이르러 여가 현상의 중요성이 사회적인 이슈가 되고, 정서나 체험 같은 심리적 반응이 주목을 받으면서 재미와 관련된 연구들이 나타나기 시작했다. 다양한 여가 현상 중에서도 관광이나 프로스포츠 관람 등은 시장의 규모 면에서 가장 두드러진 여가 현상이라고 할 것이다. 그럼에도 불구하고 다양한 형태의 여가 행동에서 공통적으로 추구되는 재미 체험은 매우 간헐적이며 단편적으로 이루어져 왔다. 일부의 연구자들은 개인행동을 직접 다루는 사회심리학이나 동기심리학 영역의 이론을 활용하여 재미 체험과 그것의 결과에 대하여 설명하고자 시도하였다. 예컨대, 1970년대 이후 이루어진 내재적 동기 이론의 연구에서 내재적 보상으로 간주하는 변수는 대부분 '재미'와 관련이 있다(Csikzsentmihalyi, 1975, 1990; Deci & Ryan, 1985). 최근 들어 다양하게 적용되고 있는 Flow 개념(즉, Csikszentmihalyi, 1975;1990)이나 Deci & Ryan(1985)의 유능감(self-competency) 개념은 재미 지각의 대표적인 현상이라고 할 수 있다. 그러나 재미의 구성 개념을 정확히 파악하기는 어렵다. 이들 개념조차 다양한 체험 구조인 재미의 일부만을 반영할 뿐이기 때문

---

10) 8장은 [고동우(2004). 재미진화모형을 적용한 여가 체험: 프로야구와 프로축구를 중심으로. *관광레저연구*, *16(2)*, 85-105]를 재정리한 것이다.

이다. 재미라는 현상이 어떠한 심리적 체험들로 이루어졌는지, 한순간의 재미가 왜 갑자기 지루함으로 바뀌는지, 나아가 재미를 느끼는 대상이 왜 변화하는지 등을 이해하기란 쉬운 일이 아니다.

이러한 난제를 해결하기 위한 하나의 시도로서 재미라는 궁극적인 가치를 달성하기 위해 여가 행위자가 어떤 행동양식을 보이는지에 대한 이론적 모형이 앞장에서 제시되었다. 재미진화모형(fun evolving model)이라고 이름 붙여진 이 제안은 재미를 궁극적으로 달성하고자 하는 가치로 놓고, 이 궁극적 가치(terminal value)를 달성하는 데 필요한 행동양식을 수단적 가치(instrumental value)로 가정하여, 시간의 흐름에 따라 행동양식이 어떻게 변화하는지를 개념적으로 설명한다. 이러한 모형이 아직 제안 수준에 머무르고 있으나 여가 행동의 핵심 영역인 재미 체험을 이해하는 데 도움이 되는지는 다양한 경험적 자료에 의해 확인될 필요가 있다.

따라서 본 연구에서는 대표적인 관람형 여가인 프로야구와 프로축구의 잠재 관람자인 대학생을 대상으로 재미진화모형(고동우, 2002b)이 타당하게 적용되는지를 탐색하고자 하였다. 이를 위하여 재미진화모형에서 가정하는 4단계 행동양식(즉, 보기-가지기-하기-되기)을 측정할 수 있는 척도를 구성하고 각 단계별로 프로스포츠에 대한 몰입수준과 재미지각 수준이 달라지는지를 확인하고자 하였다.

고동우(2002b)는 축구팬의 사례를 들어 한 개인이 어떻게 재미(즉, 궁극적 가치)를 추구하는지를 네 가지 행동양식의 변화로 설명하였다. [그림 7-1]의 재미진화모형에서, 구체적인 행동양식(수단가치)의 변화 과정은 시간의 변화와 지각하는 내재적 보상의 함수에 의해 결정되며, 결국은 그 여가 활동에 대한 몰입(commitment) 혹은 관여(involvement) 수준의 강화를 수반한다고 보았다.

8.1. 몰입과 재미진화모형

몰입이 재미 진화단계를 가늠하는 준거가 될 수 이유는 이 개념이 어떤 대상에 대한 자아의 강한 태도가 결부될 때 나타나는 자아관여 (ego-involvement)의 의미를 지니기 때문이다(Sherif & Cantril, 1947). 이 개념의 창시자인 Sherif & Cantril(1947)은 참조집단과 같이 중요한 대상에 대하여 태도를 형성했을 때 개인은 자아관여를 갖기 쉽다고 보았다. 이러한 자아관여는 후대의 연구들에 의해 세 가지로 분류되는데 첫째가 몰입이고, 둘째 이슈(issue) 관여, 셋째 반응(response)관여이다 (Taylor, Peplau, & Sears, 1994). 이 중 몰입은 대상에 대한 관여를 의미하고 있으며, 몰입수준이 변화할 수 있는 근거는 대개 네 가지로 분류된다(Chaiken & Stanger, 1987; Eagly & Chaiken, 1993). 첫째는 개인이 어떤 태도에 근거하여 어떤 행동을 수행하는 경우 몰입은 증가한다. 예를 들어 신차를 막 구입한 사람은 그 자동차가 과거의 차보다 더 좋다는 신념에 더 몰입하게 된다. 둘째 자신의 태도 혹은 입장을 공식적으로 표명하는 행동을 동반할 때 몰입은 강해진다. 즉 어떤 대상에 대한 자신의 태도 표명은 결국 그 대상에 대한 몰입을 강하게 한다. 셋째, 어떤 태도를 취하는 것이 전적으로 자유의지에 의해 결정된다면 그렇지 않은 경우에 비해 몰입은 더 강해진다. 넷째 태도 대상에 대한 직접 경험의 기회는 간접 경험에 비해 몰입을 강화시킨다. 예를 들어 어떤 상품에 직접 노출된 후 태도를 형성하면 노출 안 된 경우에 비해 나중에 설득당할 가능성이 줄어든다(Wu & Shaffer, 1987).

결국 여가 활동에 대한 몰입은 그 활동에 대해 긍정적 태도를 지니는 경우, 자발적 의사를 반영한 태도를 형성한 경우, 직접적인 태도 표명 및 직접 참여활동 등에 의해 강해지는 변화가능성을 지니고 있다. 따라서 재미 추구 행동양식이 자발적 의사결정이라는 여가 장면을 전제로 하고 있고, 상위 단계로 갈수록 긍정적 태도 표명 및 직접 참여를 반영한다는 점에서 어떤 활동에 대한 몰입수준은 재미 진화단계를 가늠하는 준거가 될 수 있다. "재미진화모형"은 이미 앞장에서 제시하였다.

재미진화모형은 여가 장면에서 재미 추구 행동이 4단계를 거치면서 진화한다고 여기지만 누구나 최종 단계(즉, 되기)까지 도달하는 것은 아니라고 본다. 보기수준이나 가지기의 수준에서 정체되거나 혹은 그 대상에 대한 재미 추구 행동을 멈출 수도 있는 것이다. 낮은 단계에서 상위 단계로 넘어가기 위해서는 개인의 지각 능력 및 성격 그리고 자극에 대한 개인의 역치수준 등이 영향을 미칠 것이기 때문이다. 하나의 여가 활동에서 재미 추구 행동을 진화시키지 못하고 어느 한 단계에 머물러 있는 경우에는 여가 중독 현상이 나타날 수도 있고, 더 이상 재미를 느끼지 못하면 그 여가 활동을 그만둘 수도 있을 것이다.

8.2. 재미 추구 단계 간 관계

재미진화모형은 논리적으로 설득력이 있으나 추가 설명이 필요한 부분이 있다. 상식적으로 볼 때, 하위 단계로 가정된 행동양식은 상위 단계에서도 공변하여 나타날 수 있을 것이다. 가령, 어떤 개인이 어떤 여가 활동에 대하여 '되기 단계'에 있다고 하더라도 되기의 재미는 보기와 같은 하위 단계의 행동양식을 수반할 수 있다는 점이다. 어떤 사람이 프로축구에 대하여 되기 단계에 있다 하더라도 축구경기장에 경기를 보러가는 행동은 증가할 것이며, 유니폼 구입과 같은 '가지기'나 응원과 같은 '하기' 행동도 동반할 가능성이 높다는 것이다. 만약 하기 단계에 머물러 있다면, 상위 단계인 되기의 행동양식은 나타나지 않겠지만 하위의 행동양식인 보기나 가지지의 행동은 나타날 수 있다고 추론해야 한다. 물론 상위 단계의 행동이 다른 종류의 행동양식의 수반 없이 이루어질 수도 있을 것이다. 이러한 이유 때문에 보기, 가지기, 하기 및 되기의 행동양식은 상호 독립적이지 못하며, 나아가 평형한(parallel) 수준에서 분류되는 게 아니라 위계적 관계를 가진다고 할 수 있다. 이러한 지적은 보기, 가지기, 하기 및 되기의 행동양식이 평형한 분석수준을 가정하는 요인 분석이나 군집분석 등으로는 분류하기 어렵다는 것을 의미한다.

결국, 어떤 개인의 행동양식을 재미 추구 단계로 구분하기 위해서는 연구 상황에 맞는 타당한 기준이 필요한 셈인데 모든 가능한 조합을 구성하여 미리 검토할 필요가 있다. 행동양식의 위계 및 공변가능성을 고려하며 분류하여 보자. 첫째, 보기 단계는 보기 행동으로만 이루어질 것이다. 둘째, 가지기 단계는 보기-가지기 행동으로 이루어진 경우, 가지기 행동으로만 이루어진 경우 등 두 가지가 있을 수 있다. 셋째, 하기 단계는 보기-가지기-하기 행동으로 이루어진 경우, 보기-하기로 이루어진 경우, 가지기-하기로 이루어진 경우 그리고 하기로만 이루어진 경우 등 네 가지가 있을 수 있다. 마지막으로 되기 단계는 보기-가지기-하기-되기의 행동을 모두 갖춘 형태, 보기-가지기-되기로 이루어진 형태, 보기-하기-되기로 이루어진 형태, 보기-되기로 이루어진 경우, 가지기-하기-되기로 이루어진 경우, 가지기-되기의 경우, 그리고 하기-되기 형태의 되기 단계 등 모두 일곱 종류가 있을 수 있다. 그러므로 어떤 개인의 재미 추구양식이 어떤 행동 단계에 있는지를 알아보기 위해서는 이런 모든 경우의 수(열여섯 가지)를 고려하여 분류하여만 가능할 것이다. 그림으로 제시하면 다음과 같다.

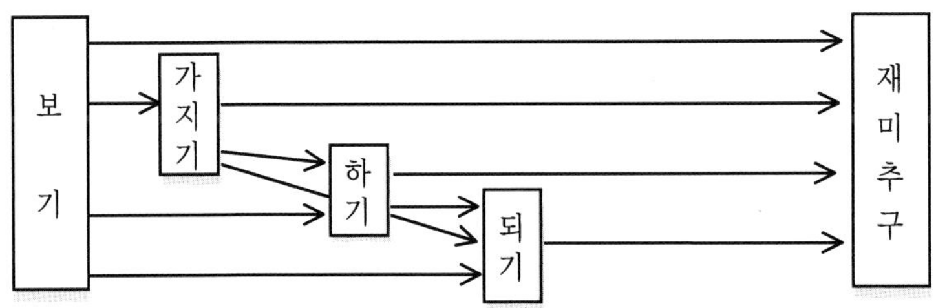

[그림 8-1] 재미 추구 행동양식의 관계

8.3. 연구문제

재미진화모형은 다양한 여가 행동에서 느끼는 재미의 가치가 어떤 수단적 행동을 통해 달성될 수 있는지를 설명한다. 행동양식으로서 수단 가치는 보기, 가지기, 하기, 되기의 네 단계 과정을 거치는 것으로 제안되고 있다. 고동우(2002b)는 거의 모든 관람형 여가 현상에서 이러한 행동 진화 단계를 거칠 것이라고 주장한다. 물론 이러한 모형이 다분히 월드컵 기간에 일어난 사회적 현상에 대한 연구자의 주관적 관찰과 추론에 근거하였다는 점에서 이론적 근거가 미약하고 경험적 자료로 검증하지 못하였다는 한계가 있다. 그러나 이러한 재미진화모형이 실제적으로 타당하다면, 많은 여가 행동을 진단하고 예측하는 데 도움이 될 것이다. 다시 말해 이론이 부족한 여가 체험 연구 분야에서 이러한 모형의 타당성이 확인된다면 충분한 시사점을 가질 수 있을 것이다.

따라서 본 연구에서는 재미진화모형이 타당한지[11]를 확인하고자 하였

---

11) 재미진화모형의 타당성을 확인하기 위해선 행동양식이 네 가지로 나누어지는지, 행동양식이 시간 추이에 따라 변하는지, 그리고 행동양식의 변화에 따라 활동에 대한 몰입수준이 달라지는지 등을 모두 검증하여야 한다. 본 연구에서는 종단연구 대신 횡단연구를 수행함으로써 네 가지 양식별로 몰입수준이 다른지만을 확인하고자 하였다.

으며, 첫 번째 검증방법으로서 관람형 여가 활동의 잠재적인 참여자의 행동양식 단계에 따라 여가 활동에 대해 보여주는 몰입수준이 유의하게 다른지를 알아보고자 하였다. 이를 위하여 수단 가치에 해당되는 행동양식을 각 단계별로 나누어 측정할 수 있는 척도를 개발하고자 하였으며, 그 척도의 응답치에 근거하여 네 종류의 집단을 구분한 다음 몰입수준을 비교하였다. 재미진화모형이 타당하다면, 해당 여가 활동에 대한 몰입수준은 진화 단계가 높을수록 증가할 것이다(즉, 보기〈가지기〈하기〈되기).

8.4. 연구 1: 프로야구의 사례

본 연구에서는 상기한 연구문제를 해결하기 위하여 가장 대표적인 관람형 여가인 프로스포츠의 잠재 여가 소비자인 대학생을 조사하였다. 그중 프로야구와 프로축구는 국내에서 가장 오래되고 가장 인기 있는 프로스포츠라는 점에서 연구대상으로 삼을 가치가 있었다. 연구 1에서는 재미진화모형이 타당한지를 확인하기 위하여 프로야구를 대상으로 하여 분석하였다.

8.4.1. 방법

① 연구대상 여가 활동 및 조사 대상자

연구문제를 해결하기 위하여 우리 사회의 가장 일반적인 관람형 여가 활동을 선정할 필요가 있다. 본 연구에서는 국내의 3대 프로스포츠 경기 중 프로야구를 그 대상으로 삼았다. 또한 잠재적으로 프로스포츠의 가장 큰 고객이라고 할 수 있는 젊은 층을 조사 대상자로 삼을 필요가 있었다. 프로스포츠에 대하여 젊은 층이 상대적으로 흥미를 더 가지고 있음이 잘 알려져 있고, 이들 중 일부는 잠재적인 참여자이고 다른 일부는 프로야구에 대하여 이미 상당한 수준의 몰입 상태를 보일 것이라는 가정이 가능하기 때문에 대학생을 대상으로 프로야구에 대한 재미 추구 단계를 조사하였다. 2003년 9월 중 임의표집방법으로 대학생 200명에게 설문지를 배포하여 195명으로부터 자료를 구했으며 이 중 불성실응답자를 제외한 184명의 자료를 분석에 활용하였다. 대학생 응답자는 전체 모집단을 반영하지 못할 것이다. 그러나 본 연구가 탐색적 연구이며 연구 모형이 타당하다면, 모든 독특한 영역의 잠재 여가 참여자에게도 적용된다고 볼 수 있으므로 자료를 구하기 쉬운 대학생을 대상으로 자료를 구하는 것이 부당하지는 않다고 본다.

② 설문지 및 측정 문항

본 연구에서 측정하고자 하는 변수는 모두 다섯 종류였다. 재미 추구의 강도를 의미하는 종속 변수는 연구문제에 근거하여 '프로야구 몰입 수준'으로 측정하였다. 몰입은 "프로야구가 응답자 개인에게 얼마나 중요하며 프로야구에 대하여 얼마나 잘 알고 있는지의 여부"로 정의하였다. 몰입수준은 아홉 개의 문항으로 구성하여 측정하였다. 모든 문항은 리커트형 4점 척도로 구성하였다.

독립 변수에 해당되는 4단계의 재미 추구는 각각 보기, 가지기, 하기 및 되기로 나누어졌다. 각 단계별로 동일하게 열세 개 문항을 구성하여 측정하였다. 각 열세 개 문항은 고동우(2002b)가 설명한 심리적 상태를 근거로 하여 작성하였다. 물론 각 열세 개 문항(총 52문항)은 분석을 위한 초기 문항총집에 불과하며, 문항 분석을 통하여 간추려질 것이다(분석 결과 참조). 모든 문항은 중심응답편의(central tendency bias)를 제거하기 위하여 리커트형 4점 척도로 구성하였다(즉, "전혀 그렇지 않다 - 그렇지 않다 - 그렇다 - 매우 그렇다"). 그 외에 응답자의 나이, 성별, 학년, 전공 등 인구 통계적 변수가 측정되었으며, 추가 분석을 위하여 현재 응답자가 좋아하는 선수나 팀의 존재 여부, 그리고 야구 경기의 승패감지각(2문항) 등을 설문지에 포함하였다.

③ 재미 진화단계 분류

앞에서 측정한 재미 진화단계의 문항의 응답치에 근거하여 응답자의 재미 진화단계를 구분할 필요가 있었다. 여기서는 새로운 기준이 필요하였는데, 우선 문항 분석을 통하여 각 단계를 측정하는 척도의 내적 합치도가 최대가 되는 수준에서 문항을 선별하였다. 그 다음, 각 문항의 응답치를 명목척도화할 수 있도록 리코딩하였다. 다시 말해 '매우 그렇지 않다'와 '그렇지 않다'에 응답한 경우에는 "0"으로, '그렇다'와 '매우 그렇다'에 응답한 경우는 "1"로 전환하였다. 그리하여 해당 단계별로 최소한 1문항이라도 동의 응답이 있는 경우 그 단계에 있는 것으로 분류하였다. 그러나 한 응답자가 네 개 단계, 세 개 단계 혹은 두 개 단계에 복수로 분류될 수 있기 때문에, 재미진화모형이 가정하는 바에 따라 복수 단계에 있는 경우에는 상위 단계군으로 분류하였다. 왜냐하면, 논리적으로 볼 때 어떤 참여자가 최상위 되기 단계에 도달하였다고 해서 그가 보기, 가지기 혹은 하기의 즐거움을 전혀 지각하지 못한다고 느끼기는 어렵기 때문이다. 그래서 되기라는 행동양식은 보기 - 가지기 - 하기를 통하여 달성될 수도 있고, 보기 - 가지기를 통해서, 보기 - 하기를 통해서, 가지기 - 하기를 통해서, 보기만을 통해서, 가지기만을 통해서, 하기만을 통해서 혹은 다른 행동양식 없이 오로지 되기의 즐거움을 추구할 수도 있을 것이다. 다른 단계의 즐거움 추구도 동일한 논리가 적용된다. 다만, 이론이 가정하는바 4단계는 위계적 구조를 지니기 때문에 복수 단계가 나타날 경우 상위 단계로 분류하는 것이 타당하다.

8.4.2. 프로야구 관람자 분석

① 인구통계분포

응답자의 분포를 먼저 살펴볼 필요가 있었다. 우선 연구대상인 프로야구에 대하여 좋아하는 팀이나 선수가 있는지를 알아보았는데 '있다'는 응답이 52.2%(96명)이었고 '없다'는 47.8%(88명)로 비슷하였다. 성별 분포는 남학생이 33.7%(62명) 여학생이 66.3%(122명)으로 여자가 다소 많은 편이었다. 이는 재학생 중 남학생의 휴학 비율이 높다는 경향을 감안하면 대체적으로 상식적이다.[12] 응답자의 나이 평균은 22세(19-40세 범위, 표준편차 2.17세)였다. 이들의 전공 분야는 인문사회계 90% 이공계 10%로서 인문계가 많았다. 전공 영역에서 편파적이라는 점에서 이러한 표본은 본 연구가 사례연구에 국한될 수 있음을 의미한다.

② 문항 분석 결과 재미 추구 단계 분류

㉮ 프로야구 몰입수준

총 아홉 개 문항으로 구성한 몰입도 척도에 대하여 우선 내적 합치도를 살펴보았다. 또한 주축요인 분석을 통하여 몇 개의 하위 차원으로 구분되는지를 살펴보았다. 분석 결과 9문항의 내적 합치도는 .94를 상회하는 것으로 나타났고 요인 분석에서도 하나의 요인으로 수렴되는 결과를 얻었다. 따라서 9문항 모두를 척도의 하위 문항으로 구성하는 데 문제가 없다고 판단되었다. 9문항의 평균 1.76, 표준편차 .64였다. 〈표 8-1〉은 문항 분석 및 주축요인 분석 결과이다.

---

12) 성별의 가외변수가능성을 확인하기 위하여 각 단계의 체험을 종속 변수로 놓고 "성별*단계"의 효과를 분석하였으나 어느 조건에서도 상호 작용 효과는 발견되지 않았음.

〈표 8-1〉 프로야구 몰입도 척도의 문항 분석 및 요인 분석 결과(n = 184)

문 항	요인 부하	h^2	문항 ● 총점 상관
1. 사람들은 나를 야구광이라고 부른다.	.866	.749	.816
2. 내가 정기적으로 만나는 야구광 친구들이 있다.	.730	.532	.660
3. 진정으로 나는 야구를 사랑한다.	.861	.742	.825
4. 야구가 없다면 내 인생은 무미건조할 것이다.	.865	.748	.819
5. 이 세상에서 야구가 가장 재미있는 스포츠이다.	.875	.765	.828
6. 다시 태어나면 야구선수가 되고 싶다.	.861	.741	.807
7. 야구는 인생에서 가장 중요한 것 중 하나이다.	.842	.709	.786
8. 나는 야구 경기의 규칙과 전술을 잘 알고 있다.	.768	.590	.716
9. 나는 어떤 팀의 선수 구성을 잘 알고 있다.	.862	.743	.835
고유근	6.32	70.2%	α = .946

KMO = .914(p<.001), 평균 1.76 (sd .64)

㉯ 재미 진화단계 측정 도구 순화 과정

네 가지 행동양식이 독립적이거나 평형한 수준이 아니라고 가정하였기 때문에 이들 문항을 총합하여 분석하는 것은 의미가 없다. 따라서 4단계로 구분한 재미 추구 행동양식의 측정 척도를 순화하기 위하여 열세 개 문항씩으로 구성된 각 척도별로 문항 분석과 요인 분석을 실시하였다. 네 가지 척도별로 주축 요인 분석을 실시하여 요인부하량이 큰 순서대로 문항을 선별하였고, 각 양식별 문항 수를 일치시키기 위하여 각각 여섯 개의 문항을 선택하였다. 다음의 표들은 네 가지 양식별 척도의 최종 분석 결과이다.

〈표 8-2〉 프로야구 보기 행동양식 척도의 문항 분석 및
요인 분석 결과(n=184)

문 항	요인 부하	h^2	문항 총점 상관
1. TV의 프로야구 경기중계를 시청하는 편이다	.829	.688	.7094
2. 경기장에 프로야구 경기를 보러가는 편이다	.795	.632	.6719
3. 프로팀의 선수를 보는 것만으로도 즐겁다	.764	.583	.6328
4. 야구 경기는 시간을 때우기에 좋다	.673	.441	.5282
5. 경기장에 가면 야구 경기만이 아니라 다른 것들도 흥미롭다	.664	.453	.5432
6. 내게 있어 야구경기장은 나들이 장소로 좋다	.748	.560	.6291
고유근	3.36	55.9%	.84

KMO=.802(p<.001), 평균 2.22 (sd .62)

〈표 8-3〉 프로야구 가지기 양식 척도의 문항 분석 및
요인 분석 결과(n=184)

문 항	요인 부하	h^2	문항 - 총점 상관
1. 나의 분신과 같은 프로야구팀이 있다.	.789	.623	.7609
2. 좋아하는 팀이나 선수의 유니폼을 가지고 있다	.899	.808	.8404
3. 프로야구팀 관련 사인 볼이나 사진을 가지고 있다.	.773	.597	.7200
4. 프로야구 기념품을 수집하는 편이다	.892	.796	.8361
5. 노력해서라도 좋아하는 선수를 개인적으로 만나고 싶다	.754	.569	.7291
6. 야구 선수 중 나의 마음 속 우상이 있다.	.815	.664	.7939
고유근	4.05	67.6%	.9187

KMO=.859(p<.001), 평균 1.72 (sd .59)

<표 8-4> 프로야구 하기 양식 척도의 문항 분석 및
요인 분석 결과(n=184)

문 항	요인 부하	h^2	문항- 총점 상관
1. 좋아하는 선수가 경기장에서 하던 행동을 따라 하는 편이다.	.762	.581	.7226
2. 나는 팀을 위하여 적극적으로 응원하는 편이다	.706	.498	.6748
3. 밤을 새워서라도 우리 팀 경기를 응원하러 가야 한다	.830	.690	.7658
4. 좋아하는 야구팀의 유니폼(모자 등)을 입을 때가 있다	.733	.538	.6700
5. 야구 경기를 위하여 나의 일상생활을 희생할 수 있다	.808	.653	.7407
6. 어떤 경기의 전술에 대하여 전화나 인터넷으로 조언한 적이 있다.	.729	.532	.6833
고유근	3.491	58.19	.887
KMO=.876(p<.001), 평균 1.78 (sd .56)			

<표 8-5> 프로야구 되기 양식 척도의 문항 분석 및
요인 분석 결과(n=184)

문 항	요인 부하	h^2	문항- 총점 상관
1. 좋아하는 팀의 팬클럽에 가입하고 싶다(있다)	.853	.728	.8126
2. 좋아하는 선수의 팬클럽에 가입하고 싶다(있다)	.879	.773	.8247
3. 야구팀을 위한 봉사단에 가입하고 싶다	.774	.599	.7302
4. 팬클럽을 활용하여 좋아하는 팀에 조언하고 싶다	.824	.680	.7880
5. 나와 내 친구들을 우리 팀의 참모로 활용했으면 좋겠다	.639	.408	.6324
6. 야구 동호회의 구성원이라는 것만으로도 재미를 느낀다	.778	.606	.7382
고유근	3.795	63.2%	.912
KMO=.845(p<.001), 평균 1.76 (sd .57)			

③ 재미 추구 수준별 집단 분류

조사 대상자 184명을 재미 추구 단계별로 분류하는 작업은 다소 복잡했다. 왜냐하면 이미 언급한 대로 한 개인이 상위 단계에 있다고 진단되더라도 상위 단계는 하위 단계를 매개로 하여 이루어질 가능성이 있기 때문이다. 따라서 판별분석이나 군집분석 같은 통계분석을 활용할 경우 각 응답문항이 평형한 수준에 있어야 하는 전제를 따를 수가 없다. 결국 본 연구에서는 네 단계의 재미 추구양식에 대한 각각의 평균치를 구한 다음, 그것이 긍정 수준(즉, 그렇다와 매우 그렇다 응답)에 있는지의 여부를 파악하여 평균 2.0(4점 척도)을 초과하는 상위 단계가 존재하는지에 따라 응답자를 분류하였다.[13] 다시 말해, 네 종류의 행동양식이 모두 2.0 이하이면 "무관심 집단"으로 분류하였고, 보기 양식에서만 2.0을 초과하면 "보기 단계"로, 보기와 가지기 및 하기 양식에 모두 2.0을 초과하는 사람은 "하기 단계"로 분류하였다. 그리고 만약 네 가지 양식 모두에서 2.0을 초과하면 "되기 단계"로 분류하였다. 이러한 분류는 모두 수작업으로 수행하였고 결과적으로 응답자는 모두 5종의 집단으로 분류되었다.

〈표 8-6〉 재미 진화단계별 행동양식의 차이(프로야구, ANOVA, N=184)

집단 행동양식	무관심 집단(44)	보기 집단(56)	가지기 집단(12)	하기 집단(26)	되기 집단(46)	F값
보기평균(sd)	1.41(.29)	2.36(.28)	2.23(.48)	2.44(.48)	2.69(.49)	70.34***
가지기평균(sd)	1.14(.27)	1.51(.39)	2.11(.13)	2.03(.44)	2.24(.54)	50.03***
하기평균(sd)	1.14(.25)	1.62(.33)	1.90(.21)	2.26(.28)	2.24(.48)	71.59***
되기평균(sd)	1.17(.32)	1.58(.37)	1.83(.39)	1.83(.32)	2.45(.34)	79.17***

**** p<.001

---

13) 4점 척도에서 1과 2는 "아니다"의 반응을 3과 4는 "그렇다"의 반응을 뜻하므로 평균 2.0을 초과하는 응답자는 해당단계의 행동양식을 한 가지 이상 보여주는 것으로 가정할 수 있다.

〈표 8-6〉에서 보는 것처럼 재미 진화단계별로 구분된 집단의 네 가지 행동양식은 극명하게 다르게 나타났다. 이러한 결과는 일종의 순환론적 분석이 될 수 있다. 그러나 주의할 내용은 각 행동양식이 해당되는 진화 단계에서만 특징적으로 강하게 나타나는 것이 아니라 상위 단계에서도 강하게 나타난다는 사실이다. 나아가 〈표 8-6〉의 구체적인 결과를 보면, 진화 단계의 행동양식별 표준편차는 해당되는 조건에서 상대적으로 작으며 특히 상위 단계의 해당 행동양식의 분산이 상대적으로 크다는 사실이다. 이러한 결과는 분류된 단계별 집단과 행동양식이 조화를 이루고 있음을 말해줄 뿐 아니라 전제했던 것처럼 상위 단계로 갈수록 하위의 행동양식이 복합적으로 매개하고 있음을 보여준다.

④ 재미 진화단계에 따른 몰입강도 변화

본 연구에서 종속 변수로 삼았던 여가 몰입수준이 가정했던 것처럼 재미 진화단계에 따라 다른지를 알아보기 위하여 다섯 종류의 집단별 야구몰입강도의 차이를 분석하였다. ♠〈표 8-7〉은 분석 결과를 보여준다. 우선 프로야구에 대한 몰입수준은 재미 진화단계가 상승할수록 강해지고 있음이 발견되었다($F = 39.2$, $p < .001$). 그리고 두 변수 사이의 상관계수는 .661로 유의하였다. 이러한 결과는 재미를 추구하는 행동양식이 진화할수록 해당 여가 활동에 대한 몰입수준이 증가할 것이라는 본 연구 모형의 가정에 매우 부합하는 결과이다. 결국, 몰입수준을 준거로 할 때 재미 진화단계라는 이론적 가정은 타당하다는 것을 보여준다.

〈표 8-7〉 재미 진화단계별 프로야구 몰입수준의 차이(ANOVA, N = 184)

행동양식 집단	무관심 집단(44)	보기 집단(56)	가지기 집단(12)	하기 집단(26)	되기 집단(46)	F값
야구몰입(sd)	1.11(.24)	1.69(.42)	1.81(.45)	2.07(.57)	2.30(.60)	39.20***

*** $p < .001$, LSD 사후 분석 결과 모든 수준 간 유의미한 차이 있음.

8.5. 연구 2: 프로축구의 사례

연구 1에서 프로야구의 잠재 관람자를 대상으로 재미진화모형의 타당성을 확인하고자 하였으나 관람형 여가 행동의 궁극적인 가치인 재미지각의 수준의 변화를 살펴보지 못하였다. 따라서 연구 2에서는 유사한 프로스포츠이긴 하나 종목이 다른 프로축구의 잠재 관람자를 대상으로 하여 재미 진화단계에 따라 재미지각이 어떻게 다르게 나타나는지를 확인하고자 하였다. 만약 재미진화모형이 타당하다면 연구 1의 결과처럼 여가 활동에 대한 몰입수준이 재미 추구 행동양식의 단계에 따라 다를 뿐 아니라 궁극적 가치인 재미지각의 수준 역시 다를 것이다.

8.5.1. 방법

모든 조사는 2003년 10월 중에 D 대학교 관광학 관련 수업을 듣는 학생을 대상으로 시행하였으며, 연구 1의 절차를 동일하게 반복하였다. 다만 측정 문항이 유사하기 때문에 반복 응답의 연습효과를 없애기 위해서 연구 1에 응답한 피험자는 제외하였다. 총 190명을 조사하여 불성실응답자를 제외한 181명의 자료를 분석에 활용하였다. 인구분포는 연구 1과 유사하였으나 상대적으로 남자비율이 늘었다. 남학생 40%(74명), 여학생 60%(106명)으로 여자가 다소 많은 편이었다. 응답자의 나이 평균은 22.2세(19-40세 범위, 표준편차 2.1세)였다. 각 변수의 측정은 이미 연구 1에서 각 단계별 측정 문항이 도출되었기 때문에 연구 1에서 도출한 각 단계별 측정은 여섯 개 문항씩으로만 구성하였고, 몰입수준은 아홉 개 문항, 그리고 추가로 축구 재미지각을 다섯 개 문항으로 측정하였다. 축구의 재미지각은 경기의 승패감을 중심으로 각각,

"좋아하는 팀이 이기면 내가 이긴 느낌이 든다", "좋아하는 팀이 패하면 내가 진 느낌이 든다", "좋아하는 축구팀의 경기는 언제나 본다", "좋아하는 팀의 경기는 내 삶의 활력소가 된다", "축구 경기는 재미있다" 등이며 동일하게 리커트형 4점 척도로 구성하였다. 프로축구에 대한 재미 진화단계를 분류하는 절차 역시 일관성을 위하여 연구 1의 방식을 반복하였다.

8.5.2. 분석 결과

① 측정변수의 기술통계

우선 각 측정변수의 문항 분석을 실시하였다. 〈표 8-8〉은 각 측정변수의 신뢰도와 기술통계치를 보여준다. 다섯 개 문항으로 새롭게 측정한 재미지각의 경우 .83의 내적 합치도 수준을 보였으며, 다른 척도들도 .80 이상의 내적 합치도 수준을 보였다. 다만 보기 행동의 경우 프로야구 사례와 달리 .70으로 다소 낮아졌다. 그러나 탐색적 수준의 측정임을 고려하면 결과를 분석하는 데 무리는 없어 보인다.

② 재미 진화단계에 따른 몰입도와 재미지각 수준

프로축구에 대한 몰입수준이 재미 진화단계에 따라 일관되게 높아지는지를 확인하기 위하여 연구 1의 분석 절차를 반복하였다. 또한 연구 1에서 확인하지 못한 재미지각 수준이 행동양식의 변화에 따라 달라지는지를 동시에 확인하고자 하였다. 분석 결과는 〈표 8-9〉와 같다.

〈표 8-8〉 측정변수의 기술통계치(프로축구, N=181)

변수(문항 수)	평균(sd)	내적 합치도(α)	문항-총점 상관
보기 행동(6)	2.36(.44)	.70	.35-.52
가지기행동(6)	1.85(.51)	.88	.60-.74
하기 행동(6)	2.18(.44)	.83	.51-.70
되기 행동(6)	2.43(.34)	.88	.60-.78
축구몰입도(9)	1.93(.54)	.90	.54-.72
축구재미지각(5)	2.36(.55)	.83	.52-.71

주. 모든 문항은 리커트형 4점 척도

〈표 8-9〉 재미 진화단계별 프로축구 몰입도 및 재미지각의 차이
(ANOVA, N=181)

집단 행동양식	무관심 집단(17)	보기 집단(54)	가지기 집단(19)	하기 집단(24)	되기 집단(67)	F값	사후 분석 (LSD)
축구몰입(sd)	1.19(.20)	1.69(.42)	1.94(.32)	2.27(.38)	2.22(.52)	26.28***	무〈보〈가〈하〈되기
재미지각(sd)	1.53(.54)	2.23(.43)	2.45(.55)	2.48(.38)	2.62(.46)	20.68***	무〈보〈가〈하〈되기

*** p<.001

〈표 8-9〉를 보면, 행동양식이 변화함에 따라 프로축구 몰입도와 재미 지각은 정적 방향으로 강해지는 것을 확인할 수 있다. 몰입도의 경우 프로야구 자료(연구 1)와 동일한 패턴을 보이고 있으며 결국 재미 진화단계에 따른 몰입도의 변화는 매우 일관적이라는 것을 알 수 있다. 추가 분석한 재미지각의 경우도 정적인 방향을 유지하긴 하나 가지기 와 하기 단계의 사람들이 유사하게 보기 단계보다 더 강한 재미를 느끼는 것으로 나타났고, 되기 단계에서 가장 강한 재미를 느끼는 것으로 나타났다. 사후 분석 결과, 하기와 가지기 단계에서는 유의한 차이가 없었다(LSD 사후분석 결과 무관심〈보기〈가지기=하기〈되기). 본 연구에서는 특히 승패감 내용에 초점을 두어 재미지각을 측정하였다는 점

에서 승패감지각은 하기 단계와 가지기 단계에서 큰 차이가 없다고 결론내릴 수 있다. 추가로 행동양식과 몰입도 및 재미지각의 상관계수를 분석한 결과, 행동단계와 몰입도는 .585(p<.001), 행동단계와 재미지각은 .498(p<.001)의 유의한 정적 상관을 보였다.

8.6. 종합 논의 및 결론

본 연구는 관광을 포함한 여러 가지 여가 경험에서 핵심적이고 공통적으로 추구되는 가치가 재미에 있음을 가정하고, 재미를 추구하는 행동양식이 최소한 4단계를 거쳐 발전한다는 재미진화모형을 경험적으로 확인하기 위한 시도였다. 연구대상으로서 프로야구와 프로축구를 설정하여 각 4 단계의 행동양식을 측정할 수 있는 척도를 구성하였고, 행동양식의 측정치를 고려하여 조사 대상자를 무관심집단, 보기 단계 집단, 가지기 단계 집단, 하기 단계 집단 그리고 되기 단계 집단으로 분류하였다. 만약 재미진화모형에서 가정하는 것처럼 행동양식이 위계적 과정을 거친다면 해당되는 여가 활동에 대한 몰입수준이나 재미지각 수준은 상위 단계에 이를수록 강해질 것이라고 보았다.

분석 결과 행동양식의 단계와 프로야구 몰입수준은 약 .661, 프로축구 몰입과는 .585의 유의한 상관계수를 보였고 실제로 상위 단계에 있는 사람들이 더 큰 몰입의 정도를 보여주었다. 이러한 결과는 재미진화모형이 가정하는 것처럼 어떤 여가 활동에 대한 몰입수준은 행동양식의 변화를 동반한다는 사실을 말해주며, 특히 행동양식의 변화는 최소한 보기-가지기-하기-되기의 순으로 이루어질 수도 있음을 보여준다. 연구 2에서 수행한 프로축구 재미지각의 경우에도 재미 진화단계에 따라 강해진다는 결과를 확인하였다. 그러나 승패감으로 측정한 재미지각 수준이 하기와 가지기 양식에서는 유의한 차이가 없다는 사실을 주의할 필요가 있다. 스포츠 관람에서 재미의 구성 요소가 다양할 수 있으며 승패감지각은 그중 한 가지에 불과할 것이라고 가정한다면, 이러한 결과만으로 재미지각 수준이 가지기와 하기 양식에서 차이가 없다는 결론은 아직 섣부르다고 하겠다. 아마도 다른 재미 요소가 가지기와 하기를 구분하는 재미 기준이 될 수 있음을 뜻한다. 따라서 향후 연구에서는 승패감을 포함한 재미의 구성 요소를 망라하여 각 단계별로 어떤 차이가 있는지를 밝혀볼 수 있을 것이다. 그러나 재미지각이 모든 여가 활동의 궁극적 가치임을 가정한다면, 결국 본 연구의 결과는 여가 활동에서 공통적으로 추구하는 재미 추구의 행동 경향이 달라진다는 재미진화모형을 지지하고 있다.

그러나 이러한 결과만으로 과연 행동양식이 일정한 패턴으로 진화하는지를 밝혀주는 것은 아니다. 왜냐하면 본 연구에서는 각 행동양식을 보이는 집단을 분류하는 방식으로 단계를 구분하였기 때문에 일종의 횡단연구(cross-sectional study)를 수행한 것이며 시간의 추이에 따른 종단연구를 수행하지 못했기 때문이다. 본 연구의 결과는 행동양식이 사람마다 다를 수 있으며 그것은 최소한 네 종류로 나눌 수 있고 나아가 그것들이 위계적 관계를 지닐 수 있다는 가능성을 보여주지만 경험적 자료를 통하여 그것이 일정한 순차대로 진화하는지는 여전히 확인하기 어렵다. 종단연구는 시간과 비용 면에서 현실적으로 수행하기 어렵다는 점에서 본 연구에서는 차선으로 횡단연구를 수행하였을 뿐이다. 그렇다고 해서 재미진화모형이 가정하는 행동양식의 진화과정이 완전히 무시되는 것은 아니다. 이러한 해석은 특히 어떤 여가 활동에 대하여 재미를 느낄수록 몰입이 강해진다는 직선적 관계를 가정할 수 있을 때 가능하다.

이러한 해석이 타당하다면, 본 연구의 결과는 이론적으로나 실제적으로 많은 시사점을 제공한다. 우선 이론적인 측면을 보면, 모든 여가 경험에서 공통적으로 추구하는 재미를 어떤 행동에 근거하여 달성하고자 하는가의 문제를 다루는 재미진화모형이 논리적으로 타당하다는 것을 보여줌으로써 이 분야의 이론적 발달에 공헌한다. 사실 재미와 관련한 이론체계가 부족하였던 현실에서 재미진화모형은 한 가지 대안이 된다. 각 단계별 재미 체험의 하위 요소를 확인한다면 구체적으로 재미 요소의 변화 추이를 그려낼 수 있을 것이다.

실제적인 측면에서도 본 연구의 결과는 매우 중요한 시사점을 제공하는데, 재미 추구 행동양식 단계를 중심으로 여가 소비자의 시장 세분화가 가능해진다. 나아가 개인의 재미 추구 단계를 진단함으로써 향후 어떤 행동양식을 보일 것인지에 대한 예측이 가능하고 진단이 가능하다. 이러한 진단이 가능해진다면 여가 프로그램을 개선하는 것만이 아니라 개인 소비자의 여가 문제를 해결하는 데도 도움이 될 것이다. 가령, 여가 상품을 행동양식별 시장 세분화에 맞추어 개발하거나 개선할 수도 있고, 여가 장애를 겪고 있는 사람들의 여가 참여를 유도할 수 있는 구체적인 대안 모색도 가능할 수 있다.

이러한 시사점에도 불구하고 본 연구는 개선해야 할 몇 가지 문제를 지니고 있다. 우선 이미 말한 대로 재미진화모형을 분명하게 확인하기 위해서는 종단적 연구를 수행하여야 했음에도 불구하고 시간과 비용의 한계 때문에 이를 수행하지 못했다는 점이다. 각 단계의 행동양식이 과연 직선적 관계를 가지고 "진화"하는지의 여부는 더 많은 자료를 구축하여야만 가능할 것이다.

둘째, 각 단계의 집단을 분류하는 절차로서 응답자 개개인의 자료를 기초로 수작업을 통해 수행한 본 연구는 매우 원시적인 방법을 사용한 셈이다. 적절한 측정척도가 없는 초기 단계에서 수행하여야 하는 현실에서 피할 수 없는 과정이었지만, 향후 연구에서는 행동양식을 분류하는 절차가 개선될 필요가 있다. 이에 대한 한 가지 대안은 본 연구에서 개발한 각 행동 단계의 측정 문항을 총합하여 응답자로 하여금 자신이 해당되는 문항을 선택하게 하는 방법도 고려할 수 있을 것이다.

셋째, 본 연구의 연구대상 활동과 조사 대상자가 매우 제한적이라는 한계가 있다. 여기서는 가장 대표적인 관람형 여가인 프로야구와 프로축구만을 대상으로 삼았고 대학생을 잠재적인 여가 소비자로 조사하였다. 다시 말해 경기장 현장에서 조사하거나 다른 종류의 여가 활동을 대상으로 본 연구결과를 확인할 필요가 있다.

제3부

관광 경험의 이해[14)]

---

14) 3부는 필자의 박사학위논문 ["관광의 심리적 체험과 만족감의 관계(1998), 고
려대학교 대학원]을 일부 수정하여 재정리한 것이다.

사람들에게는 일상생활을 떠나 여행을 즐기고자 하는 욕구가 있다. 또한 많은 사람들은 그러한 욕구를 충족시키며 살아간다. 이러한 현상은 세계적인 추세이며 우리나라 사람들의 경우에도 예외가 아닌 것 같다. 가령, 한국관광공사의 조사(1997)에 의하면, 1996년 한 해 동안 13세 이상의 우리 국민 중 90.9%가 순수하게 관광을 목적으로 여행한 적이 있으며, 일 년에 평균 6.61회의 여행을 하는 것으로 나타났다. 이러한 사실은 관광이 이제 우리 사회의 중요하고 일반적인 여가 활동의 하나가 되고 있음을 의미한다.

관광이 이 사회의 일반적인 여가 활동으로 자리매김되었다는 사실은 학문적으로나 산업적으로 중요한 의미를 지닌다. 다시 말해, 참여 인구의 증가는 관광 현상을 국가 수준의 '산업'으로 인식하게 만들었고, 또 개별 관광 참여자의 어떤 행동은 탈규범이나 국가 이미지 실추와 같은 사회 문제를 야기하기도 한다. 이처럼 관광 현상이 만들어 낸 여러 가지 사회적 이슈들 때문에, 일반적인 관광 현상을 학문적인 차원에서 이해하고 이를 설명, 예언하려는 시도가 증가해 왔고, 결과적으로 '관광학'이라는 학문 분야가 생성·발전하게 되었다(이연택, 1994). 이와 더불어 관광 현상에 대하여 참여자 개개인의 행동을 중심으로 연구해 온 여러 학자들은 관광 행동 현상이 매우 복잡하다는 사실을 인식한다. 이처럼 복잡하고 현실적인 문제에서 출발하였기 때문에 관광학은 다학제적인 접근을 필요로 하는 종합 학문의 위상을 지니고 있다.

관광 현상을 바라보는 여러 가지 관점 중에서, 특히 최근의 많은 학자들은 관광 행동에 대한 체계적인 이해를 위해서 인간의 정신과정과 행동을 연구하는 심리학적 관점이 필요하다고 주장한다(예, Pearce, 1980). 이런 맥락에 맞추어 관광 경험의 심리적 현상을 밝히고자 하는 심리학적 관점의 연구도 1980년대 이후 증가하는 추세에 있다(예, Mayo & Jarvis, 1981; Pearce, 1982; van Raaij & Francken, 1984; Mannell & Iso-Ahola, 1987; Pearce & Stringer, 1991).

그러나 관광 행동에 대한 심리학적 연구는 여러 영역 중 주로 관광 동기, 관광지 선택과 관련된 의사 결정, 선호도, 기대 등과 같이 주로 관광객을 유치하는 전략과 직접 관련된 내용의 주제에 국한된 경향이 있었다. 연구주제가 이렇게 편향된 근본 이유는 공급자 중심의 연구관점 때문이라고 할 수 있다(Smith, 1988). 이런 관점에서는 관광하는 동안의 심리적 현상, 혹은 만족과 같은 개념 등에 대해서는 비교적 관심을 덜 두게 된다. 하지만, 최근의 여러 연구자는 관광지에서 이루어지는 현장 체험이 진공상태에서 이루어지는 게 아니며, 개인의 사전 기대나 동기와는 별개로 준비 안 된 새로운 욕구가 발현할 수 있으며, 또 환경과의 끊임없는 상호 작용으로 이루어진다는 점을 강조한다(예, Pearce, 1982). 이러한 강조는 관광 현상이 매우 복잡한 심리적 과정임을 인정하는 것이다. 비슷한 맥락에서 관광 현상을 제대로 이해하기 위해서는 우선 관광 경험의 고유한 측면을 파악해야 한다는 주장도 있다(예, Mannell & Iso-Ahola, 1987). 이런 주장들은 관광 행동 연구가 관광지 선택 과정에 국한되고 있음을 비판하는 것이며, 나아가 관광자의 심리와 행동을 이해하기 위해서는 연구주제 자체를 확장해야 한다는 것을 의미하는 것이다. 실제로 관광 행동의 동기나 선호도, 기대 등을 제외하고 관광하는 동안의 보편적이고 일반적인 심리적 현상과 내용을 보고한 연구는 찾기 힘들다. 또한 역설적으로, 공급자 관점의 연구라 할지라도 철저하고 체계적인 관광 마케팅 전략을 수립하는 연구가 되기 위해서는 일반 관광자에 대한 포괄적이고 전체적인 이해에서 출발해야 한다.

결국, 관광 행동 연구의 기본 목표가 관광 현상을 이해함으로써 관광자를 이해하고, 궁극적으로 인간을 이해하는 데 공헌하기 위한 것이라면 개개인이 왜 관광을 하고, 특정 관광지를 어떻게 선호하고 선택하여 여행하는지 하는 것뿐 아니라, 관광을 하는 동안 무엇을 어떻게 느끼고, 또 어떻게 생각하고 행동하는지, 구체적인 심리상태는 어떤 맥락에서 나오는지와 같은 체험의 내용을 알아야 할 것이다. 다시 말해, 관광 현상을 제대로 이해하기 위해서는 관광 행동의 앞부분 즉, 동기, 기대, 의사 결정 과정뿐 아니라 관광하는 동안의 체험 내용 및 그 이후의 심리적 상태(예, 만족/불만족)에 대해서도 체계적으로 연구할 필요가 있다. 더욱이 체험과 사후 평가의 관계를 이해하기 위해서는 우선 관광 참여자가 관광 활동을 하는 동안 어떤 심리적 체험을 하는지를 파악할 필요가 있다.

제9장 관광 행동 연구의 쟁점

9.1. 관광의 정의와 개념

사전적인 의미에서 '관광(觀光; tourism)'은 '다른 지방이나 나라의 풍물, 풍습을 구경하는 것'을 뜻한다(동아출판사, 1994). 또한 어원적으로 보면, '관광'이란 말은 동서양을 막론하고 적당한 이동(move)의 의미를 포함한 것으로 알려져 있다(한국관광공사, 1986; 김태영, 1994; 조송빈, 1994). 그러므로 개념적으로, 관광은 여행을 통해 다른 지역의 풍물 등을 구경하는 것이라고 하겠다. 하지만 연구자에 따라 관광의 개념은 '여행'과 동일 의미로 이해되거나 혹은 특별한 형태의 여행 종류로 이해되기도 한다. 여행은 활동 목적, 이동거리, 체재 기간에 따라 그 유형이 몇 가지로 나누어진다.[15] 이는 여행의 종류에 따라 그 개인이 경험하는 내용이나 만족, 혹은 동기 등이 달라질 수 있음을 의미하는 것이다.

한편, 관광을 하나의 산업 현상으로 보는 경우에는 관광을 광의(廣義)의 의미로 해석하여, 관광이라는 현상을 '일상생활권을 벗어난 순수 여행 목적의 자유인, 그리고 그와 여행 목적지 및 지역 사회와의 상호 작용, 그의 여행과 관련된 산업과의 상호 작용으로 발생되는 제 관계의 총화'라고 정의한다(예, 한국관광공사, 1986, p.21; 조송빈, 1994; McIntosh, Goeldner, & Ritchie, 1995). 이러한 관점에서는 관광 현상을 여행자 입장

---

15) 여행은 그 목적에 따라 사업 여행, 방문 여행, 순수 여행(pleasure travel), 겸 목적 여행 등으로 나누어진다(한국관광공사, 1986; 조송빈, 1994; McIntosh, Goeldner, & Ritchie, 1995). 체재 기간 혹은 이동 거리 중심으로 볼 때 여행은 숙박 여행과 나들이(excursion)로 구분되기도 한다(한국관광공사, 1986).

에서 보는 것이 아니라 공급자 입장에서 구명(究明)하고자 하며 그래서 순수 여행만을 연구대상으로 하는 것이 아니라 겸 목적 여행도 연구대상에 포함시키는 경향이 있다(예, 이애주, 1989; 손대현, 1990; 김인호, 1993). 하지만 관광 행동을 여가 활동의 일부로 생각하는 사람들은 협의(狹義)의 정의를 따르는 경향이 있으며, 그래서 순수 숙박 여행만을 관광으로 본다(예, 김태영, 1994; Pearce, 1982; Mannell & Iso-Ahola, 1987; Ryan, 1990,1995).

한편 본 연구의 목적은 여가의 한 범주인 '순수 여행'의 심리적 체험 내용을 밝히는 것이기 때문에, 여기서는 여행 자체를 목적으로 거주지 외의 다른 지역을 일정 기간(최소 1박 이상) 동안 여행하는 행동만을 관광으로 볼 것이다. 따라서 '관광'은 "여행 자체를 목적으로 적절한 거리의 이동(약 16km)과 체류(24시간 이상)를 하는 동안 개인이 겪게 되는 모든 경험"이라고 정의할 수 있으며, 여기서는 '순수 숙박 여행'과 동일 의미로 사용할 것이다.

이러한 관광 행동은 일상생활을 벗어나서, 여행 자체를 목적으로 하는 자기 목적적(autotelic) 행동이라는 점에서 내재적 동기의 지배를 받는 여가 활동 하나이다(성영신, 고동우 및 정준호, 1996a, b; Iso-Ahola, 1982; Pearce, 1982). 그러나 일반 여가 행동과 비교할 때 관광은 옥외 활동으로 이루어지며, 여행기간이 비교적 길고, 다른 종류의 여가 활동에 비해 기회가 많지 않으며, 관광하는 동안 사회화의 기회가 많으며, 비용이 비교적 많이 들며, 경험 기억이 오래 남는 특징을 지니는 것으로 알려져 있다(Leiper, 1990; Moore, Cushman, & Simmons, 1995에서 재인용). 또 숙박을 요하는 경우가 많고, 자기 거주 지역을 벗어나는 특징도 있다(한국관광공사, 1986). 그리고 무엇보다도 여러 가지 여가 활동을 복합적으로 경험한다는 특징이 있다. 그래서 관광 행동은 대표적인 복합 여가의 형태를 띤다.

9.2. 관광 행동 연구 고찰

심리학적 관점으로 볼 때 관광 행동은 일련의 심리적 과정으로 이루어진다. 예를 들어, Clawson과 Knetch(1966)는 여가 여행을 "기대→목적지로 여행→현지 경험→귀가 여행→회상"의 다섯 단계 모형으로 설명할 수 있다고 제안하였으며, van Raaij와 Francken(1984, 1986)도 '의사 결정'과 '기대 충족'의 개념을 중심으로 여행 행동을 "일반적인 결정→대안(목적지)에 대한 정보탐색→구체적인 대안(목적지) 결정→현장 활동→만족/불만족"의 모형으로 이해 가능하다고 주장한다. 또 Mathieson과 Wall(1982, 1984)도 여행을 "여행 욕구→정보수집 및 평가→여행결정→여행 준비 및 경험→여행 후 평가"의 5단계 과정으로 이루어진다고 제시하였다(정찬종, 1994, p.45에서 재인용). 특히 Fridgen(1984)은 여행과 관련한 환경심리학, 사회심리학의 여러 문헌을 검토하여 Clawson과 Knetch(1966)의 5단계 모형을 중심으로 개인과 환경의 상호 작용을 논의하고 있다.

결국 이들 여러 학자들의 공통적인 지적을 종합하여 고려하면, '기대', '일반적인 결정', '대안에 대한 정보 탐색', '구체적인 대안 결정', '여행욕구', '정보 수집 및 평가', '여행 결정' 등의 용어는 모두 "여행을 하기 전의 심리적 과정이나 상태"를 묘사하는 개념들이며, '현지 경험', '현장 활동', '여행 경험' 등은 모두 "여행지 현장 체험(on-site experience) 과정"에 포함되는 표현이다. 그리고 '회상', '만족/불만족', '여행 후 평가' 등은 모두 "여행을 하고 난 다음의 평가 단계"를 말하고 있다. 따라서 이들 여러 학자들의 여행 과정 모델을 종합하면, 관광 경험 과정은 "관광지 선택 단계의 심리상태→관광지 현장 체험 단계→관광 후 평가 단계"의 과정으로 단순화하여 이해할 수 있다. 나아가 이러한 심리적 과정은 관광 행동을 이해하고자 했던 많은 연구들의 기본 가정으로 여겨지는 것 같다.

이 중에서 기존 연구들이 주로 다루어 온 주제는 대부분 '관광지 선택 단계의 심리상태'에 대한 주제로 국한된 경향이 있다. 그 외 간헐적이긴 하나 '관광 후 만족'이나 '재방문 현상'에 관련한 연구가 일부 있었으며, 관광지 현장에서의 체험 내용에 대한 연구는 매우 미흡한 수준에서 이루어져 왔다. 기존 연구가 지나치게 '목적지 선택 단계의 심리상태'에 주의한 첫 번째 이유는 전술했던 것처럼 관광학 연구자들이 지니고 있는 이념 때문이라고 볼 수 있다. 즉, 기존 연구자들은 관광을 '산업'으로만 인식하여 공급자 측면에서 관광객을 보아왔다(Smith, 1988). 이런 관점에서 관광 현상을 바라볼 경우 연구주제는 대개의 경우 '개인이 왜 관광을 하려하고 어디를 어떻게 선택하는가'에 초점을 두게 된다(예, McIntosh et al., 1995). 그래서 '관광자'를 관광자의 입장에서 이해하는 것보다는 공급자의 입장에서 '관광객'을 유치 내지는 유인하는 데 우선 주의하게 된다. 이런 점에서 관광 현상을 산업으로만 보아 온 국내외 대부분의 연구들이 주로 관광지와 관련한 관광객의 기대, 선호도, 의사 결정 방식, 동기에 관한 것이라는 사실은 놀랄 일이 아니다. 예를 들어 개별 관광지에 대한 기대(Ross, 1993), 관광지 이미지(신도길, 1993; 한상일, 1995; 이태희, 1997), 관광지 개별 속성에 대한 선호도(이애주, 1989; 김원인, 1994; 정원일, 1997; Goodrich, 1977; Ritchie & Zins, 1978), 의사 결정 과정(전동환, 1988; 김영문과 채수원, 1996; van Raaij & Francken, 1984, 1986; Crompton, 1992; Mansfeld, 1992) 등의 연구는 국내외의 대표적인 연구들이다. 그 외에 Crompton (1979), Dann(1981), Fodness(1994) 등은 대표적인 관광 동기 연구로 분류할 수 있다. 이들 여러 연구 중 일반적인 관광 동기 연구들을 제외하고, 관광지 선택과 관련한 태도 및 인지적 과정을 다룬 연구들의 중요한 특징은 그 연구주제가 기대이든 혹은 선호도이든 간에 정도의 차이는 있지만 '관광 속성 이론'과 결부되어 있다는 것이다. 관광 속성 이론에 대해서는 뒤에서 다시 논의할 것이다.

기존 대부분 관광 연구자의 관점이 공급자 중심이라는 사실은 구매 행동의 맥락에서 조망함으로써 관광지를 하나의 상품으로 여기고 있음을 의미한다. 공급자 중심의 관점은 나름대로 시사점을 지니지만, 대개 연구주제가 국한될 뿐 아니라 연구방법에 있어서도 여러 가지 한계를 유발할 수 있다. 즉, 공급자 중심의 관점은 관광 현상의 주체인 관광자를 있는 그대로 이해할 수 없게 만들며, 나아가 이 분야의 체계적인 연구를 방해해 온 것으로 여겨진다(Moore et al., 1995). 첫째 관광을 산업 현상으로만 인식할 경우, 상품화된 지역만을 대상으로 삼기가 쉽고, 모든 종류의 방문자를 동일한 관광객으로 취급하게 되며, 여행 목적에 따른 관광 현상의 차이를 간과하게 된다(예를 들어, 순수 여행, 사업 여행, 겸 목적 여행 등). 그러나 유명한 관광지만이 여행 목적지는 아니며, 또 여행 목적에 따라 개인이 체험하는 내용이나 그 결과(즉, 만족/불만족)는 크게 달라질 수 있기 때문에 관광을 산업으로 인식하기에 앞서 관광자를 있는 그대로 이해하고자 하는 노력이 필요하다. 달리 말해, 관광 현상을 관광지라는 상품 중심으로 보는 것이 아니라 관광 행동 자체라는 활동 중심으로 보아야 하며 그래야만 관광 행동의 전체적인 심리적 현상을 이해하기 쉬울 것이다.

둘째, 공급자 중심의 연구 이념하에서는 관광 행동의 후속 부분인 현장 체험의 내용, 만족, 재방문 의도, 추천 의도 등의 주제를 심도 있게 다루기 어려우며, 따라서 관광자를 제대로 이해할 수 없게 만든다. 왜냐하면, 현장에서의 수행(또는 체험)이나 만족을 사전 기대나 사전 동기의 실현 함수라고 보기 때문에 후속 개념이나 현상의 심리적 구조를 따로 설정할 필요가 없기 때문이다(예, Dann, 1979). 그러나 관광 경험 과정은 진공 상태에서 이루어지는 게 아니라 사회적·물리적 환경과의 끊임없는 상호 작용하에서 이루어진다는 점에서 선택 단계의 관광자 심리만이 아니라 체험 단계 및 사후 평가의 심리상태에 대한 연구도 필요하다. 특히, 관광 경험은 일련의 시간·공간의 흐름 속에서 이루어지기 때문에 관광을 하는 동안 개인은 환경과의 끊임없는 상호 작용을 하게 되며, 개인의 동기나 기대는 변하거나 준비하지 않았던 동기가 유발될 수 있고, 심리적 체험 또한 매우 구체적인 수준에서 이루어진다(Iso-Ahola, 1980; Pearce, 1982; Frigden, 1984; Mannell & Iso-Ahola, 1987; Pearce & Stringer, 1991).

기존 대부분의 연구가 공급자 중심의 관점에서 '관광지 선택의 심리 현상'을 다룬 것이 사실이지만 그렇다고 해서 현장 체험과 후속 평가(만족 같은)에 대한 연구가 전혀 없는 것은 아니다. 1980년대 중반부터는 관광 만족과 같은 사후 평가에 대한 연구가 국내외적으로 증가하는 것 같다. 연구주제가 다양해지는 현상은 관광학 분야 학자들의 자체 비판에 힘입은 바 크며, 궁극적으로 관광 행동을 바라보는 다양한 관점을 수용할 필요성을 인식하면서부터라고 하겠다(예, 이연택, 1994; Pearce, 1982; Mannell & Iso-Ahola, 1987; Jackson & Burton, 1989). 따라서 다음 절에서는 관광지 현장 체험의 심리적 차원에 대한 연구들을 살펴볼 것이다.

9.3. 관광 체험의 심리적 차원에 대한 연구들

관광 체험의 내용을 측정할 수 있다면, 체험 내용에 근거하여 관광지 분류 및 관광자 세분화가 가능하며, 만족과 같은 사후 태도의 심리적 기제를 보다 잘 이해할 수 있을 것이다. 이런 맥락에서 최근에는 관광지 현장에서 관광자가 느끼는 체험 내용을 연구해야 한다는 주장이 제기되고 있다(예, Hamilton-Smith, 1987; Mannell & Iso-Ahola, 1987; Pearce & Stringer, 1991; Stewart & Hull Ⅳ, 1992; Hull Ⅳ, Stewart,

& Yi, 1992).

관광 체험은 '관광을 하는 동안 여러 물리적·추상적 사물이나 현상을 접하게 될 때 나타나는 심리적 반응으로서 참여자가 지각하는 인지적 판단과 정서적 느낌(feelings) 및 행동들'이라고 할 수 있다. 물론 현실적으로 개인이 인지와 정서를 구분하여 경험하지는 않는다. 이 두 개의 체계는 하나의 통일 체계로 작용한다(Pieters & van Raaij, 1988). 또 행동이 어떤 의미를 지닌 것이라면, 여기에는 개인의 인지적 판단이나 정서적 반응이 어느 정도 반영되기 마련이다. 그러므로 체험이라고 부르는 구성 개념에는 인지적 내용과 정서적 내용 및 행동 요소가 상호 혼합된 것으로 볼 수 있으며, 이들 세 가지 요소를 명백히 구분하기는 어렵다고 하겠다.

한편, 관광 체험 연구는 만족과 같은 관광 후 평가의 맥락에서뿐 아니라 관광 경험의 고유한 측면을 이해한다는 면에서 매우 중요하다. 즉, 관광학 분야에서 오랫동안 논의 대상이 되어 온 관광 경험의 고유성(authenticity; MacCannell, 1973, 1976, 1977; Moscardo & Pearce, 1986; Cohen, 1988, 1989; Hughe, 1995)을 이해하기 위해서는 관광을 하는 동안 개인이 체험하는 심리적 차원을 밝히는 작업이 우선되어야 한다(Mannell & Iso-Ahola, 1987). 이러한 중요성에도 불구하고 지금까지 관광 체험의 심리적 차원을 경험적으로 규명하고자 하는 노력은 미흡했다. 단지 관광 체험을 다루거나 간접적으로 관련된 연구들을 검토할 수는 있다.

몇몇 차원의 관광 체험을 전제하거나, 체험 차원들을 추정 가능하게 하는 연구들은 크게 세 유형으로 나누어 고려할 수 있다. 첫째는 몇 가지 관광 체험 차원 자체를 질적·양적 방법으로 직접 측정하는 연구들이며, 둘째는 '체험은 사전 동기(혹은 욕구)의 충족 차원과 동일하다'는 가정하에 관광 동기 혹은 욕구의 차원을 보고하는 연구들이다. 셋째는 여행자의 행동에 근거하여 행동 중심의 관광자 역할 유형(role type)을 분류하는 연구들이다. 아래에서는 이들 세 가지 유형의 연구를 모두 살펴볼 것이다. 〈표 9-1〉에는 이들 세 가지 종류의 체험 관련 연구들이 함께 정리되어 있다. 한편, 세 가지 유형의 연구 외에 관광 체험의 주제와 관련하여 고려할 수 있는 연구들이 있는데 바로 일반적인 여가 체험의 심리적 차원에 대한 연구들이 그것이다. 관광 행동은 여가의 한 종류라는 점에서 일반 여가 체험 연구의 결과는 관광 체험의 내용을 추론할 수 있는 근거를 제공할 수 있다. 여가 체험 연구 중 특히 관광 체험 차원과 관련하여 중요하게 고려하여야 할 연구들만 살펴볼 것이다.

〈표 9-1〉 관광 체험, 동기, 행동의 차원

연구자	분류 종류와 방식	연구 내용(차원)
Cohen(1979)	이론적인 관광 경험 유형	위락 추구, 다양성 추구, 소외탈피, 방랑형(실험형), 순례자형
Gitelson & Crompton(1984)	질적방법 관광 체험 분류	위험회피, 사회적 유대, 정서적 애착, 아쉬움, 과시적 차원.
Bello & Etzel(1985)	이론 근거 관광 체험 측정	신기성/친숙성 체험, 교육 체험, 휴식(재충전) 체험.
Ross & Iso-Ahola(1991)	직관적으로 관광 만족(체험) 측정	지식 획득감, 일상 탈출감, 관광 일정 만족, 사회적 교류감, 사회적 안전감, 부대시설 만족
Lounsbury & Polik(1992)	이론 근거관광 만족(체험) 측정	지적 욕구 충족, 사회적 욕구 충족, 유능성 – 달성 욕구 충족, 자극회피 욕구 충족 등.
Crompton(1979)	질적 자료 근거관광 동기 차원 분류	사회심리적 체험 추구 차원(일상탈출, 자기탐색과 평가, 이완, 지위체면, 퇴행, 가족관계 고양, 사회교류 촉진 등 일곱 가지), 문화적 체험 추구 차원(신기성, 교육 등 두 가지)
Fodness(1994)	질적·양적 자료 근거 관광동기 유형 측정	지식기능, 효용기능 중 처벌 최소화, 효용기능 중 보상최대화, 가치표현 기능으로 자아 고양, 가치표현 기능으로 자기 존중감 차원
Hamilton-Smith (1987)	이론 근거 관광자 유형	주관적 또는 존재론적 실체의 정도(고 – 저) × 환경의존 또는 구조적 실체(고 – 저)에 의한 네 가지 유형
Yiannakis & Gibson(1992)	관광 행동 유형 측정	sun lover, action seeker, anthropologist, organized mass tourist, thrill seeker, explorer, jetsetter, seeker life-meaning, solo type, high class tourist, drifter, escapist, sports lover.
Pizam & Jeong(1996)	관광 행동의 문화비교(가이드 관점 측정)	활동성 요인, 여행 형태 요인, 소비행동 요인, 사회적 교류 요인, 흥정 요인, 집단 여행 요인 등(세부 20개 내용)

우선 한두 개의 주요 심리적 차원을 근간으로 관광자의 일반적인 동기나 체험 또는 역할을 유형별로 분류할 수 있다고 제안하거나 주장하는 노력들은 1970년대 초반부터 있었다. 예를 들어, Cohen(1972)는 관광자의 유형을 신기성과 친숙성 차원 모형으로 분류할 수 있다고 제안하였고, Plog(1973)는 환경중심적-마음중심적 유형 모형을 제안하였다. 그러나 이후에 실제로 경험적 자료를 가지고 이들 선구 연구자들의 제안 모형을 검증하고자 시도한 경우는 거의 없었다(예외로, Smith, 1990; Mo, Howard, & Havitz, 1993).

구체적으로 관광 체험이라는 영역이 하나의 연구주제로 언급되기 시작한 것은 1970년대 말에 이르러서야 가능했다. 예컨대 1970년대 말에 이스라엘 사회학자 Cohen(1979)은 기존 사회학자들이 대표적인 사회적 현상인 관광에 주의를 하지 않고 있음을 지적하면서 현상학적으로 (phenomenological) 볼 때, 관광자의 행동 경험 유형은 위락 추구형, 다양성 추구성, 소외 탈피형, 방랑자형(실험형), 그리고 순례자형을 나눌 수 있다고 주장하였다. 이 연구는 관광자 유형 분류 연구(즉, Cohen, 1972, 1974)의 연장선상에서 이루어진 것이었다. 그러나 연구자의 주장과는 달리 이 연구는 양적이든 질적이든 관광자의 주관적 체험 자료를 근거로 하지 못했으며, 기존의 몇몇 이론적인 연구결과들에만 근거하여 논의함으로써 결코 현상학적 접근의 연구가 될 수 없었다.

관광 체험을 경험적 자료로 다루고 있는 연구들은 비교적 최근인 1980년대 중반에 들어서야 나타난다. 관광 체험의 내용을 다루는 초기 연구들은 후속 변수(예를 들어, 관광 만족, 재방문 의도 등)를 예언하기 위한 변수로 매우 한정적인 몇몇 차원의 '체험'을 고려하였다. 가령, Moscardo와 Pearce(1986)는 관광지의 '고유한 특성에 관련한 체험'이 궁극적으로 관광 만족에 결정적인 역할을 할 것이라는 가설을 검증하고자 하였다. 연구자들은 '역사 주제 공원(historic theme park)'이 '역사적으로 정확한 진실을 반영했다고 믿는 정도'를 그 공원의 '고유성

(authenticity)'으로 규정하고, 다른 어떤 변수보다도 고유성 관련 체험 정도가 방문자의 만족을 결정한다(설명량＝31%)는 사실을 확인하였다. 하지만 이 연구는 관광지의 고유 특성 관련 체험이 관광 만족에 중요한 영향을 미칠 수 있다는 가능성을 보여줄 뿐, 관광지 특성으로부터 관광자가 무엇을 고유하게 체험하는지를 밝힌 연구가 아니었다.

Gitelson과 Crompton(1984)은 동일 관광지를 재방문하는 사람과 그렇지 않은 사람의 심리적 체험의 차이를 밝히고자 질적 방법과 양적 방법을 함께 활용하여 연구하였다. 이들의 질적 연구에서 비구조화된 면접 결과 재방문에 영향을 미치는 다섯 차원을 발견하였다(즉, 위험 회피 차원, 사회적 유대 차원, 정서적 애착 차원, 아쉬움 차원, 타인들에게 보여주기 위한 동기 차원 등). 양적 연구에서는 요인 분석을 통하여 '여행 계획에서 중요한 요인들'을 추출하고 재방문자와 재방문이 아닌 관광자 사이에서 이들 요인의 정도 차이가 있는지를 조사하였는데, 분석 결과 이완 추구 정도는 재방문자일수록, 다양성 추구 정도는 재방문자가 아닌 경우에 높게 나왔으며, 다른 요인들은 두 집단에서 차이가 없었다.

한편, 관광 체험은 욕구 충족의 맥락으로 보아야 한다는 입장을 견지한 Bello와 Etzel(1985)는 관광자가 크게 두 가지 유형(신기성 추구자 대 친숙성 추구자)으로 나누어진다고 가정하면서 어떤 유형이냐에 따라 관광 장면에서의 심리적 체험이 달라질 수 있음을 검증하고자 하였다. 이를 위하여 여행 과정의 novel experiences, 교육 문화적 체험, 휴식 체험 등을 측정하는 문항을 기존 연구에 근거하여 구성하였다(예, *이 여행을 하는 동안 나는 완전히 새로운 경험을 했다. 이 여행을 하는 동안 나는 많은 것을 배울 수 있었다. 여행을 통해 나는 정서적으로 재충전된 느낌이다.*). 이들 몇몇 문항의 내용은 여러 다른 학자들이 공통적으로 지적하거나 암묵적으로 동의할 수 있는 관광 체험의 내용을 담고 있다. 그러나 연구자들이 왜 이들 몇몇 차원의 내용만을 관광 체험으로 삼고 측정하였는지는 근거를 보고하지 않고 있다.

1990년대 들어서는 관광 체험의 내용 자체가 무엇이냐 하는 것에 주의를 두기 시작하였다. 예컨대 Ross와 Iso-Ahola(1991)는 관광 만족의 하위 요인으로서 체험을 고려하면서, 이 체험이 관광 행동 전에 참여자가 가지는 동기의 내용과는 다를 것이라고 생각하였다. 그가 이렇게 생각한 이유는 관광이라는 활동을 하는 동안 참여자의 준비 안 된 동기의 발현과 충족이라는 역동적 과정이 개입할 것으로 보았기 때문이다. 그래서 Ross와 Iso-Ahola(1991)는 특정 지역을 여행하기 직전의 사람들을 대상으로 기존 연구에 근거하여 우선 20문항으로 된 사전 관광 동기를 측정하고 나서 심리적 차원을 확인하였다. 그 결과 관광동기는 일반적인 지식 추구, 사회적 교류 추구, 일상 회피, 충동적 결정, 구체적 지식 획득, 기념품 쇼핑 등 여섯 개 차원으로 확인 가능했다. 그리고 난후 연구자들은 관광 직후의 동일 사람들을 대상으로 관광 만족 요인을 측정하였는데(엄밀히 말하면 '체험'이다), 척도는 앞서 사용했던 관광 동기 20개 문항에 부가적으로 새로운 열 개의 문항을 추가하여 측정하는 것이었다. 요인 분석 결과 만족 요인은 지식 획득, 일상탈출(회피), 여행 일정 만족, 사회적 교류, 사회적 안전(safety), 부대시설 만족 등 여섯 개 차원이었다. 그런데 연구자들의 주장에 의하면, 이 연구결과는 관광동기와 관광 만족 요인의 차원 중 공통적인 것은 지식 추구/획득, 사회교류, 일상탈출(회피) 차원뿐이었으며 따라서 동기와 체험은 구성 요인 자체가 다르다. 이 연구는 관광동기와 체험(혹은 만족 요인)을 직접 비교하였다는 점에서 의의를 찾을 수도 있다. 하지만 Ross와 Iso-Ahola(1991)의 연구는 연구 절차와 방법에 있어서 심각한 문제를 남기고 있다. 우선 이 연구는 관광 동기와 만족의 내용 문항을 지나치게 연구자의 직관에 의존하여 구성하였으며 따라서 실제의 내용에 근거하지 못했다는 문제가 있다. 나아가 관광 동기와 만족을 직접 비교하기 위해서는 두 변수의 문항 총집(item-pool)이 같은 내용으로 이루어져야 함에도 불구하고 연구자의 의도에 근거하여 만족 척도에 부가의 열 개 문항을 첨가하였다. 그리고 차원을 확인하는 요인 분석에 있어서도 그 절차를 분명히 명시하지 않음으로써 분석 절차의 타당성에 의문을 남기고 있다.

관광 체험의 내용만을 보다 체계적으로 다룬 연구자는 Lounsbury와 Polick(1992)이었다. Lounsbury와 Polick은 현장 체험을 개인이 기본적으로 사전에 지니고 있던 '욕구'의 충족이라고 가정하고, 관광은 여가의 일부라는 점을 감안하여 기존 여가 욕구 척도를 변형하여 체험 척도로 삼을 수 있다고 생각하였다. 그래서 그들은 여가 욕구 척도 중 다양한 심리적 내용을 포괄하고 있는 Beard와 Ragheb(1983)의 '여가 욕구 척도(4차원으로 구성됨)'를 관광 경험 맥락에 맞게 적절히 수정하여 이 점수와 전반적인 만족도 간의 관계를 측정하였다. 그들이 사용한 '현장 체험 척도'는 Beard와 Ragheb이 가정했던 것처럼 모두 4차원으로 구성되어 있는데, 각각의 문항은 '휴가 여행에서 나는……을 할 수 있었다'의 형태로 작성하였다. 네 가지 심리적 차원은 각각 '지적 욕구 충족 차원(9문항: 학습, 탐색, 발견, 창조, 상상 등)', '사회적 욕구 충족 차원(8문항: 우정/대인관계, 타인으로부터 승인/존중 등)', '유능성−달성 욕구 충족 차원(12문항: 성취, 달성, 도전 등)', 그리고 '자극회피 욕구 충족 차원(9문항: 사회교류 회피, 고독감, 평온, 휴식, 안정감 등)' 등이다. 관광 체험 정도와 만족도의 관계를 조사한 결과, 모든 차원의 욕구 충족 정도는 전반적인 만족과 유의미한 정적 상관이 있음을 발견하였다(.36~.55). 그러나 네 개 차원의 공변하는 정도를 고려한 위계적 중다회귀분석 결과, 전반적 만족에 영향을 미치는 욕구 충족(체험) 차원은 자극회피 차원과 사회적 욕구 충족 차원뿐이었다(설명량＝37%). 이 연구는 관광 체험의 심리적 측면을 중시하였다는 점에서 시사하는 바가 크다. 그러나 Beard와 Ragheb(1983)의 '여가 욕구 척도' 자체가 여가 현장 경험자의 실제 자료에 근거한 게 아니라 기존 다른 연구들이 주장해 온 여가 욕구 내용을 근거로 작성한 것이라는 점에서 실제적인 체험 내용과 차이가 있을 수 있다. 따라서 Lounsbury와 Polick(1992)이 작성한 관광 체험 척도는 현장의 체험 내용을 척도 구성 자료로 삼지 못했다는 점에서 내용상 한계를 보인다.

몇몇 연구자들이 관광 체험의 측정에 관심을 보인 것과는 달리, 최근에는 체험의 맥락, 물리적 환경 요소와 심리적 내용의 연계, 귀인 등에 대한 관심이 증가하고 있다. 예를 들어, Godbey와 Graef(1991)는 재방문 현상과 금전 소비 감소 패턴의 관계를 연구하였는데, 관광 행동에서는 신기성 체험이 중요할 것이라고 가정하였다. 연구결과, 방문이 반복될수록 신기성 체험이 감소하고 대신 일상적 경험과 합리적 판단이 늘어나게 된다고 결론지을 수 있었다. 그리고 Ewert와 Hollenhorst(1994)는 여가 활동 체험이 '참여자 개인의 심리적 속성(individual attributes)'과 '활동이 이루어지는 현장의 속성(setting attributes: 정확하게는 개인이 선호하는 현장의 속성)'이라는 두 가지 범주의 관계에서 유발된다고 보고, 모험 여행을 하는 사람들을 대상으로 두 범주 변수들 사이의 관련성을 살펴보았다. 이들 연구자가 측정한 두 범주의 변수들을 보면, 참여자의 심리적 요소로 구체적인 활동에 대한 과거 경험 빈도, 기술수준, 통제 소재 유형, 관여 등이었고, 현장의 물리적 속성은 자연성(naturalness), 사회 지향성, 시설 및 장비, 위험 요소 등이었다. 연구자들은 하나의 활동에 대하여 전문가가 되어 갈수록 그 모험 활동에 대한 경험의 질(quality)이 깊어 간다는 결론을 얻었다.

또한, Hu와 Ritchie(1993)는 매우 흥미 있는 방식으로 관광지 매력도 측정 연구를 수행하였다. 연구자들은 관광지 개별 속성들에 대한 매력의 정도는 체험 맥락(experience contextual)에 따라 달라진다는 사실을 확인하였다. 연구자들이 상정한 체험 맥락은 '위락 체험'과 '교육 체험'이었으며 관광지 하위 속성은 열여섯 가지였다.

한편, 심리학자인 Jackson, White, 및 Schmierer(1996)는 관광 체험

에 대한 귀인(attribution) 현상에 관심을 두고 연구하였다. 그들은 관광 경험이 있는 호주 대학생과 일반인을 대상으로 주요 사건 기법(CIT: Critical Incident Technique)을 활용하여 가장 즐거웠던 관광 체험과 가장 부정적인 체험을 개방형 질문지로 수집한 다음, 각 긍정/부정 체험 내용을 '내/외부×안정/불안정'의 귀인 구조(즉, 능력, 활동의 어려움, 노력, 운)로 분석하였다. 분석 결과 대체로 긍정적인 관광 체험은 내부/외부 원인에 복합 귀인하는 현상을 발견하였고, 부정적인 관광 체험은 대체로 외부 귀인하는 현상이 두드러졌다. 그 결과가 어떠하든지 간에 이 연구는 관광 체험의 내용을 관광 경험자의 실제 자료에 근거하여 추출하였으며, 나아가 귀인이라는 심리적 구조 맥락에서 고찰하였다는 점에서 기존 연구들과 다른 것으로 평가할 수 있다. 그렇지만 일반적이고 공통적인 관광 체험의 내용을 말해 주지는 않는다.

그 외에 여러 관광학자들은 관광 행동을 연구하는 과정에서 관광 체험의 일부로 한두 가지의 심리적 차원을 가정하는 경향이 있다. 예컨대, 신기함(novelty)과 친숙함(familarity)은 이 분야 많은 연구자들이 지적하는 용어이며(예, Cohen, 1972; Mayo & Jarvis, 1982; Godbey & Graef, 1991), 또 '순례의 심정'은 관광 연구 분야에서 오래 전부터 제안되어 온 동기 혹은 체험의 심리적 차원이다(즉, MacCannell, 1973, 1976).

직접적인 체험 연구는 아니지만 관광 체험 내용을 추론할 수 있게 하는 관광 동기 연구들이 있다. 관광 동기 연구들은 관광 행동 전에 개인이 지니고 있는 사전 동기의 차원과 현장 체험의 심리적 차원이 동일하다는 가정하에 이루어지는 경향이 있다는 점에서 관광 체험의 내용을 이해하는 데 함께 다룰 필요가 있다. 예컨대, 앞서 보았던 Lounsbury와 Polick(1992)은 현장 체험의 차원이 욕구의 차원과 동일하다고 가정함으로써 Beard와 Ragheb(1983)의 '여가 욕구 척도'를 활용하여 동일 차원으로 관광 체험 척도를 구성할 수 있었다.

　관광 동기 연구의 고전이자 관광 동기 연구의 오래된 지침으로 작용하고 있는 연구는 아마도 Crompton(1979)의 연구라고 하겠다. Crompton(1979)은 39명의 여행 경험자를 대상으로 비구조화된 개별 면접을 통하여 관광여행의 동기 차원을 분석하였다. 그는 관광 동기가 크게 두 부분으로 나누어진다고 보았다. 그는 순수 여행의 동기(정확히 표현해서 동인, motives.)를 크게 사회심리적 측면과 문화적 측면으로 구분하면서, 사회심리적 동기 차원은 ⅰ) 일상생활 환경으로부터 탈출, ⅱ) 자기(self) 탐색과 평가, ⅲ) 이완(relaxation), ⅳ) 지위 체면, ⅴ) 퇴행, ⅵ) 가족 관계 고양, ⅶ) 사회교류 촉진 등 일곱 가지를 정리하였고, 문화적 측면의 동기 차원으로 ⅷ) 신기성(novelty)과 ⅸ) 교육 등 두 가지를 분석하였다. 나아가서 문화적 측면의 동기를 여행 목적지가 지니고 있는 유인 요인(pull factor)으로 본 반면, 사회심리적 동기는 여행 목적지와 관계없는 개인 내부의 방출 요인(push factor)으로 고려하였다. 그러나 이 연구결과에 있어서 문화적 측면의 동기는 결국 심리적 욕구의 대상이라는 점에서 개념 구분이 불명확하며, 동기의 아홉 개 차원을 그렇게 분류한 근거가 명료하거나 타당하지 않다. 즉, 이 연구에서 '유인 요인'은 일종의 목표 대상(objectives)이며, 따라서 이것은 인간의 심리상태를 의미하는 '동기'와는 개념적으로 다르다. 그럼에도 불구하고 이 연구는 '동기'와 '목표 대상'의 개념을 혼동하고 있다(Pizam, Neumann, & Reichel, 1979). 결국 push-pull 모형을 관광동기에 관한 전형적인 이론으로 간주하는 관광학자들의 시각은 매우 심각한 오해를 불러일으키고 있다고 할 수 있다.

　동기 차원만을 밝히고자 했던 과거 연구들과는 달리, Ross와 Iso-Ahola(1991)는 관광 전 동기 차원과 관광 후 만족 차원을 관광지 속성이 아닌 심리적 상태에 근거하여 비교하고자 하였다. 이를 위하여 기존 연구결과들을 기초로 관광 동기를 일반적인 지식 추구, 사회적 교류 추구, 일상생활에서의 탈출, 충동적 결정 추구, 구체적인 지식 획득, 기념품 쇼핑 차원 등으로 분류하여 20문항으로 측정하였다. 그러나 전술했던 것처럼 이들 차원 내용이 얼마나 타당하게 추출 분류되었는지에 대해서는 확신하기 어렵다. 왜냐하면 연구자가 구성한 동기 측정 내용 자체가 연구자의 편의에 의해 이루어졌을 가능성이 크며, 다양한 자료원을 근거로 하지 못하고 있기 때문이다.

비교적 체계적인 관광 동기 차원에 관한 연구는 Fodness(1994)에서 볼 수 있다. Fodness(1994)는 조사 대상자의 관광 경험에 근거하여 관광 동기의 차원을 경험적으로 연구한 사례가 거의 없음을 인식하고, 양적으로 측정 가능한 관광 동기 척도를 구성하는 연구를 실시하였다. 그는 태도의 기능론적 입장을 차용하여(즉, Katz, 1960) 관광 동기 차원을 밝힐 수 있다고 가정하였으며, 16번의 표적 집단 면접 후 다차원척도법과 요인 분석을 통하여 다섯 요인으로 구성된 자기 보고식 관광 동기 척도를 구성하였다. 포함된 요인은 각각 지식기능 차원, 효용 기능으로서 처벌 최소화 차원, 효용 기능으로서 보상 최대화 차원, 가치 표현 기능으로서 자아 고양 차원, 가치 표현 기능으로서 자기 존중감 차원 등이다. 다른 관광 동기 연구들과 달리 이 연구는 유경험자의 보고를 근거로 동기 내용을 수집하고, 이를 기초로 적절한 동기 측정 문항을 구성하고 체계적이고 타당한 방법으로 문항을 선별하고 심리적 차원을 탐색하였다. 하지만 이 연구의 동기 측정 문항은 지나치게 기능론적 측면만을 반영함으로써, 척도의 문항 내용만으로 관광 체험의 내용을 추론하기에는 한계를 보인다고 하겠다.

한편, 관광 체험 차원과 관련한 세 번째 유형의 연구는 관광 행동에 근거하여 관광자의 역할 유형(role types)을 분류한 경우이다. 이러한 관광자의 역할 유형에 대한 연구 관심은 관광자 유형 분류에 대한 관심에서 출발한다(즉, Cohen, 1972, 1974; Plog, 1973). 그런데 관광자 역할 유형의 분류는 기본적으로 참여자 개인이 추구하는 동기나 동기의 실현 즉 체험을 전제로 하고 있기 때문에 관광 체험의 내용을 엿볼 수 근거가 될 것이다. 이 관광자 역할 유형이라는 주제와 관련한 대표적인 연구들로 Hamilton-Smith(1987), Yiannakis와 Gibson(1992), 그리고 Pizam과 Jeong(19 96) 등을 들 수 있다.

우선, 1980년대에는 Hamilton-Smith(1987)가 기존 여가 연구들에 근거하여 모든 인간 행동은 참여자의 주관적 체험 차원과 사회(환경) 구조적 요소 차원의 맥락에서 이해할 수 있다고 보고 이 틀을 골간으로 관광자의 행동 패턴을 유형화할 수 있다고 믿었다. 여기서 주관적 체험이란 존재론적 의미를 지니며 따라서 여가 심리학자인 Neulinger(1981)가 주장하는 주관적 실체(subjective reality), Shaw(1985)가 보고한 여가 경험들 즉, 활동 자체 목적성(autotelic), 강제로부터의 자유, 선택의 자유, 개인적 관여 등의 내용을 의미하는 것이었다. 그래서 한 개인의 체험은 이러한 주관적 경험이 큰가-적은가의 연속선상에서 이해할 수 있다고 보았다. 한편, 환경 구조적 차원은 Neulinger(1981)가 말한 객관적 실체(objective reality)와 유사한 의미이며, 일종의 개인 외부에 존재하는 타인이나 제도, 문화 등의 '강제적 힘(external forces)'을 뜻하는 것이다. 이 차원 역시 연속선상에 존재하는 것으로 이해하였다. 그래서 관광 경험을 포함한 인간의 경험은 두 차원의 이중적 보상 체계(dual reward system) 안에서 이루어지는 네 가지 종류 중에 하나일 것이었다. 이런 구조적 접근은 개인 내부의 내재적 동기와 사회 구조가 요구하는 외재적 동기의 측면을 모두 중요하게 고려하였다는 점에서 독특하고 그럴듯한 통찰이었다. 단지 연구자는 자신의 모델을 경험적 자료로 탐색 혹은 검증하지 못하고 있다는 점에서 한계를 보이고 있으며, 이 연구는 관광자 유형을 분류하였을 뿐 개인 내 역할 내지는 행동의 유형을 말해주지는 않는다.

이와는 달리 1990년대 들어서는 관광자의 역할 유형을 양적 자료(quantitative data)로 검증하고자 하는 노력이 대두하고 있다. 가령, Yiannakis와 Gibson(1992)은 모든 관광자는 관광 활동을 하는 동안 모종의 역할을 수행한다고 보았다. 여기서 역할이란 곧 안정적이고 패턴화된 형태로 존재하는 관광 행동(즉, 집합적인 행동)을 의미하는 것이었다. 기존 연구들에 따라 순수 여행(pleasure travel)으로서 관광 활동은 13개의 역할들로 그 유형을 구분할 수 있다고 보았다(〈표 9-1〉 참조). 그리고 '스포츠 추구 역할(sports lover role)'을 첨가하여 14개의 역할은 다시 이상-친숙 환경(strange-familiar environment) 차원, 자극-고요 환경(stimulating-tranquil environment) 차원, 구조 의존적-독립적(structure-individual) 추구 차원의 3자 구도로 이해할 수 있었다(요인 분석과 MDS 적용함). 이러한 결과를 토대로 연구자는 일찍이 Iso-Ahola(1983: 50)가 주장했던 것처럼, 위락 여행(즉, 관광)은 변화에 대한 욕구와 안정에 대한 욕구의 모순이 최적각성 추구(optimal arousal seeking)의 틀 내에서 변증법적으로 해결되는 과정이라고 인식하였다.

한편, 관광자의 행동을 비교문화적 관점에서 규명하고자 접근한 경우도 있다. 예컨대, Pizam 등(Pizam & Sussman, 1995; Pizam & Jeong, 1996)은 모든 관광자가 일반적으로 보이는 행동 특성(behavioral characteristics)의 문화 상대적 차이를 파악하고자 하였다. 그래서 관광자가 경험 가능한 행동의 종류 20가지를 정리하고, 특정 국가 관광자가 20가지 각각 행동들을 수행하는 정도를 관광 가이드가 평정하도록 하여 국적별로 관광행태를 비교하였다. 여기서 Pizam과 Jeong(1996)은 Pizam과 Sussman(1995) 연구의 패러다임을 단지 관광지와 관광자, 그리고 평정자를 달리하여 반복 수행하였다. 특히 Pizam과 Jeong(1996)은 한국이라는 관광지를 여행하는 국내외 관광자(일반적인 한국인, 일반적인 미국인, 일반적인 일본인 관광자 대상)의 행태를 국내 관광 가이드들이 평정하도록 한 것이었다. 여기서 각 관광 가이드가 평정한 행동 묘사 문항은 총 20개였으며 이들은 다시 여섯 개 요인(주성분 분석)으로 축약하여 분석할 수 있었다(〈표 9-1〉 참조). 이들 여섯 개 요인을 보면, 관광이라는 활동 자체를 특징짓는 행동 차원(예, 목적지에 대한 지식 유무, 신기성-친숙성 행동, 순수 관광목적-상업관광 목적, 여행계획 정도 등등), 여행 형태 차원(여행일정, 모험형-안전형, 능동적-수동적 등등), 상거래 차원(기념품 구입, 사진 찍기 등등), 사회적 교류 차원(교류 행동, 사회화 등등), 흥정 차원(가격 깎기), 집단 여행 차원(집단 행동, 편지쓰기 등)이었다. 이 연구는 몇 안 되는 비교문화적 관점의 관광 행동 연구라는 점에서 관광 행동 연구의 새로운 틀을 제공하고 있다. 즉, 관광 행동을 직접 추출하고 실제 자료를 가지고 관광자의 문화적 차이를 설명하려는 시도는 의의가 클 것이다. 그러나 연구 절차에서 관광자 행동을 관광가이드의 판단과 평가에 의존하였다는 점에서 연구결과인 관광 행동의 특징을 국적별 혹은 문화적 배경의 차이로 귀인하기에는 한계가 있다.

관광 체험과 관련한 연구들 중 마지막으로 고려할 수 있는 분야는 '관광 현상'에 한정된 연구가 아니라 일반적인 여가 활동하는 동안의 체험 내용을 수집한 경우이다. 직접적으로 관광 현장 체험의 내용을 다루고 있는 것은 아니지만, 관광 행동 역시 여가 활동의 한 종류라는 점에서 일반적인 다른 여가 활동을 대상으로 밝혀진 여가 체험의 내용은 관광 체험의 내용을 추론할 수 있는 근거가 제시될 수도 있다. 이런 점에서 일반적인 여가 활동의 체험 연구들을 살펴볼 필요가 있을 것이다.

1980년대에 들어서면서 일반적인 여가 체험에 대하여 경험주의적 접근이 이루어지기 시작했다. 대표적인 연구로 Pierce(1980), Beard와 Ragheb(1980) 등을 들 수 있다. Pierce는 질적·양적 연구방법을 활용하여 여가 만족의 원인을 정리하고 궁극적으로 여가 만족 척도를 구성하였으며, 여가 만족 요인으로 '친밀감 차원, 성취감 차원, 신기함 차원, 정신적-신체적 체험 차원, 흥분, 권력감 차원' 등을 확인하였다. 한편, 같은 권, 호의 동일 저널에 Beard와 Ragheb(1980)의 여가 만족 측정 도구 개발 연구논문도 실렸는데, Pierce와 달이 이 연구는 이론적 고찰에 근거하여 만족의 요인을 추론하고 나서 양적 자료로 하위 차원을 정리하였으며, 궁극적으로 다른 내용으로 이루어진 척도를 구성하고 있다. Beard & Ragheb은 일반적인 여가 만족의 요인으로 5가지의 체험 차원을 제안하였다[심리적(자유감, 즐거움, 관여, 지적 도전감), 교육적(지적 자극 또는 인지확장), 사회적(대인교류), 이완(편안함), 신체적(활력, 건강유지, 몸무게 조절), 심미적(미적 보상, 즐겁고 흥미롭고 아름답다고 느낌) 차원]. 그러나 연구자들이 명명한 각 차원의 제목과는 달리 모든 다른 차원들 역시 '심리적 차원'에 해당하며, 구체적인 내용들도 Pierce와는 사뭇 다르다.

1980년대 후반에는 Driver, Tinsley, 및 Manfredo(1988)가 보통 사람들이 여가 활동하는 동안 체험하고 싶은 내용을 추출하여 정리하였는데, 그 구체적인 차원들은 모험감수, 휴식, 긴장해소, 야외학습, 독립감, 성취감, 스트레스 해소, 신체적 활력, 위험탈피, 창의성, 대인간 가치 공유, 가족교류, 타인선도, 좋은 사람과 있기, 새사람 만나기, 자연교류 등이다(Russell, 1996에서 재인용). 이 내용들은 대체적으로 Pierce(1980)나 Beard & Ragheb(1980)의 결과를 포괄하는 것 같다.

한편 1990년대에 이루어진 여가 체험 연구들 중 Caldwell, Smith 및 Weissinger(1992)의 연구는 주의할 만하다. Caldwell 등은 개인이 자유시간에 경험하는 정서 상태만을 측정하는 자기 보고식 척도를 구성하였는데, 이러한 접근은 심리학의 정서 연구 흐름에 영향을 받은 것이었다(예, Plutchik, 1980 등). 연구자들은 여가 체험은 크게 따분함(boredom), 자각(awareness), 불안(anxiety), 도전(challenge) 등의 정서적 차원으로 나누어진다고 보았다. 이들 네 차원의 정서는 역시 관광 체험의 일부가 될 수 있을 것이다. 그러나 현장 체험이 정서 상태로만 이루어지지 않으며, 또 정서 체험이 있다고 하더라도 소위 다양한 '복합 정서' 체험이 있을 것으로 추론할 수 있다는 점에서 이 연구는 시사점이 큼에도 불구하고 관광 체험의 다양한 내용을 추론하기에는 미흡한 것 같다.

최근에 이루어진 여가 연구 중 가장 주의를 끄는 연구는 Lee, Dallito, & Howard(1994)의 연구이다. 연구자들은 기존 여가 현상에 대한 여러 학자의 관점이 다양하고 여가 경험의 고유한 내용을 실제 여가 참여자의 현상에 근거하여 규명한 연구가 없다는 사실을 인식하면서, 여가에 대하여 일반인이 지니고 있는 개념적 내용의 공통점을 정리하고, 나아가 여가 활동을 하는 동안 체험하는 심리적 내용을 정리하였다. 특히 연구방법에 있어서 연구대상자가 직접 수행하는 '자기녹음방법'을 활용하여 체험 내용을 정리함으로써 그 결과의 내용 타당도를 확보하고 있다. 연구결과 도출한 여가 체험의 내용은 기존 다른 연구자들이 약간씩 다르게 제안하여 온 내용을 포함하는 것이었으며, 특히 '죄의식', '실망'같은 부정적인 내용까지 포괄함으로써 현실적인 자료라는 평가를 받을 만하다(사회교류, 탈출, 자연교류, 신체자극, 지적배양, 창의적 표현, 내성, 이완, 재미, 즐거움, 소진, 초조함, 신경질, 실망, 좌절, 죄의식, 다른 생각하기 등).

외국의 연구들과는 달리 국내에서는 최근에 성영신, 고동우, 및 정준호(1996a, b)에 의해 여가 체험에 대한 심리학적 접근이 이루어졌다. 특히 이 연구(1996a)는 질적 연구방법으로 구체적인 활동에 참여하거나 경험이 있는 사람들을 대상으로 여가 활동 동안의 체험 내용을 수집하였다. 이 연구의 가장 큰 특징은 각 구체적인 여가 체험을 그 체험이 도출되는 원천(source of experiences)에 근거하여 분류한다는 점이다. 이렇게 함으로써 구체적인 심리적 체험이 어떠한 구조적 맥락에서 나오는지와 같은 많은 정보를 알 수 있었다. 성영신 등은 연구에서 여가 활동 도중에 겪는 심리적 체험의 원천을 크게 '활동 자체', '사회적 환경', '물리적 환경'으로 분류하고 각 원천별로 심리적 체험의 내용을 분석하였다. 다른 기존의 연구들이 심리적 체험의 차원만을 제안하거나 탐색한 것과는 달리 구체적인 심리적 차원이 참여자가 어떤 맥락을 염두에 둘 때 지각되는가를 보여줌으로써 각 체험 내용의 구체적인 정보를 제공하고 있다[활동지향성(자유감, 유능감, 모험감, 신체적 역동감, 일탈감), 사회지향성(자기표현감, 고독감, 대인 교류감, 유행심리), 환경지향성(대자연감, 편리함) 맥락으로 구분].

성영신 등이 질적 연구방법에 근거하여 원천별 심리적 체험을 분류하고 있다면, 전술했던 것처럼 Ewert와 Hollenhorst(1994)는 양적 방법을 활용하여 여가 체험의 내용을 개인적 요소와 활동 내재적 요소로 나누어서 그 두 변수 집단 사이의 관련성을 탐색하고 있다. 이 연구 역시 여가 활동 동안의 체험은 활동 자체의 특징과 개인의 심리적 상태의 함수 관계임을 가정하고 있는 셈이다.

관광 체험 차원 연구들 혹은 유사 연구들에 대한 이상의 논의를 통해 몇 가지 결론을 얻을 수 있다. 첫째, 관광 체험의 내용에 대한 연구는 아직 체계적으로 이루어지고 있지 못하며, 대개의 연구들은 기존 연구에서 밝힌 관광(혹은 여가) 욕구 차원을 그대로 체험의 심리적 차원과 동일하게 전제하는 경향이 있다. 설사 이런 가정이 옳다고 하더라도 광범위한 관광 욕구 차원을 측정할 수 있는 제대로 된 척도는 발견하기 어렵다(예외적으로 Fodness(1994)가 비교적 체계적인 방법으로 관광 동기 척도를 구성하였으나, 기능론적 측면에만 초점을 둔 경향이 있다). 또한 사전 동기 차원과 체험 차원이 동일하다는 결론은 관광 체험의 내용을 포괄적으로 확인한 후에야 내릴 수 있을 것이다. 따라서 현시점에서 우선 필요한 것은 관광 체험의 공통적이며 포괄적인 내용을 파악하는 것이다.

둘째, 직접적인 관광 체험 연구가 외국의 경우 일부 있지만 국내 여행자들을 대상으로 한 연구는 발견하기 어렵다. 이 분야 학문 발전이 궁극적으로 관광자를 이해하는 데서 출발한다면, 문화 차이를 인정하여 문화적 독특성을 염두에 둔 연구가 필요하며(Kim & Berry, 1993), 따라서 한국인 관광자의 심리상태에 대한 연구결과가 있어야 한다. 즉, 기존 외국의 연구결과를 그대로 적용하거나 외국인을 대상으로 만들어진 척도를 적용할 때는 문화적 환경의 영향을 고려해야만 한다. 왜냐하면, 심리 측정 도구는 바로 문화를 측정하는 것이며 그래서 문화의 영향을 받을 수 있기 때문이다(박동건, 1990, p.53). 그러므로 한국인의 관광 체험 과정과 내용을 이해하기 위해서는 한국인의 관광 현상에 근거한 척도와 자료에 기초를 두어야 하며, 이에 대한 연구가 거의 없기 때문에 한국인을 대상으로 한 관광 체험 연구는 매우 시급하다고 하겠다.

셋째, 앞에서 살펴본 관광 체험 관련 연구들의 결과를 보면, 분류된 체험 차원들이 연구 내에서 그리고 연구 간에 평형한 수준(parallel level)이 유지되고 있다고 하기에는 문제가 있다. 연구결과인 체험의 단위가 인식의 깊이 면에서 서로 다르다면(어떤 경우는 매우 추상적이고 어떤 경우에는 매우 구체적인 현상) 각 체험의 내용은 체계적으로 정리되기가 어려우며 궁극적으로 이 분야의 연구발전을 방해할 수도 있다. 예를 들어 다른 연구들에 비해 Cohen(1979)의 다섯 차원은 매우 추상적인 의미를 반영하는 것처럼 보이며, Bello & Etzel(1985)의 '신기성 체험'은 '교육 체험'에 비해 더 구체적인 느낌을 준다. 또한 '위험 회피'(Gitelson & Crompton, 1984)는 '자극회피'(Lounsbury & Polik, 1992)의 하위 범주로 보인다. 이러한 문제는 궁극적으로 관광 행동이나 동기 및 체험의 일반적이고 공통적인 심리적 차원의 존재 여부를 의심스럽게 한다. 그러므로 연구의 체계적인 발전을 위해서는 관광 참여자들 혹은 연구자들이 공통적으로 인식하는 추상성 수준에서 체험의 내용을 정리할 필요가 있다. 이 문제는 구체적인 연구방법에서 해결하여야 한다.

넷째, 잠정적이긴 하나 전체적인 체험 내용을 심리적 차원별로 분류한 연구는 일부 발견할 수 있으나, 구체적인 관광 체험의 심리적 차원을 그 체험이 도출되는 원천을 고려하여 그 특성별로 연구한 경우는 드물다. 그러나 동기 연구나 행동 유형 연구들 외에 관광 체험 연구나 여가 체험 연구의 최근 경향은 원천 혹은 속성과의 관련성하에서 체험이나 관광지 매력도를 탐구하고 있다는 점이다(예, 성영신 등, 1996a; Hu & Ritchie, 1993; Ewert & Hollenhorst, 1994; Jackson et al., 1996). 그러나 이들 연구들조차 성영신 등(1996a)을 제외하면 원천 종류별로 체험 내용을 정리하고 있는 것은 아니다. 하지만 경험의 원천별로 체험 내용을 살펴보는 것은, 심리적 차원만을 고려하는 경우에 비해 관광 현상 전반에 대한 구체적이고 풍부한 정보를 알려줄 것이다. 가령, 자극을 고려하지 않은 상태의 심리적 반응만을 염두에 둘 경우 관광자의 심리를 이해할 수는 있으나 그런 심리적 체험이 어떤 원천으로부터 유발되는지를 알 길이 없다. 만약, 관광지의 개별 속성이 관광자가 겪는 체험의 원천이라면, 개인의 체험 내용은 이 속성에 따라 질적·양적으로 달라질 것이다. 따라서 관광자의 경험을 제대로 이해하기 위해서는 각각의 관광 활동 속성에 따라 어떤 내용의 심리적 체험이 이루어지는지를 확인해야 한다.

마지막으로, 관광 체험의 내용과 측정은 그것의 준거(criterion)와 관련하여 연구할 필요가 있음에도 불구하고 이러한 연구가 거의 없다. 예외적으로 Moscardo & Pearce(1986)는 고유성 체험이 관광 만족의 결정적인 변수라는 것을 확인하였고, Godbey & Graef(1991)는 재방문할수록 신기성 체험이 줄어들고 일상적 체험이 증가한다는 것을 확인했을 뿐이다. 즉, 관광 체험은 만족 같은 평가 변수의 선행 변수임에도 불구하고 이에 대한 연구는 아직 미진하다. 만족과 같은 사후 변수가 사전 기대와 사전 동기의 충족 정도에 영향을 받을 수도 있으나, 사후 태도의 원인을 제대로 이해하기 위해서는 우선 선행 변수인 현장 체험의 내용을 파악해야 할 것이다. 따라서 관광 체험 연구는 후속의 심리적 맥락에서 연구할 필요가 있다.

이상의 몇 가지 결론 중에서 최소한 한 가지 문제는 여기서 짚고 넘어가야 한다. 즉, 관광하는 동안의 심리적 체험을 어떤 원천별로 분류하여 파악할 것인가의 문제가 그것이다. 개인의 체험 내용은 그 원천이 무엇인가를 함께 고려할 때 그 의미를 보다 잘 이해할 수 있으며(cf. Hu & Ritchie, 1993), 따라서 체험의 심리적 차원은 원천의 종류를 중심으로 정리할 수 있을 것이다. 한편, 여행 장면에서 체험을 유발하는 자극이나 원천과 관련한 주제는 기존 학자들이 주장해 온 관광 속성들에서 일부 찾을 수 있다. 따라서 다음 절에서는 관광 체험의 원천으로 작용할 수 있는 관광 속성의 종류와 이에 대한 연구들을 살펴볼 것이다.

9.4. 체험 맥락으로서 관광지 속성

관광 현상은 하나 또는 그 이상의 구체적인 목적지를 중심으로 이루어지는 여가 행동 과정이다. 그래서 기존의 여러 학자들은 구체적인 목적지를 둘러싼 관광 행동 과정이나 관광지 특징을 규명하고자 노력해 왔으며, 그러한 노력의 일부로 관광지의 여러 요소를 중심으로 관광자의 행동이나 태도를 파악하고자 한 연구들이 있어 왔다. 특히 관광지를 하나의 상품으로 파악하는 사람들은 관광지가 지니고 있는 개별 속성을 중심으로 그 관광지에 대한 선호도를 고려하여 왔으며, 이러한 연구 틀이 나중에는 '관광 속성 이론'으로 불리게 되었다. 즉, 관광 속성 이론은 관광지의 여러 물리적 요소를 경험적으로 분류하여 각 요소별로 기대나 선호도, 혹은 만족도 등을 측정함으로써 하나의 관광지에 대한 소비자의 태도를 측정할 수 있는 이론적 틀을 의미한다. 이는 관광자를 유인할 만한 요소들을 관광지가 어떻게 얼마나 보유하고 있느냐의 문제를 강조하는 관광지 포지셔닝의 개념이다. 하나의 관광지가 관광객을 유인할 만한 요소를 보유하는 것은 관광 마케팅에 있어서 필수적이다. 이처럼 하나의 관광지가 지니고 있는 매력적인 요소를 관광지 속성이라고 하는데 이 말은 관광 자원 혹은 관광 매력물이라는 용어와도 상통한다. 이러한 관광 속성 이론이 관광 체험의 맥락에서 논의될 수 있는 이유는 관광지의 각 속성을 체험의 원천으로 고려할 수도 있기 때문이다.

그런데 관광지 속성에 대한 연구결과들은 복잡한 양상을 띠고 있으며, 연구목적이나 학자들에 따라 분류틀이 약간씩 다르게 나타난다. 대표적인 기존 연구들이 분석하거나 제안한 관광지 속성 분류는 〈표 9-2〉에 정리하였다. 〈표 9-2〉에서 보는 것처럼, 관광지 속성들은 학자의 기준에 따라 대체적으로 공통되는 요소와 차별되는 요소가 있다.

〈표 9-2〉 관광지 속성 분류

분류자	분류 속성
이애주 (1989)	자연 요소(경치), 정적/동적 문화(역사적, 문화적 요소), 일상생활 문화(주민 친절, 음식),부대시설(수상스포츠시설, 위락시설, 쇼핑시설, 오락시설, 숙박시설), 안전성(휴식·휴양)
Pizam et al. (1978)	해변시설, 비용, 지역주민 및 종업원 친절도, 식음료시설, 숙박시설, 캠핑장소 및 시설, 환경, 상업화 정도
Var et al. (1977)	자연적 요소, 역사적 요소, 사회적 요소, 부대시설 및 숙박시설과 휴식기회, 오락 및 쇼핑시설
Ritchie & Zins (1978)	자연경관, 문화·사회적 성격, 주민태도, 물가, 부대시설, 스포츠 오락시설, 접근 용이성, 쇼핑/상업 시설
Goodrich (1977)	경치, 문화, 주민의 태도, 숙박시설, 부대시설(휴식/긴장해소), 스포츠 오락시설, 쇼핑시설
Hu & Ritchie (1993)	쇼핑, 지역주민의 태도, 지역 내 교통, 물가: 두 경험 맥락에서 중요도 유사기후, 숙박시설, 스포츠 위락기회, 경관, 음식, 오락: 위락경험 맥락에서 중요 주민생활방식, 역사유적, 박물관/문화 요소, 언어이질성, 축제기회, 접근용이: 교육경험에서 중요.
공통 요소 정리	경치/기후 등의 자연환경 요소, 지역주민 및 사회문화적 요소, 숙박/교통/스포츠/오락의 관광 부대시설 요소, 기타(역사 유물·유적 요소, 물가, 쇼핑/상업화 정도).

예를 들어 Kastarlark(1971)는 관광지 속성을 장소 관련 요소와 행사 관련 요소로 구분하여 관광지 개발에 있어서 우선순위를 정하는 데 그 결과를 활용하였고, Var 등(1977)은 관광 상품을 다섯 개의 주요 특성과 17개의 하위 특성으로 분류하는 연구를 하였다(이애주, 1989, pp.35-38에서 재인용). 그리고 Ritchie와 Zins(1978)는 관광지의 여덟 개 일반적 속성과 열두 개의 사회문화적 속성을 발견하였다. 또 Goodrich(1977)는 관광지 태도를 연구하면서, 특정 관광지를 선택하는 데 관광객들이 가장 중요하게 평가한 속성의 순서를 제시하였다. 또한 Hu & Ritchie(1993)는 개별 관광지 속성에 대한 매력 정도가 경험 맥락에 따라 달라진다는 것을 검증하며, 16개의 속성을 전제하였다(〈표 9-2〉 참조).

국내의 경우, 이애주(1989)는 기존 서구에서 이루어진 속성 연구를 검토하여 모든 속성을 자연에서 주어진 요인, 사회·문화적 속성 요인, 인위적 요인 등으로 3분하고, 구체적으로 스포츠시설, 수상 스포츠, 역사·문화적 흥미, 주민의 친절도, 자연경관, 휴양 및 휴식, 쇼핑시설, 음식, 숙박시설 등 열 개를 선택하였다(p.37). 요인 분석 결과 네 개 차원(부대시설, 경치 및 문화, 스포츠 레저, 오락시설 요인 등)을 발견하였다.

결국, 관광지 하위 속성은 학자에 따라 약간씩 다르게 나누어지고 있으나 용어와 구분이 다를 뿐 대부분 속성들은 관광자에게 매력을 주는 공통 요소로 지적되는 것 같다. 예컨대 자연환경 요소, 지역주민 및 사회문화 요소, 숙박/교통/스포츠/오락의 관광 부대시설 요소 등은 연구자마다 공통적으로 지적하는 속성이며, 역사 문화 유적 관련 요소, 물가, 접근 용이성, 쇼핑/상업화 요소 등도 한두 학자를 제외하고는 유사하게 지적하고 있다. 이는 관광지의 특징과 연구자의 관점에 따라 관광지 속성 분류가 약간씩 달라지는 것이긴 하나 공통적이고 일반적인 속성으로 분류할 수 있음을 의미한다.

그렇다면 국내 유수의 관광지들은 어떤 특징적인 하위 속성을 지니고 있을까? 정부 정책에 따르면, 국내 관광지는 5대 관광권 24개발소권으로 나누어진다.[16) 각 5대 관광권을 세부적으로 나눈 24개발소권과 각 관광권의 주요 특성은 〈표 9-3〉에 정리하였다. 〈표 9-3〉는 교통부가 제시한 내용을 연구자가 재정리하여 주요 특성만을 요약한 것이다. 관광 행동을 연구하는 국내 학자들이 관광지라고 부르는 국내 지역은 24개발소권으로 불리는 구역이라고 하겠다. 동일 관광권이라고 해도 이들 24개의 개별 소권역은 특징적 속성이 서로 다른 경우가 많을 것이다. 그러나 이들 지역이 지닌 특징적 속성은 앞 절에서 분류했던 관광지 속성에 모두 포함되는 내용들이다. 이는 각 관광지가 지닌 속성은 상대적인 지각의 차이이지 절대적인 특징 차이를 의미하는 것이 아니라는 것을 의미한다. 왜냐하면, 대부분의 보통 관광지는 자연환경, 지역주민, 부대시설, 문화 유적 등을 모두 지니고 있으나, 단지 수량과 독특성에 있어서 정도의 차이가 있을 것이기 때문이다. 그런데 이들 24개 권역을 한꺼번에 속성별로 비교한 연구는 아직 발견할 수 없다.

---

16) 5대 관광권 분류는 1990년 정부가 '전국 관광 장기 종합개발 계획'의 일환으로 자원성(관광 자원의 특성), 시장성(기존 관광지 중심, 지역 생활권, 관광수요 및 공급), 접근성(교통망 형성), 관리 및 운영(행정구역)의 내용 준거에 따른 것이다(김흥운과 김사영, 1994, p.295에서 재인용).

<표 9-3> 국내 관광지 구분 및 주요 특징

5대 관광권 구분	24개발소권	관광지 주요 속성
중부관광권	서울근교권, 인천해안권, 춘천권, 설악산권, 치악산권, 강릉태백권	산악, 내륙, 내수면, 해양자원. 안보 관광 자원 개발 여지
충청관광권	공주 부여권, 태안해안권, 청주속리산권, 충주호권	온천 및 호반, 역사, 문화 등.
서남관광권	광주근교권, 전주군산권, 지리산/덕유산권, 변산해안권, 서다도해권, 남다도회권	해상과 산악 등 자연자원
동남관광권	부산경주권, 대구근교권, 한려해상권, 합천권, 안동권, 주왕산권, 울릉도권	해안 및 해상 관광 자원. 역사/문화 유적.
제주관광권	제주권	해상, 해안, 내륙, 산악 등 자연자원. 독특한 주민생활. 아열대성 기후.

자료원: 교통부(1990), pp.9-18

단지 이애주(1989)의 경우 이 중에서 비교적 관광자가 많은 설악산, 제주도, 경주, 부산, 한려수도를 선택하여, 속성별 이미지 비교를 통한 포지셔닝을 하고 있다. 그녀의 군집분석 결과를 보면, 바다 즉 해상 스포츠 기회를 제공하는 측면에서 제주도, 부산, 한려수도가 유사하게 독특한 특징을 지닌 반면, 경주와 설악산은 이들 지역과 다른 특징을 보인다. 자연환경 속성에서는 설악산과 제주도 및 한려수도가 유사하게 높은 점수를 받은 반면, 부산과 경주는 다른 양상을 보였다. 결국 이애주의 연구에서 보면, 제주도와 한려수도는 자연자원 및 해상 스포츠시설에서 유사하게 독특한 속성을 지니고 있으며, 제주도와 설악산은 자연자원에서 유사한 특징적 속성을 지니고 있고, 부산, 제주도, 한려수도는 해상 스포츠시설 면에서 유사하게 특징적 속성을 지닌 것으로 판단된다. 그러나 경주의 경우는 다른 학자들이 지적하는 것처럼 문화 유적

이 독특하다. 그녀의 연구에서 경주의 특징적 속성이 드러나지 않은 것은 '문화 유적' 차원이 하나의 군집을 형성하지 못했기 때문일 것이다. 또 제주도는 다른 지역에 비해 지역주민 생활이 독특한 것으로도 인식되고 있으나(한국관광공사, 1983, p.399; 교통부, 1990, p.18), 이 속성은 이애주의 연구에서 배제된 것이었다.

한편, 국내 여러 관광지를 포괄적으로 속성별 비교하는 연구는 아직 없는 것 같다. 따라서 관광 현상을 제대로 이해하려면, 관광 체험이 개인과 환경이 상호 작용하에서 이루어진다는 점을 고려할 때 관광지가 지니고 있는 특징을 상대적으로 비교할 필요가 있을 것이다.

관광지 속성에 대한 국내외 기존 연구결과들을 정리하면, 관광지가 지니고 있는 대체적인 공통 요소들이 있다. 예컨대, 자연환경, 지역주민/사회문화, 관광 부대시설, 역사 유적 요소 등은 비교적 공통적으로 지적되는 것이며, 물가나 쇼핑 관련 요소도 자주 언급되는 속성인 것 같다. 이들 속성들은 전술했던 것처럼 구체적인 관광 체험이 유발되는 터전이며 원천이라고 할 수 있겠다. 가령, 관광 체험 중 자주 논의되는 '신기성'이라는 심리적 체험은 자연환경이나 지역문화라는 관광지의 속성을 원천으로 지각될 수도 있다. 이처럼 각각의 관광지역이 지니고 있는 각 속성은 심리적 체험의 원천이 될 것이다.

그러나 체험이라고 하는 것이 반드시 관광지의 하위 속성과의 관련성하에서만 유발되는 것은 아니 것 같다. 예를 들어 여가 체험의 내용을 질적 방법으로 분석하였던 성영신 등(1996a)은 심리적 체험이 사회적·물리적 환경 요소뿐 아니라 활동 자체의 구조적 특징 때문에도 유발될 수 있음을 잘 보여주었다. 특히 '여가 활동을 하고 있다는 사실' 자체도 체험의 원천이 될 수 있었으며, 이러한 사실은 체험의 원천이 반드시 특정 지역에 소속된 요소들에 국한될 필요가 없음을 의미한다. 그래서 관광 체험의 내용을 정리함에 있어서도 그 원천은 앞에서 논의했던 공통적인 관광지 하위 속성들뿐 아니라 관광을 하고 있는 다른 여행객들이나 혹은 관광을 하고 있다는 사실 자체가 될 수 있을 것이다.

9.5. 향후 연구 방향

지금까지의 논의를 통해 몇 가지 결론을 얻을 수 있다. 우선 관광 현상을 제대로 이해하기 위해서는 관광지 선택 과정만이 아니라 현장 체험 단계에 대한 연구도 체계적으로 이루어져야 한다. 특히 한국인을 대상으로 한 관광 체험의 내용은 거의 알려진 바 없다는 점에서 한국인이 겪는 관광 체험의 내용을 분석하는 것은 한국인의 관광현상을 이해하는 지름길이 될 것이다. 그런데 하나의 체험이란 언제나 물리적 자극과 같은 어떤 원천에서 유발되며, 따라서 그 원천을 고려하지 않으면, 체험의 심리적 의미는 명료하지 않을 것이다. 물론 체험의 원천은 반드시 관광지의 물리적 속성 요소에만 국한할 수는 없다. 때로는 사람이 될 수도 있고, 때로는 개인이 참여하는 활동 자체가 될 수도 있으며(성영신 등, 1996a), 혹은 관광지의 물리적 속성이 될 수도 있다.

따라서 관광 체험의 내용을 체계적으로 이해하는 한 가지 방법으로, 관광을 하는 동안 관광자가 지각하는 일반적인 체험 내용을 그 원천 별로 파악할 필요가 있다. 또한 이들 체험이 여러 주요 관광지에서 그리고 보통의 관광자들에게서 공통적으로 나타나는 내용인지를 확인할 필요가 있다. 나아가 관광자별 혹은 관광지별 관광 체험이 객관적인 수준에서 비교 가능한지의 여부도 확인할 필요가 있다. 이러한 이슈들을 해결하는 방법은 바로 신뢰도와 타당도를 보유한 척도를 개발하는 것이다.

그런데 하나의 척도는 언제나 그 예언력을 확보하고 있어야 하며, 그래야만 타당도와 실용성을 확보하게 된다. 척도의 타당도란 측정변인의 준거를 고려할 때 검증할 수 있는 가능성이 커지기 때문이다. 가령, 전반적 만족과 같은 태도 변수는 체험의 준거로 고려할 수 있다. 물론 사후 평가의 개념은 '만족도'에만 국한되지는 않는다. '전반적 관광 만족'이 관광자 자신의 총체적 체험에 대한 전반적 평가라면(즉, Maddox, 1985; Lounsbury & Polick, 1992), 이와 유사하지만 다르게 정의되고 연구되어온 변인들이 있다. 최소한 '재방문 의도'나 '추천 의도'는 여기서 고려할 수 있다. 개념적으로 또 경험적으로 이들 세 가지 평가 변수들은 서로 구분된다(Mazursky, 1989; Geva & Goldman, 1991). 하나는 관광 활동 전반을 통하여 여러 욕구가 충족된 정도를 의미하는 것으로서 관광자 자신의 총체적 관광 체험에 대한 평가라고 할 수 있는 '전반적 관광 만족'이며, 둘째는 특정 관광지의 여러 하위 속성과 관련한 체험들에 근거하여 참여자가 해당 관광지를 다시 방문할 욕구를 느끼는 '재방문 의도'이며, 마지막으로 세 번째는 특정 관광지의 여러 속성과 관련되는 여러 체험에 근거하여 그 개인이 타인에게 긍정적으로 구전할 의향의 정도를 의미하는 '추천 의도'이다. 특히 재방문 의도나 추천 의도가 특정 여행지에 대한 태도인 반면 '만족'은 경험에 대한 태도를 의미한다는 면에서 그 차이를 주의할 필요가 있을 것이다.

관광 후 평가 개념을 구분하는 이유는 이들 각 변인을 준거로 했을 때 각 관광 체험들의 예언력이 동일하지 않을지도 모른다는 데 있다. 예컨대, 사회심리학자 Kruglanski(1975; Kruglanski, Riter, Amitai, Margolin, Shabtai, & Zaksh, 1975)는 어떤 활동을 하는 동안 외재적 보상(extrinsic reward)을 받게 될 때, 그 보상이 활동내생적인(activity-endogeneo us) 것이라면 종국에 가서 그 활동에 대한 흥미는 좋아지는 반면, 보상이 활동외생적인(activity-exogeneous) 것이라면 반대로 그 활동에 대한 흥미는 감소하는 것을 발견하였다. 이러한 관계 모형을 '내생-외생 귀인이론'이라고 한다. 이 이론을 관광 체험과 관광 후 태도들의 관계에 적용하면, 관광지 하위 속성 원천의 체험이라면(예, 자연환경을 통한 체험), 특정 관광지에 국한된 태도인 '재방문 의도'와 '추천 의도'에 긍정적인 영향을 미치지만, 반대로 관광지 속성에 국한되지 않은 요소를 원천으로 하는 체험이라면(예, 여행객 관련 체험), '재방문 의도'와 '추천 의도'에 직접적인 영향이 없을 것이다. 그러나 모든 종류의 체험은 전반적 만족에 대하여 긍정적인 영향을 미칠 것이다. 이러한 추론이 맞는다면 관광 체험의 지각수준이 준거 변수에 따라 달라지는지를 살펴볼 필요가 있다.

제10장 관광 체험의 내용 분석: 관광 체험 수집 연구

10.1. 연구목적

　목적지에 있는 관광자의 행동과 심리를 이해하기 위해서는 무엇보다도 관광자의 입장에서 그들이 지각하는 내용을 파악하여 정리하는 것이 필요하다. 특히 관광 체험의 내용과 정도를 신뢰롭고 타당하게 측정하는 것은 관광 만족 같은 준거 변수를 예언할 수 있는 근거가 된다. 하지만 앞에서 보았던 것처럼 지금까지 국내외를 막론하고 일반적이고 포괄적인 관광 체험 내용이 정리된 적이 없다. 더욱이 관광 체험 차원을 보고했던 일부 연구들조차 그 보고 내용이 한정적이고, 때로는 타당하지 않은 방법으로 자료를 수집함으로써 연구결과에 의문을 남기고 있다. 또한 몇 안 되는 연구들조차 서구 사회에서 서구 관광자를 대상으로 이루어졌으며, 국내 관광자의 체험 내용을 파악하거나 측정한 사례는 찾아보기 어렵다. 따라서 여기서는 우선 국내 관광자를 대상으로 관광 체험의 내용을 파악하고자 하였다.

　관광 체험은 '관광자가 관광 활동을 하는 동안 주관적으로 겪게 되는 감정적 반응, 인지적 판단, 그리고 행동에 대한 지각'으로 보았다. 이러한 지각은 개인이 위치한 물리적·사회적 환경 및 활동 자체를 원천으로 하여 나올 수 있으므로(성영신 등, 1996a, b), 관광 체험의 내용은 분류 가능한 각 원천 속성별로 정리할 수 있을 것이다. 물론 국내외 여러 연구자들이 관광지의 속성을 분류하고 있으나, 관광 참여자가 지각하는 관광 속성은 관광지의 요소들에 국한되지는 않을 것이며, 참여자 개인의 보고를 통하지 않고는 그러한 체험 내용과 그 원천의 종류를 단정할 수 없을 것이다. 따라서 본 예비연구에서는 관광자의 응답 자료를 근거로 하여 관광 체험의 내용을 그 체험이 발생하는 원천 범주별로 분석·정리하고자 하였다.

10.2. 연구방법 및 절차

10.2.1. 연구대상자

최근 약 3개월 이내 순수 관광을 다녀왔거나 현재 관광 중인 사람 7 집단 27명을 대상으로 하였다. 조사 대상자들 나이 분포는 10대 후반 ~50대에 걸쳐 있었으며, 20대가 11명으로 가장 많았으며, 10대 2명, 30대 5명, 40대 6명, 50대 2명이었다. 이들의 직업 분포는 대학생(8명), 대학원생(1명), 직장인(8명), 가정주부(10명) 등이었으며, 남자 12명, 여자 14명이었다. 또 조사 단위 집단별로 볼 때, 부부 한 집단(2명), 연인 한 집단(2명), 주부 한 집단(9명), 대학생 두 집단(각각 세 명, 네 명), 직장인 한 집단(4명), 대학생·대학원생·직장인 혼합 친구 한 집단(3명)이었다. 이들 집단 중 부부 집단, 연인 집단, 직장동료 집단, 친구 집단은 관광지 현장에서 이루어진 집단 면접 대상자이고, 주부집단과 대학생 두 집단은 과거 순수 여행 경험자로서 표적 집단 면접에 참여한 대상자들이다.

10.2.2. 자료 수집 과정

관광을 하는 동안의 심리적 체험 내용을 수집하는 가장 좋은 방법은 관광지 현장에서 관광자가 수행하는 행동이나 스스로 지각하는 심리상태를 수집하는 것이다. 따라서 본 연구에서는 주로 비구조화된 집단 면접법(unstructured group-interview)을 활용하여 관광지 현장에서 자료를 수집하였으며, 부가적으로 표적 집단 면접(Focus Group Interviews)의 방법을 활용하였다.

현장 면접의 경우, 현재 관광 중인 사람들을 직접 관광지에서 만나서 양해를 구한 다음 대화를 나누는 방식으로 면접을 진행하였다. 현장 면접의 대상자는 총 네 집단 10명이었다. 구체적으로 기술하면, 제주도를 여행하고 있는 사람들인 연인, 혼합친구, 직장동료 등 세 집단과 서울 창경원을 여행하는 부부 한 집단이었다. 제주도 관광자 세 집단 중 두 집단은 모두 자유 여행자들로 관광지에서 휴식을 취하는 도중에 있는 사람이었으며, 면접 시간은 각각 약 1시간 정도 소요되었다. 제주도 관광자 중 다른 한 집단은 여행사를 통하여 패키지 관광을 하는 연인들이었다. 이들과의 면접은 여행사의 양해를 구하여 그들과 함께 연구자가 하루 동안 여행을 하는 동안에 이루어졌다. 또 서울 창경원을 여행 중인 집단은 '부산'에 거주하면서 전국을 여행 중인 부부였는데 연구자가 이들의 양해를 구한 다음, 창경원에 입장하기 15분 전부터 창경원 관람이 끝날 때까지 동행하여 대화하는 방식으로 면접을 수행하였다. 대화 시간은 약 1시간 15분 정도가 소요되었다. 현장 면접을 하는 동안 연구자가 주로 질문한 내용은 '이번 혹은 과거에 여행하는 동안 좋은 점, 재미있었던 것은 무엇이냐?', '또 마음에 안 든 점이 있다면 무엇이냐?', '그리고 왜 좋고 왜 마음에 안 드느냐?' 등이었다. 그리고 모든 면접 내용은 면접 대상자의 양해 아래 소형 녹음기를 통해 채취하였다.

각 현장 면접의 순서는 제주도를 관광하는 자유여행자 두 집단과 먼저 이루어졌으며, 그 결과를 연구자가 대략적으로 검토한 다음, 패키지 관광을 하는 연인과의 면접을 수행하였다. 그러나 대강의 면접 내용은 중복되는 것이 많았으며, 따라서 다른 지역을 관광하는 사람의 응답을

구하기 위한 일환으로 서울 '창덕궁(비원)'을 관광하는 부부를 연구대상자로 삼았다. 비원 관광자의 대략적인 응답 내용은 주로 문화 유적과 관련한 것이었다.

그러나 현장에서 면접을 수행할 경우 관광자의 양해를 구하여 면접을 수행한다 하더라도 지나치게 집요하게 질문하거나 심층적인 내용을 유도하기에는 한계가 있다. 왜냐하면 관광 중인 사람들의 관심은 언제나 관광지 혹은 여행 자체에 있기 때문에 면접자를 훼방꾼으로 여길 수도 있다. 그러므로 이 방법은 현장에서의 생생한 체험 내용을 얻는 데는 좋지만 자료의 심층성 및 다양성 면에서 한계를 지닐 가능성이 크다. 따라서 본 연구에서는 현장 면접의 한계를 보완하기 위하여 다른 세 개 집단을 대상으로 표적 집단 면접을 실시하였다.

표적 집단 면접은 대인관계의 역동성과 심층적인 심리상태를 포착할 수 있는 좋은 면접법으로 알려져 있기 때문에, 특히 관광 현상이 대인 간관계 형성의 형태로 이루어지는 경우가 많은 점을 고려할 때 타당한 방법이 된다. 또한 현장 관광자와 달리 표적 집단 면접의 대상자는 연구자가 미리 양해를 구할 경우, 오직 면접 주제에 대해서만 관심의 초점을 둘 수 있기 때문에, 회상에 의존하는 체험 내용이라는 점에서 한계가 있지만, 본 연구의 자료 수집에 타당한 방법으로 여겨진다.

표적 집단 면접에 참여한 사람은 모두 세 집단으로 가정주부 한 집단과 대학생 두 집단이었다. 이들 면접 대상자들은 모두 최근 3개월 이내 관광 경험이 있는 사람들이었다. 표적 집단 면접의 과정은 각각 약 두 시간 정도 진행하였으며 연구자가 모더레이터(moderater) 역할을 하였다. 가정주부 집단의 면접은 면접 대상자 중 한 사람의 자택에서 이루어졌으며, 대학생 두 집단의 면접은 각각 대학가의 커피숍에서 진행하였다. 세 번의 표적 집단 면접 과정에서 연구자가 주로 질문한 내용은 현장 면접의 경우에 질문했던 것들과 유사하다. 그러나 표적 집단 면접은 면접 참여자가 과거 경험을 회상하여야 하기 때문에, 그 회상을 돕기 위하여 연구자는 관광이 이루어지는 관광지의 하위 속성들을 고려하도록 유도하며 면접을 진행하였다. 관광지 속성 범주는 학자들마다 약간씩 다르지만('이론적 배경' 장 참조), 크게 ㉠ 자연환경 요소, ㉡ 지역 사회 환경 요소, ㉢ 부대시설 요소, ㉣ 문화 유적 요소, ㉤ 기타 (물가, 쇼핑) 등으로 나눌 수 있다. 면접 동안 이들 각 속성과 관련한 심리적 체험이 무엇인지를 말하게 하였으며, 특히 '현장 면접'에서처럼 재미있었던 체험, 불쾌했던 체험, 인상적인 것 등을 주로 말하게 하였다. 그리고 하나의 구체적인 체험 내용이 상호 대화 중에 도출될 경우, 그 주제에 대하여 사람들이 자유롭게 대화할 수 있는 방식으로 진행하였다. 표적 집단 면접의 순서는 '대학생 한 집단→가정주부 집단→대학생 한 집단'의 순서로 하였으며, 각 면접이 끝날 때마다 연구자가 면접 내용을 대략적으로 정리하였다. 마지막 대학생 집단 면접의 경우에는 더 이상의 새로운 내용이 나오지 않는다고 판단되었다. 이 모든 면접 과정에서도 면접 대상자의 양해 아래 소형 녹음기를 통해 대화 내용을 채록하였다.

10.2.3. 자료 분석 과정

4번의 현장 집단 면접과 3번의 표적 집단 면접에서 녹음한 내용은 우선 글로 옮긴 다음, 연구자와 세 명의 대학원생 연구 보조자가 모든 녹음 기록을 함께 검토하여, 구체적인 응답 내용이 '심리적 체험'에 해당된다고 판단되는 경우를 발췌하였다. 이때 발췌된 내용은 관광하는 동안 관광자가 지각하는 인지적 판단 반응, 정서적 판단 반응, 그리고 행동 반응에 준하는 것이었다.

한편, 하나의 반응을 정서(affection) 혹은 인지(cognition)로 구분하는 것은 매우 어려운 문제이다. 연구자들마다 정서 분류 기준이 다르고, 또 일반적으로 정서와 인지, 행동은 하나의 통합 체계로 작용한다고 알려져 있기 때문에 본 연구에서는 단지 분류의 용이함을 위하여 일반적으로 가장 체계적인 이론적 틀을 제시한 Plutchik(1980)의 정서 분류 기준을 따르기로 하였다. 그래서 면접자료 각 내용이 Plutchik가 분류한 기본 정서에 해당되거나(여기에 포함되는 기본 정서 차원은 수용, 거부, 두려움, 분노, 기대, 놀람, 즐거움, 슬픔 등이다), 여러 기본 정서가 혼합된 복합 정서에 해당하는 경우에는 정서 반응으로 분류하였다. 그 외의 심리상태를 반영하는 반응은 인지 판단으로, 그리고 응답자 개인의 행동에 대한 설명은 행동 반응으로 정리하였다.

이렇게 발췌한 내용들은 그 체험이 어떤 자극이나 맥락과 관련하여 나타나는가에 따라 우선 분류하였다. 체험을 유발하는 원천의 범주는 크게 세 부분으로 나누었다. 첫째는, 관광지의 속성에 해당하는 범주로서 이는 '이론적 배경'절에서 논의했던 관광지 하위 속성 및 관광지 전반에 관련한 것이다. 둘째는 관광하는 동안 관광자가 만나거나 접하는 다른 사람과의 관계 맥락에 해당하는 것이다. 셋째, 관광이라는 활동 자체(activity itself) 범주였다. 그리고 부가적으로 기타 범주를 설정하였다. 이러한 원천 범주 구분은 성영신 등(1996a, b)이 여가 체험 맥락을 나눈 것과 유사하다. 이러한 틀을 적용한 자료 분류 작업은, 연구자와 연구 보조자들이 전 과정에 걸쳐 논의와 동의과정을 반복하여 수행하였다. 그래서 심리적 반응으로 발췌한 개별 내용이 분석의 틀 내에서 완전히 동의하는 분류가 될 때까지 반복 논의를 거쳤다.

10.3. 내용 분석 결과

관광 체험의 내용은 그 원천이 무엇이냐에 따라 크게 세 부분으로

분류하였으며 부가적으로 '기타 범주'를 설정하였다(분석의 틀). 이 중
① [관광지 속성을 원천으로 하는 체험]은 세부적으로 ⅰ) 관광지 자
연환경 요소를 원천으로 하는 체험, ⅱ) 관광지 부대시설 관련 요소를
원천으로 한 체험, ⅲ) 관광지 지역주민 및 생활 문화를 원천으로 하는
체험, ⅳ) 관광지 물가 요소 원천의 체험, ⅴ) 관광지 역사 문화 유적
요소 원천의 체험, ⅵ) 관광지에서의 쇼핑과 관련한 체험, ⅶ) 관광지
전반적 이미지를 원천으로 하는 체험 등이었다. ② [타인 관련 체험]은
ⅷ) 여행객 원천의 체험이라는 하나의 범주로 정리할 수 있었다. 그리
고 ③ [관광 활동 자체 범주의 체험] 내용도 ⅸ) 관광한다는 사실 때
문에 느끼는 심리상태로 정리할 수 있었다. 이들 외에 ④ [기타] 범주
에는 부가적으로 ⅹ) 여행 일정 등 여행방식의 특성을 원천으로 하는
체험 내용이 있었다. 그래서 최종적으로 4영역 10종류의 원천 범주를
구분할 수 있었으며 이렇게 원천 종류별로 정리된 구체적인 응답 내용
은, 내용 분석의 자료(protocol)가 약간의 의미 차이라도 있다고 판단되
는 경우에 한하여 정리하였다. 이렇게 정리한 구체적인 체험 내용(분석
단위)은 모두 156가지였다.

[그림 10-1] 관광 체험의 원천별 범주

	① 자연환경 속성	
	② 부대시설 관련 속성	
	③ 지역주민 및 생활문화 속성	⑦ 여행지 전반적 이미지
Ⅰ. 관광지 관련 범주	④ 여행지 물가 속성	
	⑤ 역사 문화 유적 속성	
	⑥ 쇼핑 관련 요소 속성	
Ⅱ. 타인 관련 범주	⑧ 다른 여행객 관련 요소 속성	
Ⅲ. 여행방식 범주	⑨ 여행방식 속성	
Ⅳ. 활동 자체 범주	⑩ 관광한다는 사실 자체 속성	

이 중 ⅰ) 관광지 자연환경 요소 원천의 체험 내용은 17개, ⅱ) 관광지의 부대시설 및 프로그램 관련한 요소 원천의 체험 내용은 18개, ⅲ) 지역주민 및 생활 문화와 관련한 체험 내용은 19개, ⅳ) 관광지 물가와 관련한 체험은 4 개, ⅴ) 관광지 문화 유적 관련 체험은 8 개, ⅵ) 관광지에서 타인과 관련한 체험 내용 28개, ⅶ) 전체로서 관광지 일반에 대한 심리적 반응은 19개, ⅷ) 관광 여행방식과 관련한 체험 내용은 22개, ⅸ) 관광한다는 사실 자체를 원천으로 하는 체험 17개, ⅹ) 관광지에서 쇼핑과 관련한 체험 4 개 등이다. 이 열 개 범주는 앞에서 살펴본 관광지 속성과 관련된 것과 그렇지 않은 것으로 나눌 수 있는데, 예를 들어, 자연환경 요소 원천 체험, 부대시설 원천의 체험, 지역주민 생활 문화 원천의 체험, 문화 유적 원천 체험, 쇼핑 원천 체험 등은 관광지 하위 속성을 원천으로 하는 체험들이며, 여행지 전반적인 이미지 원천의 체험 역시 관광지 관련 속성의 체험으로 분류할 수 있다. 반면, 다른 여행객과의 관계를 원천으로 하는 체험, 여행방식 원천의 체험, 그리고 관광한다는 사실 자체를 염두에 둔 체험은 관광지 하위 속성이 아닌 사회적·심리적 요소를 원천으로 하는 체험이라고 하겠다. 그러나 '관광 활동 자체'를 원천으로 하는 체험은 여러 가지 이미지를 포괄한 복합적인 심리적 체험으로 판단된다. 이들 열 개 범주별 체험의 관련성은 [그림 10-1]에서 볼 수 있다. 또한 이들 구체적인 체험 내용 중 나중에(예비연구 2:10.4절) 일반적인 관광 체험 내용이 아니라고 판단되어 삭제한 내용을 제외한 즉, 척도 제작에 활용한 체험은 세부 내용별로 〈표 10-1〉에 정리하였다. 〈표 10-1〉는 응답자들의 편의를 위해서 연구자의 직관으로 각 체험의 내용을 가능한 한 세부적인 범주로 나누어 제시한 것이다.

여기서 제시하는 내용 분석 결과는 필자의 학위논문에서는 빠져있는 내용이나 본 서의 구성을 위해 추가하였다.

10.3.1. 관광지 자연환경에 관한 체험

여행하는 사람의 공통적인 체험은 바로 자연환경을 염두에 두거나 접촉할 때 나오는 것 같다. 자연환경 요소는, 산이나 바다 숲과 같이 크고 물리적이며 눈에 보이는 요소만이 아니라 공기, 바람, 물같이 비시각적인 감각으로 접촉하는 요소들도 포함한다. 이러한 자연환경 속성을 원천으로 하는 심리적 체험은 매우 다양하다. 예를 들어 '*거기 밤하늘을 보면요, 별들이 막 쏟아지는 것 같아요, 내가 없는 것 같이……정말 그래요*'의 반응은 자연 요소에 '압도당한 느낌'을 반영하고 있으며, '*바다는 나를 원초적인 인간으로 돌려놓는 것 같아요, 원형 그대로의 인간이라고 하나……*'의 사례는 '자연을 통한 자기의 원형을 추구하는 체험'을 보여준다. 또는 자연환경을 접함으로써 '*나무, 새, 공기, 바람 이런 걸 보면 내가 살아있다는 느낌*', '*산에 가면 내가 조금 커 보이는 느낌*'을 체험하기도 한다. 이들 반응은 모두 자연 요소를 접하여 자연을 정복하거나 동화되는 느낌, 자연 속에 몰입되었다는 생각, 자연에 대한 두려움과 존경의 경외감, 등산이나 바다수영 같은 성취감, 또는 탁 트인 느낌, 시원함 등의 교류감과 관련된 것이다. 이들 내용 외에도 '*이곳은 자연환경이 솔직히 부럽더라구요*', '*자연이 원형 그대로 보존된 것 같아서 좋았어요*'. '*제주도 물맛은요……깨끗함 그 자체죠……*', '*돌이 엄청 많아요, 가는 데마다 돌이예요……신기하잖아요*', '*여기는 풍경이 색 다르잖아요*'의 응답은 자연에 대한 부러움, 자연의 원형을 희구하는 것, 신기함, 독특함 등 '대상에 대한 판단' 체험들도 있다.

10.3.2. 부대시설 및 관광 프로그램에 관한 체험

관광 속성 중 교통시설, 숙박·편의시설, 여가·관광 프로그램, 홍보나 안내 제도 등은 태초부터 관광지의 핵심 속성으로 결정된 것이 아니라 여행의 여러 가지 경험을 부차적으로 보조하는 인공적 요소들이라는 점에서 하나의 범주로 고려할 수 있으며, 여기서는 통칭해서 부대시설 속성으로 부를 것이다. 이러한 부대시설 요소와 관련한 체험 사례는 다음과 같다. '*제주도는 교통이 너무 불편해요*', '*안내표지판이 잘못되거나……*', '*이런 곳(중문관광단지)은 정말 있는 사람만을 위한 곳이잖이요, 우리같이 서민들을 위한 그런 것이 있었으면 좋겠어요*', '*여기는 모든 게 다 돌이더라구요, 화장실도 돌, 가로등도 돌, 밭 울타리도 돌, 다 돌, 정말 신기했죠*', '*한번은 동해안을 갔거든요, 근데 밤에 해수욕장에서 돈 천 원씩 내고 참여하는 해머로 못 박기 그런 건데, 놀이 프로그램이 있어요, 사람들이 막 재밌어 하고 그랬어요*'. '*우리나라가 다 그렇잖아요, 그 지역만이 고유한 문화 그런 걸 담은 프로그램이 없어요. 다 똑같아요……*' 이러한 내용들은 모두 부대시설 요소와 관련된 불편 - 편리, 배려 받지 못한 느낌, 인공물이 주는 신기함, 놀이를 통한 재미, 고유문화가 반영된 것을 추구하는 것 등이며, 이들 외에도 시설로 인한 다양성 체험, 해방감, 다른 지역의 부대시설과 비교평가 하기, 프로그램 통한 대인교류 기회 지각, 안내 홍보물의 혼란스러움, 접근용이성, 새로운 정보 획득 등의 체험도 있었다.

10.3.3. 지역주민 및 생활 문화에 관한 체험

관광하는 사람은 그 지역의 주민들을 평가하고 생활 문화를 접하면서 많은 것을 체험한다. 지역주민의 외현적 특징이나 언어, 그들의 태도 및 삶의 방식은 모두 지역주민 및 생활 문화로 볼 수 있으며 이런 요소로부터 유발되는 체험 역시 매우 다양하였다. 예를 들어, '*사람들이 정말 친절해요 그래서 편안했죠*'의 응답은 편안함이라는 체험을 의미하는 반면, '주민들이 나를……오해해서 불쾌했어요'와 같은 불쾌함 체험도 있다. 또 '……문화가 정말 독특해요', '언어, 사투리가 전혀 다르더라구요', '음식이 달라요' 등은 모두 고유함, 신기함이나 독특함의 체험을 말해준다. 또한 '지역 사람들에게 정말 많이 배웠어요', '이 사람들 때문에 내가 정말 모자라는구나 하고 생각이 들더라구요'는 자기 각성이나 지식 획득 체험을 뜻하고 있다. 이들 외에도 '이곳 분위기 때문에 불안했죠' 같은 불안함의 체험을 비롯하여, 지역주민들의 순수성 지각, 친절함이나 위험 요소를 지각하는 것, 지역의 규범을 준수하는 행동, 자유로움, 지각 등의 체험도 발견할 수 있었다.

10.3.4. 관광지 물가에 관한 체험

어떤 곳이든 사람이 사는 지역에는 '거래'라는 교환 문화가 있으며, 그 교환의 결정요인은 제품이나 서비스의 가격인 '물가'라고 할 수 있다. 그래서 다른 지역에 온 여행자에게 있어서 관광지의 물가는 관광지 체험의 한 가지 원천으로 고려되며, 기존 여러 연구자들 역시 주의하여 온 속성이다. 물가와 관련한 응답 내용은 모두 네 종류가 발견되었다.

'여기요(제주도) 교통비가 너무 비싸요, 물가가……, 기분 나쁘죠……', '……그리고요, 왜 유명한 데 있잖아요 입장료 받잖아요, 너무 비싸요', '솔직히 바가지 쓴 느낌이 있어요, 그 사람들도 한철 장사니까 그렇겠지만 말이죠.' '여행 경비에 비해서 들어간 게 너무 많아요……물가 때문……'. 등이 응답자들이 반응한 내용이다. 이들 내용은 모두 지역 물가와 관련한 불쾌, 관광 요금 불만, 바가지 느낌, 경비에 대비하여 여행이 실속 있음을 판단하는 체험을 말하고 있다.

10.3.5. 관광지 문화 유적에 관한 체험

관광지의 역사 유적이나 유물과 관련한 체험 내용은 모두 여덟 종류로 정리하였다. 예를 들어, '*이곳에 오니까 책으로만 읽었던 유적지를 확인할 수 있었구요……*' 또는 '*(비원에) 오니까 간접적으로만 알고 있던 것을 직접 확인하는 기회가 되었어요*' 같은 지식확인의 체험이나 간접 경험의 체험은 여러 면접자들이 말하였고, '*불국사를 보면 경이로움을 느꼈어요*' 같은 신기함 체험, '*자부심을 느끼곤 합니다*'는 자부심 체험도 있다. 그리고 문화 유적을 보면서 그 지역의 역사를 추리하거나, 문화 유적이 제대로 보존되지 않았다는 사실을 아쉬워하는 경우도 있다. 가령, 경주 같은 경우에 대해서는 응답자들이 '*역사 유적과 현대적 시설이 조화롭지 못하다*'는 것을 말하기도 하였다.

10.3.6. 관광지 쇼핑 관련 체험

대개의 경우 사람들은 여행을 하는 동안 기념품을 구입하거나 대대적인 쇼핑을 한다. 그래서 기존 연구들도 '쇼핑 기회'를 하나의 관광 속성으로 고려하기도 하였다. 본 내용 분석에서는 쇼핑과 관련한 체험 네 가지를 확인할 수 있었다. '*여행을 가면 토산품을 사곤 하잖아요*'와 같은 기념품 구입 행동은 쉽게 발견할 수 있는 내용이며, '*쇼핑을 거의 안해요*' 같은 전반적인 쇼핑 행동을 기술하는 응답 내용도 있다. 혹은 '*홍콩은 쇼핑하기에 좋은 곳이에요*'라는 응답과, '*과시적 소비*'에 해당하는 내용도 있었다.

10.3.7. 관광지 전반적 이미지를 염두에 둔 체험

지금까지 관광지 하위 속성에 해당하는 원천의 종류별로 관광 체험의 내용을 살펴보았다. 그런데 관광지의 세부적인 속성에 포함되지 않으면서도 관광지 특성을 반영하는 원천이 있을 수 있다. 다른 특정한 세부적인 속성들과 관련이 없는 것은 아니나 어느 특정 속성으로도 분류하기 어려운 전반적인 지역 이미지를 원천으로 하는 것이 그것이다. 예를 들어 제주도를 여행 중인 어떤 사람은 '*최소한 제주도 정도는 가 보아야 외국을 여행할 수 있는 것 아닌가요? 일단 우리나라 땅이고 제일 큰 섬이니까 가 봐야 되겠다는 생각을 했죠*'의 사례는 국토 순례의 심정을 잘 반영하는 경우이며, 특히 그 원천이 여행지 자체에 있음을 말해준다. 또 다른 예로 '*그곳 여행지에서는 배운 점이 참 많아요*'의 응답은 지식확장의 내용을 포함하는 것인데 그 체험이 여행지의 어느 요소인지가 분명히 드러나지 않는 경우이다. '*가 볼만한 곳이 많다*'는 것처럼 호기심 충족의 체험이나, '*유명한 곳만 찾아다닌다*'는 행동, '*이런 곳을 여행하지 못하는 사람은 측은하다는 생각을 해요.*'와 같은 과시적 측면의 내용도 있으며, 어떤 경우에는 '이곳에 와서 나의 새로운 모습을 발견하였다'는 자기 발견의 체험도 포함한다. 이외에도, 친숙함을 느끼고 추억을 확인, 향수에 젖어보고, 모르는 곳에 있다는 두려움을 느끼기도 하고, 여행지 개발 방향에 대한 불만, 기대 충족, 일탈감, 신기함의 체험도 있었다.

10.3.8. 여행객 관련 체험

관광하는 동안의 심리적 체험은 관광지와 직접 관련된 속성을 근간으로 하지 않을 수도 있다. 예를 들어 다른 여행자들은 개인의 심리적 체험을 유발하는 속성이 될 수도 있다(성영신 등, 1996a, b). 체험의 원천으로서 여행객은 크게 함께 간 동료이거나, 관광지에서 만난 특정한 다른 여행객, 혹은 불특성 다수의 여행객 모두를 포함한다. 우선 여행 동료와 관련한 체험 내용으로 *'마음이 잘 맞는다'*거나 *'많이 다투었다'*, *'의견 대립이 많았다'*와 같이 조화로움의 여부를 반영하는 경우가 있고, *'같이 온 사람들에게 얽매인 느낌'*같은 부정적인 체험도 있는 반면 *'동행한 사람을 통해서 소속감 같은 것도 느낀다'*는 정체성 확인의 체험이 있다. 또한 자기의 체력이나 외모, 능력을 동료들에게 잘 보여주었다고 믿는 '자기표현의 체험'이나, 상호 도움을 주고 있다는 내용, 친밀감 증진의 체험도 있었다. 그리고 여행지 만난 다른 여행객과 관련한 체험의 예로 *'여기 온 다른 사람들을 보면 이질감을 느낄 때도 있다'*는 이질적 체험, *'거기서 만난 사람들 때문에 내 사고의 폭이 넓어지고 깊어진 느낌도 있었다'*의 자기 확충의 체험, 또 *'가끔은 필요할 때 (옆 텐트에) 도움을 요청하기도 하죠'* 등의 의존 행동이 있었다. 물론 규범적이지 못한 다른 여행객들 때문에 여행을 망칠 때도 있음이 나타났으며, 훼방받은 느낌이나 불쾌한 감정이 드러나기도 한다. 한편, *'고독을 즐기거나 외로워하였다'*는 내용도 궁극적으로는 다른 사람과의 맥락을 염두에 둔 것이기 때문에 여기에 포함하였다. 가장 일반적으로 다른 여행객이 많아서 좋거나 나쁘다는 생각이 두드러졌다.

10.3.9. 관광 여행방식에 관한 체험

관광 체험의 내용이 면접 대상자의 표현에 근거할 때, 일정을 포함하여 여행방식의 특성 때문에 야기된다고 판단되는 경우도 있었다. 예를 들며, *'패키지로 하면 자유가 없잖아요?'*, *'이렇게 자유롭게 여행할 수 있는 건 자전거로 다니니까요'*는 모두 여행방식으로 인한 자유로움의 체험을 반영하고 있다. 여행방식 때문에 고생한다거나 편리하다는 보고도 많으며, '*일정이 부족하여 못 본 곳이 많아 아쉽다*'는 경우도 있었다. 그 외에도 '*발길 닿는 대로 다니고 있다*'는 무계획성의 체험, '*패키지여행은 겉핥기식밖에 안 된다*'는 불만 체험, 자기의 지식 확장의 체험, 모험, 긍정적인 고독감의 내용도 있었다. 어떤 내용은 '*이런 식으로 여행하면 지친 몸과 마음에 재충전의 기회가 된다*'는 체험이었다. 그 외 여행방식 자체의 실속을 강조하는 경우도 있다.

10.3.10. 관광 활동 자체를 염두에 둔 체험

관광 체험은 관광을 하고 있다는 사실 자체 때문에 유발될 수도 있다. 물론 여기에 포함되는 체험들은 어느 정도 앞에서 살펴본 원천의 체험들과 관련이 있을 것이다. 그러나 앞에서 살펴본 어느 원천에도 포함되지 않으면서 관광을 하고 있다는 사실 자체를 염두에 둘 때 나오는 체험이라고 판단된 내용을 정리하였다.

여기에 포함되는 응답의 예는 '*일상을 떠나왔다는 것이 당연히 가장 즐겁죠*', '*여행은 일종의 도피같아요……*', '*가족들 눈치 안 보아서 좋았다*' 같은 일상 탈출의 체험이나, '*여행을 통해서 감정이 정화되고 있다*'거나 '*……묵은 스트레스를 해소하였다*'와 같은 감정 정화의 체험이다. 사실 이런 체험은 다른 종류의 여가 활동에서도 일반적으로 겪는 체험이다(성영신 등, 1996a). 이외에도 모험이나 추억거리를 만든다는 내용도 있었다. 독특한 것은 여행을 계속하는 동안 '*집이 소중하다*'는 사실을 깨닫거나 도리어 '*집에 가고 싶다*'는 '귀소 본능'이 활성화되는 체험도 확인된다는 것이다. 반대로 '*시간이 흐를수록 집에 돌아가야 한다*'는 압박감이 보고 되기도 했다. 이외에도 여행의 유행 요소를 느끼거나, 흥분이나 기대의 체험, 성격을 드러내는 자기표현의 체험 등도 보고 되었다.

10.3.11. 관광 체험 내용 분석의 특징

구체적인 체험 내용 중 물가 원천의 체험, 쇼핑 원천의 체험, 관광한다는 사실 자체 원천의 체험 중 일탈감, 자연환경 원천 체험 중 자연정복/자연 동화/신기함/성취감 등, 부대시설 원천 체험 중 편리함/다양성/접근 용이성/지식 획득 등, 지역주민 생활 문화 원천 체험 중 친절함/고유성/독특함/신기함/위험 직면(불안) 등, 다른 여행객 원천 체험 중 친밀감/자기표현 등, 여행지 전반 이미지 원천 체험 중 지식확인/지식축적/순례의 심정/친숙함/추억 확인/신기함/현시/과시 등, 여행방식 원천 체험 내용 중 자유감/무계획성/여행 실속 판단/고독감/아쉬움/모험심 등, 관광한다는 사실 자체 원천 체험 중 일탈감/유행심리/사회적 승인/감정 정화 등, 문화 유적 관련 체험 중 지식확인/신기함 등은 기존 다른 연구결과로부터 추론할 수 있는 내용과 일치한다. 물론 기존 연구들이 관광 체험 내용을 원천 범주별로 구분한 것은 아니다. 체험의 의미를 고려하여 비교할 때 이 내용들은 기존 연구들이 가정하거나 발견한 내용과 유사하다는 것이다.

반면, 기존 연구에서 언급하지 못했지만 본 연구에서 나온 독특한 내용을 요약하면, 자연환경 관련 체험 중 '여행자 자신의 실존감', '자연환경에 대한 원형 희구', '부러움' 등, 지역주민 및 생활 문화 관련 체험 중 '자기 각성', '원형 희구', '규범 준수 의식/행동' 등이며, 부대시설 관련 체험 중 '소외감', 여행지 전반을 염두에 둔 체험 중 '자기 발견', '미지에 대한 두려움', '개발 불만' 등, 여행객 관련 체험 중 '의존감/배려감', '이질감', '자기정체성 확인' 등, 여행방식과 관련하여 '고생한 느낌', 관광 활동 자체와 관련하여 '귀소본능 활성화(집의 소중함 지각)', 문화 유적 관련 체험 중 '자부심', '역사 추리', '원형희구' 등이다. 이것들은 기존 연구에서 발견하기 어려운 내용이다.

10.4. 관광 체험 측정 척도 구성

관광 체험의 정도를 측정하기 위해서는 이에 해당되는 신뢰롭고 타당한 척도가 있어야 한다. 이를 위해서 여기에서는 관광 체험 척도 개발을 위한 기초 작업으로, 앞에서 정리한 원천별 체험 내용을 근거로 합당한 문항을 구성하고자 하였다. 관광 체험 척도가 심리적 구성 개념의 상대성을 측정하는 도구로서 효용가치를 지니기 위해서는 문항 수가 적당히 적어야 하며(parsimony 원칙), 측정하고자 하는 구성 개념을 제대로 측정하는 것이어야 하고(내용타당도), 또 대부분의 관광자들이 공통적으로 체험하는 내용이어야 할 것이다(일반화 가능성). 따라서 체험이 유발되는 열 개 원천 범주별로, 앞에서 도출한 내용에 근거하여 관광 체험 정도를 측정할 수 있는 신뢰롭고 타당한 문항을 개발하고자 하였다.

10.4.1 연구방법 및 절차

① 관광 체험 문항 구성

관광 체험을 측정하는 문항 총집을 구성하는 절차는 1차 예비 연구(10.3절)에서 추출한 체험 내용 각각을 연구자와 연구 보조자들이 논의를 통하여 개별 문항으로 작성하는 것이었다. 모두 156가지 체험 단위 중에서 네 가지 내용은 의미가 중복된다고 판단하여 제외하였으며, 나머지 내용은 총 152문항으로 구성하였다. 모든 문항은 가능한 대로 면접 대상자들의 표현이 최대한 반영될 수 있도록 작성하였으며 이들 문항은 모두 리커트형 5점 척도가 되도록 구성하였다. 152문항을 구성한 후 연구자와 보조자들은 다시 각 개별 문항이 원래의 면접 자료와 일치하는지를 확인하는 작업을 반복하여 해당 문항을 적절히 수정하였다.

  이렇게 구성한 152문항에 대해서, 심리학 전공 대학원생 30명으로 하여금 '각 문항이 관광 체험 내용으로 적절한지 여부', 그리고 '구체성 – 추상성 수준의 정도'를 점검하도록 하였다. 문항의 적절성 점검은 '예/ 아니오'로 판단하게 하고, 만약 적절하지 않다면 해당 문항을 적당히 수정하도록 요구하였다. 그리고 문항의 '구체성 – 추상성' 점검은 각 문항을 5점 척도상에서 판단하게 하는 방식으로 수행하였다(즉, '매우 구체적이다 – 매우 추상적이다'). 이때 지시문을 통해 구체성 – 추상성 수준의 준거로 '이 지역의 풍경은 색다르다'를 보통(3점)으로 고려하도록 하였다. '이 지역의 풍경은 색다르다'는 문항을 준거로 사용한 이유는 기존 여러 연구자들이 관광 체험이나 동기의 공통 차원으로 '신기성 (novelty)'을 밝히고 있으며(예, Cohen, 1972; Mayo & Jarvis, 1982; Bello & Etzel, 1985; Lee & Crompton, 1992), 이에 해당하는 사례로 '여행지 자연환경의 독특성'을 지적하고 있으므로(특히, Bello & Etzel, 1985) 다른 연구들이 측정하는 문항과 비슷한 인식 수준을 유지할 수 있기 때문이다. 그리고 추상성은 해당 문항이 지니고 있는 의미의 포괄성과 표상의 난이성을 동시에 고려하도록 하였다.

〈표 10-1〉 원천 범주별 관광 체험 문항

1. 자연 환경 요소 관련		
번호 1. 자연의 일부	정서	
2. 원형보존 판단	인지	
3. 자연과 어울림	행동	
4. 압도당한 느낌	정서	
5. 순수해지는 느낌	정서	
6. 자연정복 기분	정서 *	
7. 성취감	정서	
8. 실존감	정서	
9. 풍경 독특성 판단	인지	
10. 부러운 느낌	정서	

2. 여행지 교통 관련(부대시설 범주)
- 11. 교통불편 　　정서
- 12. 교통 짜증 　　정서
- 13. 비싼 교통료 지각 　　인지

3. 지역주민 및 생활문화 관련
- 14. 주민 친절 판단 　　인지
- 15. 독특한 생활양식 　　인지
- 16. 지역특성적 성격 　　인지
- 17. 일상생활 접촉 　　행동 *
- 18. 고유한 풍습 　　인지
- 19. 여행지 제도/규정불편 　　정서
- 20. 주민 자유로움 　　정서
- 21. 배울점 지각 　　인지
- 22. 주민의 순수함 　　정서
- 23. 불안한 분위기 　　정서
- 24. 여행지 규범 준수 　　행동
- 25. 불쾌한 오해 　　정서
- 26. 언어 독특성 　　인지
- 27. 음식문화 조화 　　인지

4. 인공물 및 시설과 관련하여
  (부대시설 범주)
- 28. 자연특징적 시설 　　인지
- 29. 신기한 인공물 　　정서
- 30. 부대시설 불편 　　정서
- 31. 다양한 경험 기회 　　인지
- 32. 배려받는 느낌 　　정서

5. 여행지 물가 관련
- 33. 비싼 물가 　　인지
- 34. 관광 요금 비쌈 　　인지
- 35. 바가지 느낌 　　정서
- 36. 여행 경비 대비 　　인지

*** 6. 여행객 교류 관련 (여행객 범주)**
- 37. 여행객 과다 　　인지
- 38. 여행객 때문 망친 느낌 　　정서
- 39. 동료 상호 배려 　　인지
- 40. 비규범적 여행객 불쾌 　　정서
- 41. 동료 의존감 　　인지
- 42. 여행객에 도움 요청 　　행동
- 43. 인간관계 확장 　　행동
- 44. 동료와 조화 　　인지
- 45. 동료이해 기회 　　인지
- 46. 반가움 　　정서 *
- 47. 이질감 　　정서
- 48. 동료 의견대립 　　인지
- 49. 동료 구속감 　　정서
- 50. 사고확장 느낌 　　정서
- 51. 자기 정체성 확인 　　인지
- 52. 자기 표현 　　행동

7. 여행지 전반 관련
- 53. 순례의 심정 　　인지 *
- 54. 지역 정보 획득 　　인지
- 55. 지식 획득 　　인지
- 56. 국토 순례 　　인지
- 57. 지식 확인 　　인지
- 58. 모자란 느낌 　　인지
- 59. 다양한 명소 　　인지
- 60. 과시적 느낌 　　정서
- 61. 자기 발견 　　인지
- 62. 친숙함 　　정서
- 63. 추억 확인 　　정서
- 64. 두려움 　　정서 *
- 65. 기대/흥분 　　정서
- 66. 여행지 개발 판단 　　인지

8. 여행방식과 관련하여
 67. 자유로운 여행방식 행동
 68. 고생하는 여행방식 인지
 69. 추억만들기 인지
 70. 선택의 어려움 인지
 71. 무계획적 일정 행동
 72. 비용 절감 인지
 73. 여행실속 판단 인지
 74. 시간 낭비 없음 인지
 75. 수박겉핥기식 여행 정서
 76. 일정 부족 아쉬움 정서
 77. 이상적 여행방식 인지
 78. 모험감 정서
 79. 다양한 경험 기회 인지
 80. 재충전 기회 인지
 81. 명소 찾아가기 행동
 82. 긍정적 고독 인지

9. 불명확한 타인 관련(여행객 범주)
 83. 새로운 사람 만날 기회 행동
 84. 쓸쓸함 정서
 85. 이성친구 만남 행동 *
 86. 타인의 시선유도 정서 *
 87. 고독즐김 행동 *

10. 일정외 남는시간 관련
 (여행 방식 번주)
 88. 재미있게 보냄 행동
 89. 할 게 없음 인지
 90. 평소대로 행동 행동

11. 여가·관광 프로그램 관련
 (부대시설 범주)
 91. 다양한 프로그램 참여 행동 *
 92. 프로그램 단순 인지
 93. 고유문화 반영 프로그램 인지
 94. 다른 여행객과 교류 기회 행동 *

12. 홍보·안내 관련(부대시설 범주)
 95. 혼란스러움 정서
 96. 안내/홍보의 혜택 인지
 97. 지역 정보 획득 인지

13. 여행한다는 사실 관련
 98. 思考기회 제공 인지
 99. 일탈감 정서
 100. 위험 직면 정서
 101. 해방의 즐거움 정서
 102. 도피의 심정 정서
 103. 일상 생활과 유사 인지
 104. 눈치 안보는 행동 행동
 105. 유행같은 여행 인지
 106. 귀소의 심정 정서
 107. 집의 소중함 자각 정서
 108. 일상회귀 압박감 정서
 109. 추억만들기 정서
 110. 목표 달성감 정서
 111. 기능적 지식 획득 인지
 112. 감정정화 느낌 정서
 113. 스트레스 해소 정서

14. 문화 유적 관련
 114. 지식확인 기회 인지
 115. 경이로움 느낌 정서
 116. 자부심 정서
 117. 역사 추리 인지
 118. 전통-현대의 조화 인지
 119. 원형 보존 인지
 120. 미보존의 아쉬움 정서

15. 쇼핑관련
 121. 토산품 구입 행동 *
 122. 자랑할 만한 물건 구입 정서 *
 123. 쇼핑빈도 행동 *
 124. 쇼핑의 적절성 인지 *

이 절차를 통해 지나치게 구체적이거나 추상적이면서 동시에 표준편차가 매우 작거나 매우 큰 경우인 문항(평균이 2-4의 범위를 벗어나면서 동시에 표준편차가 '1.0±0.5'(즉, 0.5 ～ 1.5)를 벗어나는 경우), 또는 평정자(rater) 세 명 이상이 적절하지 않다고 지적한 문항은 삭제하거나 수정하였다. 이때 삭제한 문항은 위 조건에 해당되면서 해당 내용이 다른 문항에 많은 부분 의미가 반영된다고 판단한 경우였다. 또 수정한 문항은 위 조건에 해당되지만 다른 문항에 그 문항의 의미가 거의 반영되지 않는다고 판단된 경우였다. 문항 수정 및 삭제는 연구자와 3인 보조자들의 논의를 통해 이루어졌다.

최종적으로 예비 연구 문항 총집에는 28문항을 삭제한 총 124개 문항이 포함되었다(〈표 10-1〉 참조). 모든 문항은 응답자가 해당 문항에 동의하는 정도를 묻는 리커트형 5점 척도('전혀 그렇지 않다'-'매우 그렇다')로 구성하였으며, 설문지의 총 6쪽이었다. 설문지는 문항이 많기 때문에 보통 사람들이 응답하기에 피로할 것을 고려하여 될 수 있는 대로 분류 가능한 구체적인 범주별로 묶어서 구성하였다. 편의상 세부적으로 나눈 범주는 총 15범주였다. 예비 연구 1에서 분류했던 원천 범주 중 '여행지 부대시설 및 프로그램 관련 내용'은 ⅰ) 교통문제 관련, ⅱ) 여행지 홍보·안내 관련, ⅲ) 여가·관광 프로그램 관련, ⅳ) 인공물 및 기타 시설 관련 경험 등으로 구분하고, '여행방식 관련 내용'은 ⅰ) 여행방식 자체에 관련한 내용, ⅱ) 일정 외 남는 시간 활용과 관련한 내용 등으로 구분하였으며, '여행지에서 타인과 관련한 체험 내용'은 ⅰ) 구체적 여행객 관련 내용과 ⅱ) 불명확한 지칭 대상자 관련한 체험 내용으로 구분하였다〈표 10-1〉. 〈표 10-1〉에서 각각의 문항은 인지적 요소인지, 감정적 요소인지 혹은 행동적 요소인지도 함께 고려하여 분류하였다.

② 조사 대상자

예비척도의 124개 문항 중에서 보다 적절한 문항을 추려내기 위하여 최근 여섯 개월 이내 순수 숙박 관광 경험자를 대상으로 515명을 편의 표집하여 조사하였다. 조사 대상자 선정은 연구자가 개별 조사자 16명을 선정하여 각각 10부에서 50부씩 순수 관광 경험자를 대상으로 조사하게 하였다. 이 중 416부가 회수되었으며, 불성실 응답자를 제외하여 최종적으로 자료 처리된 설문지는 355부였다. 조사 대상자들의 인구 분포는 〈표 10-2〉와 같다.

〈표 10-2〉 예비연구 응답자 빈도(백분율) 분포 (N = 355)

성 별	관광지	관관기간(일)	나 이	직 업	여행동료
남 244(69)	제주도 40(11)	평균 3.49	10대 22(6)	학생 171(48)	친구 202(57)
여 111(31)	강원도 129(36)	(SD 1.88)	20대 222(63)	회사원 105(30)	가족 74(21)
	경주 30(8)		30대 86(24)	공무원 42(12)	연인 43(12)
	남해안 34(10)		40대 15(4)	무직 7(2)	직장동료 26(7)
	국내 기타 122(34)		50대 이상 10(3)	기타 30(8)	기타 10(3)

③ 분석 절차

앞에서 구성한 124개 문항이 공통적이고 일반적인 관광 체험 내용으로 적절한지를 판단하기 위하여 먼저 각 개별 문항의 응답치(5점 척도)에 대한 빈도를 살펴보았다. 응답 편의를 막기 위해 작성하였던 역점수 문항의 측정치를 교정한 다음, 각 문항마다 '전혀 그렇지 않다'에 응답한 비율이 전체 응답자 중 20%가 넘는 경우의 문항은 삭제하였다. 문항 삭제 기준을 20%로 삼은 이유는 5점 척도의 경우 하나의 응답치에 응답할 무선 확률이 1/5이므로, 만약 어떤 문항의 '전혀 그렇지 않다'는 응답이 20%를 넘는다면 이는 그 문항이 일반적으로 경험하지 않는 내용을 담고 있음을 반영하기 때문이다. 이런 기준으로 삭제한 문항은 모두 14개였다. 나머지 110문항에 대해서는 예비연구 1에서 상정한 원천 범주별로 각각 문항 분석을 실시하였다.

두 번째 과정은 해당 원천 범주별로 각 문항이 해당 범주의 변산에 공헌하는지를 고려한 점검이었다. 우선 각 개별 문항이 범주 내 내적 합치도를 크게 삭감할 경우(즉, 문항－총점 상관이 .10 미만인 경우)에는 문항의 내용에 관계없이 삭제하였다. 그리고 해당 문항의 평균 점수가 범주 내 평균을 크게 벗어나거나(즉, '범주평균±(표준편차/2)'의 범위를 벗어난 경우), 문항 표준편차가 범주 내 평균 표준편차보다 작은 경우(즉, '범주 내 평균 표준편차>문항 표준편차'의 경우), 또 문항－총점 상관이 .30 이하인 경우 중에서 최소 두 가지 조건 이상에서 문제 있는 문항은 삭제하였다.

문항 점검 세 번째 과정은 요인 분석을 통한 문항 축소 절차였다. 예비 연구는 원천 범주별로 가장 타당한 구조의 관광 체험 척도를 구성하는 것이므로 일반적으로 가장 많이 사용되는 주축 요인 분석(principle axis factor analysis)을 실시하였다. 최초 공통 분산은 다중 상관 제곱치(SMC: Squared Multiple Correlation)로 추정하였다. 각 범주의 요인 수 결정은 여러 기준을 동시에 적용하였다. 우선, 하나의 공통 요인을 뽑기 위해서는 최소한 세 개 이상의 측정 변수가 필요하므로(이순묵, 1995, p.38, 54; 이영준, 1991; Thurstone, 1947), 측정 문항 수 대비 1/3 수준의 요인 수를 최대 공통요인의 개수로 간주하였다. 그러고 나서 스크리(scree) 검증과 최초 요인 행렬에서 나온 누적 설명량 등을 고려하여 적절한 요인 수를 추정하였다. 또 요인 분석에 있어서 고유한 해결점(unique solution)이 없기 때문에 요인 행렬에 대한 연구자의 해석가능성도 반영하였다. 결국, 원천 범주별 체험 척도들의 요인 수는 '최초 요인행렬'에서 고유근이 모두 1.0 이상인 것 중에서 결정되었으며, 이렇게 요인 수를 고정한 후, 범주 내 각 문항이 어느 하나의

요인에 가장 큰 요인부하를 가지도록 직교 회전을 실시하였다. 탐색적
인 연구의 경우 문항을 공통되는 내용별로 분류하는 데 가장 좋은 방
법은 공변하는 변수는 공변하는 변수끼리 묶이도록 하여 문항 내용들
의 구조가 단순하며 해석이 용이해야 하므로(이영준, 1991), 여기서는
전통적인 방식인 varimax 회전 방식을 택하였다.

직교 회전을 한 다음, 개별 문항이 해당 요인에 묶이는 부하량을 점
검하여 요인부하량이 .50 이상이면서 다른 요인에는 .40 이상으로 묶이
지 않는 문항을 우선 추출하였다. 나머지 문항은 요인부하량의 크기와
내용을 고려하여 남길 문항과 삭제할 문항으로 구분하였다. 이 과정은
본 연구의 목적이 적절한 수의 문항으로 구성되면서 동시에 문항들의
내용 구조가 단순한 관광 체험 척도를 개발하는 것이었기 때문에 필요
하였다. 물론 원천 범주에 따라 요인 분석에서 삭제된 문항이 없는 범
주도 있었는데 이런 경우는 모두 요인 구조가 비교적 간명했다. 요인
분석을 통한 문항 축소 절차는, 과거 경험에 근거하여 '기능적 관광 동
기 척도(functional travel motivation scale)'를 개발했던 Fodness(1994)
의 절차와 유사하다.

10.4.2. 문항 및 요인 분석 결과

우선 124문항의 응답치별로 빈도분석을 실시한 후 '전혀 그렇지 않
다'(5점 척도)의 응답치가 20%를 넘는 문항은 삭제하였는데 여기에는
14문항이 해당되었으며 〈표 10-1〉에 '*'표시되어 있다. 여기에는 쇼핑과
관련한 4문항 모두, 불명확한 타인 관련 문항 중 3문항, 여가·관광 프
로그램 관련 문항 중 2문항, 여행객 관련 문항 중 1문항, 여행지 전반
과 관련하여 2문항, 자연환경 관련 1문항, 지역 생활문화 관련 1문항
등이다. 심리적 반응 면에서 볼 때, 인지적 판단 2문항, 정서반응 5문항,

행동 7문항이었다. 나머지 110문항에 대해서는 아홉 개 범주별로('쇼핑 관련 범주'는 삭제되었음) 문항 분석을 실시하였다. 각 범주별 체험 척도의 평균, 표준편차 및 내적 합치도는 〈표 10-3〉에 제시하였다.

〈표 10-3〉 범주별 체험 척도의 평균, 표준편차, 내적 합치도

원천별 체험 척도 구분	문항 수	평 균	표준편차	Cronbach's α
자연환경 원천 체험	9	3.26	1.01	.86
부대시설 원천 체험	13 (9)	2.99(3.00)	.92(.93)	.72(.72)
지역주민 생활 문화 체험	13 (9)	3.17(2.96)	.90(.93)	.73(.80)
여행지 물가 체험	4 (3)	2.91(2.69)	.87(.87)	.79(.85)
역사 문화 유적 체험	7 (5)	2.88(2.88)	.94(.98)	.77(.87)
여행지 전반 관련 체험	12 (9)	3.16(3.15)	.92(.94)	.78(.79)
여행객 원천 체험	17(10)	3.27(3.40)	.90(.90)	.67(.67)
여행방식 원천 체험	19 (8)	3.23(3.22)	.93(.93)	.66(.65)d
관광 활동 자체 체험	16 (7)	3.41(3.65)	.89(.82)	.70(.79)

주. ( )속 수치는 예비조사 후 최종적으로 남긴 문항의 분석 결과임.

① 자연환경 요소 원천의 관광 체험

자연환경 요소를 경험의 원천으로 하는 체험은 9문항이었다. 〈표 10-3〉에서처럼 9문항의 전체 평균은 3.26이며 표준편차는 1.01이었다. 평균이 지나치게 낮은 문항은 '7번, 성취감'이었으며, 표준편차가 평균 표준편차보다 낮은 경우는 3번, 5번, 8번, 9번 문항이었다. 그러나 문항 −총점 상관이 .30 이하인 경우는 없었다. 따라서 '연구 방법' 절에서 설정한 기준을 벗어나는 문항은 하나도 없었으며, 모든 문항이 전체 문항의 변산에 공헌하는 것으로 판단되었다. 그리고 전체 문항에 걸쳐 내적 합치도는 .86으로 비교적 안정적인 것으로 나타났다.

그래서 자연환경 관련 체험 문항들은 삭제 없이 요인 분석의 자료로 사용하였다. 우선 주축 요인 분석을 실시하여 고유근(eigen value)의

변화 추이를 고려하는 스크리 검증과 누적 설명량 및 해석가능성을 고려하여 요인 수를 결정하였다. 초기 행렬에서 두 개 요인이 적절하다고 판단되었으며 이를 고정하여 직교 회전하였다. 최종 요인 분석 결과는 〈표 10-4〉에 정리하였다.

〈표 10-4〉 자연환경 원천 관광 체험의 요인 분석(n=348)

varimax rotated.

문 항 \ 요 인	I : 자연 교류	II : 자연환경 판단	h^2
8. 실존감	.705		.567
5. 순수해지는 느낌	.700		.567
1. 자연의 일부	.678		.513
3. 자연과 어울림	.609	.313	.469
7. 성취감	.551		.337
4. 압도당한 느낌	.550	.333	.413
9. 풍경 독특성 판단		.781	.640
10. 부러운 느낌	.418	.644	.590
2. 원형보존 판단		.506	.346
고유근(eigen value)	3.87	.58	
요인설명량	43.0	6.4	누적49.4%

주. 요인부하량이 .30 미만은 제시 안 함.

〈표 10-4〉에서 보면 10번 '나는 이곳의 자연환경을 보고 부러움을 느낀다'의 문항만 두 개의 요인에 걸쳐 있는 요인부하량을 보였으나, 나머지 문항들은 요인부하가 비교적 분명하였다. 10번 문항의 요인부하도 두 번째 요인에 비교적 크게 묶이고 있으며, 두 번째 요인에 해당되는 것으로 판단되었다. 요인 1의 문항들은 모두(6개) 여행자가 자연환경을 접하고 나서 느끼는 자신에 대한 정서반응 또는 행동이었다. 요인 2의 문항들(3개)은 자연환경의 특징에 대한 직접적인 판단에 해당하는 내

용이었다. 요인 1은 '자연교류' 차원으로, 요인 2는 '자연환경 판단' 차원으로 명명하였다.

② 부대시설 및 프로그램 원천의 체험

여행지의 부대시설이나 프로그램을 원천으로 하는 체험은 여행지의 교통, 숙박, 여가·관광프로그램, 홍보·안내 등과 관련한 내용이다. 여기에는 모두 13개의 문항이 포함되었으며 우선 앞에서의 절차처럼 문항 분석을 실시하였다. 그 결과 열세 개 문항의 평균은 2.99, 표준편차는 .92로 나타났으며, 내적 합치도는 .72였다. 네 개의 문항(13번, 29번, 92번, 95번)은 표준편차가 평균 표준편차보다 작으면서 총점과의 상관도 매우 낮은 것으로 나타났다(.30 미만). 따라서 이들 문항은 전체 문항의 변산에 적절한 공헌을 하지 않는 것으로 판단되어 삭제하였다. 이들 4문항을 삭제한 후 9문항의 내적 합치도는 .72로서 삭제하기 전과 비교하여 거의 차이가 없었으며, 문항-총점 상관의 크기는 .24~.52였다. 또 나머지 9문항의 전체 평균은 3.00, 표준편차는 .93이었다. 그러므로 척도가 지니는 단순성의 원리를 염두에 둘 때 이들 4문항은 삭제하는 것이 바람직하다고 판단되었다.

부대시설 원천의 체험 척도에 대한 요인 분석은 나머지 9문항을 사용하여 진행하였다. 주축 요인 분석 결과, 요인 수는 세 개가 적절하다고 판단하였으며, 세 개 요인으로 직교 회전을 수행한 결과는 〈표 10-5〉과 같다.

〈표 10-5〉 부대시설 및 프로그램 원천의 체험 요인 분석(n=344)

varimax rotated.

문　항 \ 요　인	Ⅰ: 다양성 경험 기회	Ⅱ:교통 불편함	Ⅲ:배려감	h2
96. 안내·홍보의 혜택	.732			.580
97. 지역정보 획득	.675			.505
93. 고유문화 반영 프로그램	.494			.246
31. 다양한 경험 기회	.391			.188
28. 자연특징적 시설	.279			.088
11. 교통 불편		.822		.742
12. 교통 짜증		.746		.629
32. 배려 받는 느낌			.692	.494
30. 부대시설 불편			.492	.360
고유근(eigen value)	2.34	.95	.54	
요인설명량	26.0	10.6	6.0	누적 42.6%

주. 요인부하량이 .279 미만인 경우 제시 안 함.

〈표 10-5〉에서 보면, 요인 2와 요인 3의 해당 문항 수가 적은 것을 제외하면 매우 깨끗한 구조를 보여준다. 요인 1의 문항들은 여행자의 다양한 경험을 반영하는 것으로 판단되어 이 요인을 '다양성 경험 기회' 차원으로 명명하였다. 한편, 요인 2는 교통 불편과 짜증에 관한 문항이었으며, 둘 다 교통과 관련되며, 동시에 부정적 정서와 관련되어 있었다. 그래서 이 요인은 '교통 불편' 차원으로 명명하였다. 그리고 요인 3에 해당되는 문항은 시설 때문에 불편하거나 배려 받는 느낌에 해당되는 내용이었다. 요인 3은 '배려감' 차원으로 명명하였다. 하지만 Thurstone(1947)이나 이순묵(1995) 등에 의하면, 하나의 공통 요인을 추출하기 위해서는 최소한 세 개의 문항이 있어야 한다. 이런 기준으로 보면 요인 2와 요인 3에 해당하는 문항의 수는 적은 것으로 판단되었다. 따라서 향후 본 조사에서는 연구자와 보조자들이 논의하여 요인 2와 요인 3의 문항 내용과 유사한 문항을 각각 추가 작성하기로 했다.

③ 지역주민 및 생활 문화 원천의 체험

지역주민 생활 문화 요소를 원천으로 하는 관광 체험 문항은 모두 13개였다. 이 13문항에 대한 문항 분석 결과 전체 평균은 3.17, 표준편차는 .907, 내적 합치도는 .726이었다(〈표 10-3〉 참조). 열세 개 문항 중 우선 문항-총점 상관이 지나치게 낮아서(즉, .10 미만) 전체 문항의 변산에 공헌하지 못하는 문항은 23번과 25번이었다. 이들 외에 19번 문항은 평균이 너무 높으면서 문항-총점 상관이 너무 낮았으며, 24번 문항은 표준편차가 작으면서 문항-총점의 상관이 낮았다. 이들 4문항을 삭제한 후의 평균, 표준편차는 큰 변화가 없었으며, 내적 합치도는 .80으로 매우 높아졌다. 따라서 이들 네 개 문항을 삭제한 후 아홉 개 문항만으로 요인 분석을 실시하였다.

〈표 10-6〉 지역주민 및 생활 문화 원천의 체험 요인 분석(n = 349)

varimax rotated.

문 항 \ 요 인	I: 지역문화 교류	II: 독특성	h^2
21. 배울 점 지각	.695		.566
22. 주민의 순수함	.653		.487
14. 주민의 친절함	.576		.364
20. 주민의 자유로움	.545		.319
18. 고유한 풍습	.436	.317	.291
27. 음식문화 맞음	.331		.117
16. 지역 특성적 성격		.778	.669
15. 독특한 생활양식	.312	.641	.509
26. 언어 독특성		.631	.420
고유근(eigen value)	3.08	.66	
요인설명량	34.3	7.3	누적 41.6%

주. 요인부하량이 .30 미만인 경우는 생략함.

9문항에 대한 주축 요인 분석 결과 두 개의 요인이 적절한 것으로 판단되었으며, 이 두 개의 요인을 가정하여 직교 회전한 분석 결과는 〈표 10-6〉와 같다. 〈표 10-6〉에서 보면, 아홉 개 문항 모두 비교적 명확한 요인 구조를 보이고 있다. 요인 1의 문항들은 관광자가 여행지의 주민이나 생활양식을 접함으로써 정신적인 무언가를 얻게 되는 체험을 반영하는 것인데 반해, 요인 2의 문항들은 여행지 문화의 독특성을 지각하는 내용들이다. 따라서 요인 1은 '지역문화 교류' 차원으로, 요인 2는 '독특성' 차원으로 명명하였다.

④ 여행지 물가 원천의 관광 체험

여행지 물가와 관련한 심리적 체험 문항은 모두 네 개였다. 네 개 문항의 범주 평균은 2.91, 표준편차는 .87이었다. 그리고 내적 합치도는 .79였다. 그러나 네 개 문항을 분석한 결과 1개의 문항은 분포가 편포된 것으로 나타났다. '여행경비에 비해 실속이 있었다'는 문항(36번)은 평균이 범주 평균보다 크며, 표준편차는 더 작은 것은 것으로 나타났으며, 이 문항을 삭제한 후의 내적 합치도는 .85로 높아진 수치를 보였다. 따라서 이 문항은 다른 물가 경험 문항의 전체 변산에 거의 공헌하지 않는 것으로 판단되었다. 나머지 세 개 문항에 대한 요인 분석은 적절하지 않은 것으로 판단하였다. 하나의 요인이 형성되기 위해서는 최소한 세 개 문항이 있어야 하는데, '물가 체험'은 3문항뿐이므로 단일 요인으로 가정하는 것이 옳을 것이다. 따라서 여기서는 주축 요인 분석을 통해 이들 세 개 문항이 하나의 요인으로 수렴하는지만을 확인하기로 하였다. 주축 요인 분석의 결과는 〈표 10-7〉과 같다. 요인 하나의 누적 설명량은 66.0%이었다.

〈표 10-7〉 여행지 물가 원천의 체험 주축 요인 분석(n = 350)

요 인 문 항	요인명: 물가 판단	h^2
34. 관광요금 비쌈	.904	.817
33. 비싼 물가	.822	.676
35. 바가지 느낌	.697	.485
고유근(eigen value)	1.97	
설명량		66.0%

⑤ 여행지 문화 유적 원천의 체험

여행지의 문화 유적 요소를 원천으로 하는 체험 문항은 모두 일곱 개였다. 이들 7문항에 대한 문항 분석 결과 범주 평균은 2.88, 표준편차 .94, 내적 합치도는 .77이었다. 분석 결과에서 119번과 120번 문항은 표준편차와 문항-총점 상관에서 낮은 수치를 보이고 있다. 이들 2문항을 삭제한 후의 내적 합치도는 .87로 훨씬 높아진 크기를 보여주었다. 두 개 문항을 제외한 다섯 개 문항에 대해선 요인 분석이 적절하지 않은 것으로 판단되었다. 앞의 물가 관련 체험 척도처럼 두 개 이상의 요인을 가정하기 위해서는 최소한 개별 요인당 세 개 이상의 문항이 전제되어야 한다. 따라서 문화 유적 관련 경험 문항에 대한 요인 분석은 주축 요인 분석만을 수행하여 요인이 하나로 수렴하는지를 확인할 필요가 있었다. 다섯 개 문항에 대한 주축 요인 분석 결과는 〈표 10-8〉에 제시하였다. 다섯 개 문항의 요인 분석 결과는 하나의 요인이 존재함을 보여주고 있다. 하나의 요인이 전체 문항을 설명하는 양은 60.6%로 매우 적절한 것으로 나타났다.

<표 10-8> 문화 유적 원천의 체험 주축 요인 분석(n=346)

문 항	요인 요인명: 문화 유적 교류	h^2
115. 경이로운 느낌	.888	.789
116. 자부심	.840	.705
117. 역사추리	.815	.664
114. 지식확인 기회	.791	.626
118. 전통－현대의 조화	.495	.245
고유근(eigen value)	3.03	
설명량		60.6%

⑥ 여행지 전반적 이미지 원천의 체험

여행지 전반 관련 심리적 체험은 여행지의 전체적인 이미지를 염두에 둘 때의 여러 심리적 상태를 의미한다. 이와 관련한 열두 개 문항에 대한 문항 분석 결과 내적 합치도는 .78이고, 평균 3.16, 표준편차 .92이었다. 문항 분석 결과 58번과 66번 문항은 표준편차와 문항－총점 상관의 크기가 너무 작았으며, 59번은 너무 큰 평균과 너무 작은 표준편차를 보였다. 그래서 이들 3문항은 삭제하였으며, 나머지 9문항에 대한 내적 합치도는 .79로 오히려 높아진 수치를 보여주었다.

〈표 10-9〉 여행지 전반적 이미지 원천의 체험 요인 분석(n=348)

varimax rotated.

요인 문 항	Ⅰ: 지식 획득	Ⅱ: 자기 확인	h^2
54. 지역 정보 획득	.743		.557
55. 지식 획득	.704		.573
57. 지식확인	.607		.427
65. 미지에 대한 기대	.365		.162
62. 친숙함		.693	.536
61. 자기 발견	.327	.514	.372
60. 과시적 느낌	.373	.510	.400
63. 추억 만들기		.492	.242
56. 국토순례	.328	.491	.349
고유근(eigen value)	2.95	.66	
요인설명량	32.9	7.4	누적 40.2%

주. 요인부하량이 .30 미만인 경우는 생략함.

요인 분석에서는 9문항만을 적용하여 수행하였다. 요인 분석 결과, 스크리 검증과 최종 설명량, 해석가능성 등을 고려할 때 두 요인으로 가정하는 것이 적절한 것으로 판단되었다. 직교 회전한 요인 분석 결과는 〈표 10-9〉에 제시하였다. 〈표 10-9〉에서 보는 것처럼 두 개 요인에 묶인 문항들은 내용상 적절히 구분되고 있었다. 요인 1은 정보, 지식 확인, 지식 및 정보 획득 등에 대한 내용이었고, 요인 2는 여행지를 통해 여행자가 자기의 정체성이나 과시 욕구, 의무감(순례) 또는 추억을 확인하는 내용들이었다. 따라서 요인 1은 '지식 획득' 차원으로, 요인 2는 '자기 확인' 차원으로 명명하였다. 그런데 61, 60, 56번 문항은 요인 1과 요인 2에도 혼재된 요인부하를 보이고 있다. 하지만 요인부하의 상대적 크기와 문항의 내용상 요인 2에 묶이는 것이 타당하다고 판단되어 그대로 남겨두기로 결정하였다.

⑦ 여행객 원천의 관광 체험

관광하는 동안 관광자가 체험하는 내용은 그 원천이 그 지역을 여행 중인 다른 사람들에 있을 수도 있다. 다른 여행객은 관광 참여자 자신이 동행하는 동료뿐 아니라 해당 관광지에서 새로이 만나는 다른 여행자들도 포함한다. 빈도분석 후 예비조사 분석에 적용한 '여행객 원천의 체험' 문항은 모두 17문항이었다. 이 17문항에 대해 우선 문항 분석을 실시한 결과, 17개 문항의 범주 평균은 3.27, 표준편차 .90, 내적 합치도는 .67이었다. 여행객 관련 체험 문항 중 범주 내 평균, 표준편차, 문항-총점 상관을 고려하여 앞에서 기술한 기준을 적용한 결과 적절하지 않은 문항은 83번, 84번, 37번, 38번, 40번, 42번, 52번 등 일곱 개로 판단되었다. 결국, 이 일곱 개 문항을 삭제한 후 나머지 열 개 문항의 내적 합치도를 분석한 결과 .668로서 17문항의 α 값과 큰 차이는 없었다. 결국 일곱 개 문항은 여행객 관련 관광 체험 척도의 전체 변산에 거의 공헌하지 않는 것으로 판단되었다.

요인 분석에서는 일곱 개 문항을 뺀 열 개 문항만을 사용하여 수행하였다. 주축 요인 분석 결과 적절한 요인 수는 세 개로 판단되었으며, 이를 varimax회전한 결과는 〈표 10-10〉에 정리하였다. 〈표 10-10〉에서 보면, 열 개 문항은 모두 간명한 요인 구조를 보이고 있다. 요인별 문항 내용을 고려한 결과 요인 1은 여행동료와 교류를 하는 동안 체험하는 친밀감에 해당하는 것이었다. 요인 1은 '동료 친밀감' 차원으로 명명하였다. 요인 2는 여행자 개인이 다른 여행자와의 교류를 통하여 자기의 사고나 정체성을 확인·확장하는 내용이었다. 요인 2는 '자기 확장' 차원으로 명명하였다. 요인 3은 다른 여행자들 때문에 겪게 되는 불편함과 불쾌함에 해당하는 내용이었다. 그래서 요인 3은 '부정적 정서' 차원으로 명명하였다.

〈표 10-10〉 여행객 원천의 체험 요인 분석(n=339)

varimax rotated.

문 항 \ 요 인	Ⅰ: 동료 친밀감	Ⅱ: 자기 확장	Ⅲ: 부정적 정서	h^2
44. 동료와 조화	.817			.695
41. 동료 의존감	.800			.662
45. 동료이해 기회	.748			.578
39. 동료 상호 배려	.618			.434
50. 사고 확장 기회		.832		.697
51. 자기 정체성 확인		.611		.387
43. 인간관계 확장		.589		.356
48. 동료 의견대립			.726	.564
49. 동료 구속감	.327		.668	.558
47. 이질감			.407	.167
고유근(eigen value)	2.70	1.64	.76	
요인설명량	27.0	16.4	7.6	누적 51.0%

주. 요인부하량이 .30 미만인 경우는 생략함.

⑧ 여행방식 원천의 체험

여행방식과 관련한 관광 체험 문항은 모두 19개였다. 여기에는 관광자가 패키지여행을 하느냐 또는 자유 여행을 하느냐, 혼자서 여행하느냐 아니면 다른 사람들과 함께 여행하고 있느냐, 혹은 어떤 일정을 가지고 여행하느냐에 따라 달라질 수 있는 체험 내용들을 포함하고 있다. 19개 문항의 범주 평균은 3.23, 표준편차는 .93이고 내적 합치도는 .66이다. 19개 문항들 중 76번과 82번은 문항-총점 상관이 매우 작았으며, 68번과 90번은 표준편차와 문항-총점 상관이 낮았고, 71번은 평균이 너무 낮으면서 문항-총점 상관이 낮았으며, 80번 문항은 평균이 너무 높으면서 집중 경향을 보이고 있다. 이들 여섯 개 문항 외에 88번 문항은 문항 내용상 부적절한 것으로 판단되었다. 88번 문항은 '일정 외 남는 시간은 재미있게 보내고 있다'였는데 '재미있게 보낸다'는 의미

가 너무 포괄적이며, 다른 문항들의 내용에 비해 너무 일반적인 것으로
여겨진다. 따라서 88번 문항을 포함하여 일곱 개 문항은 삭제하기로 결
정했다. 19개 문항 중 일곱 개 문항을 삭제한 후 열두 개 문항의 내적
합치도는 .66이었으며, 범주 평균은 3.22, 표준편차는 .93으로서 19개 문
항 전체의 분석 결과와 크게 다르지 않았다. 척도의 문항 절약이라는
점에서 볼 때 열두 개 문항이 적절한 것으로 해석할 수 있다.

〈표 10-11〉 여행방식 원천의 체험 요인 분석(n = 348)

varimax rotated.

문 항 \ 요 인	I : 다양성	II : 여행실속	h^2
79. 다양한 경험 기회	.718 (.709)		.531 (.510)
77. 이상적 여행방식	.655 (.670)		.500 (.483)
78. 모험감	.645 (.649)		.416 (.422)
67. 자유로운 여행방식	.413 (.396)		.188 (.164)
69. 추억 만들기 *	.333		.113
75. 수박겉핥기식 여행*	.307		.177
73. 여행실속 판단		.783 (.843)	.610 (.718)
72. 비용절감		.531 (.569)	.302 (.335)
74. 시간 낭비 없음		.500 (.468)	.269 (.254)
70. 선택의 어려움		.354 (.288)	.131 (.100)
89. 남는 시간 할 일 없음 *			.030
81. 명소 찾아가기 *			.037
고유근(eigen value)	2.15 (1.85)	1.16 (1.13)	
요인설명량	17.9 (23.2)	9.7 (14.2)	누적 27.6 (37.4)

주. 요인부하량 .28 미만은 제시 안 함.
*: 1차 요인 분석 후 삭제한 문항 이며, ( )속 수치는 여덟 개 문항 적용 시 결과임.

요인 분석은 총 열두 개 문항을 가지고 진행하였다. 우선 열두 개 문
항에 대한 주축 요인 분석 결과 최대 요인 수는 네 개 정도로 추정하
였으며(총 변수의 1/3), 궁극적으로 스크리 검증과 요인 해석가능성 및

개별 문항의 설명량 등을 고려하여 두 개 요인이 적정한 것으로 판단되었다. 열두 개 문항 중 두 개 요인에 명확히 묶이지 않는 문항은 75, 89, 81번 문항이었다. 이들 세 개 문항 외에 75번 문항은 요인부하량 크기가 작으면서 동시에 요인 1의 다른 문항들과 이질적인 내용으로 판단되었다. 그래서 총 네 개 문항을 삭제하기로 했다. 열두 개 문항 중 네 개 문항을 뺀 후 여덟 개 문항만으로 다시 요인 분석을 실시하였다. 열두 개 문항과 여덟 개 문항의 요인 분석 결과는 〈표 10-11〉에 제시하였다. 그 결과 두 개 요인의 누적 설명량이 37.4%였으며, 요인부하량의 분포는 더욱 간명한 구조를 보여주었다. 요인 1의 문항들은 다양한 종류의 경험을 반영하는 문항들이었고, 요인 2의 문항들은 여행 실속을 의미하는 문항들이었다. 따라서 요인 1은 '다양성' 차원으로, 요인 2는 '여행실속' 차원으로 명명하였다. 한편, 여덟 개 문항의 범주 평균은 3.223, 표준편차는 .924였으며, 내적 합치도는 .65였다. 이런 결과는 여행 경험 19개 문항이나 12개 문항의 분석 결과와 비교하여 크게 다르지 않은 것이다. 따라서 단순성과 절약의 원칙에 의거하여 볼 때, 여행방식 관련 체험 척도는 여덟 개 문항이 적절한 것으로 판단되었다.

⑨ 관광 활동 자체 원천의 체험

관광 활동 자체와 관련한 문항은 모두 16개 문항이었다. 이 16개 문항에 대한 분석 절차는 이전 범주들의 경우와 동일하다. 문항 분석 결과 16개 문항의 범주 평균은 3.42, 표준편차 .89, 내적 합치도는 .66이었다. 16개 문항 중 여섯 개 문항은 적절하지 않은 것으로 판단되었다. 100번, 102번, 107번은 문항-총점 상관이 너무 낮았으며(.10미만), 105번, 108번 다른 문항들에 평균이 낮으면서 동시에 문항-총점 상관이 낮았고, 103번과 106번은 표준편차와 문항-총점 상관이 상대적으로 낮게 나타났다. 이들 일곱 개 문항을 삭제 후 나머지 아홉 개 문항에 대한 분석 결과, 내적 합치도가 .80으로 높아졌으며, 평균 3.59, 표준편차 .84였다.

　요인 분석은 아홉 개 문항만을 적용하여 실시하였다. 주축 요인 분석 결과, 최대 세 개 정도의 공통 요인을 산출할 수 있는 것으로 보였다. 그러나 세 개 요인이나 두 개 요인을 상정한 후 요인 구조는 해석이 매우 어려웠다. 오히려 하나의 요인에 대부분의 문항이 묶이는 반면, 다른 요인의 문항은 명료한 부하 구조를 보이지 않았다. 그보다는 요인을 하나로 가정하는 것이 타당하다고 판단되었다. 그러나 전술했던 것처럼 요인이 하나일 경우 요인 회전은 의미가 없다. 그래서 단지 주축 요인 분석을 통해 문항들이 하나의 요인으로 수렴하는지를 확인하였다. 즉, '관광 활동 자체' 원천의 체험 문항들은 하나의 요인으로 가정하고 분석하였다. 그 결과는 〈표 10-12〉에 제시하였다.

　그러나 요인 분석 결과 104번 문항은 상대적으로 낮은 요인부하를 보이고 있으며, 내용 면에서도 이질적인 것으로 판단되었다. 그래서 이 문항은 척도의 단순 구조를 위하여 삭제하기로 결정했다. 그리고 110번 문항은 내용이 '계획했던 목표달성'이었는데, 질문 내용 자체가 너무 포괄적인 내용을 담고 있는 것으로 판단될 뿐 아니라 다른 문항들과 동질적이지 않은 것으로 판단되어 삭제하기로 하였다. 그 외에 나머지 문항들은 모두 적절한 수준의 요인부하를 보이고 있으며, 문항 내용에 있어서도 여행이라는 사실 때문에 경험하는 감정 정화라는 점에서 유사성이 유지되고 있다. 나머지 일곱 개 문항만을 적용한 요인 분석 결과는 〈표 10-12〉에서 괄호( ) 속에 제시하였다. 그 결과 일반 요인(감정 정화 차원으로 명명함)의 설명량은 37.1%로 증가하였다.

〈표 10-12〉 관광 활동 자체 원천의 체험 요인 분석(n=353)

문 항 \ 요 인	요인명: 여행 통한 감정 정화	h2
112. 감정 정화 느낌	.755 (.766)	.57 (.59)
113. 스트레스 해소	.711 (.702)	.50 (.49)
109. 추억 만들기	.680 (.668)	.46 (.45)
111. 기능적 지식 획득	.625 (.622)	.39 (.39)
101. 해방의 즐거움	.521 (.497)	.27 (.25)
110. 목표 달성 *	.514	.26
98. 사고 기회 제공	.490 (.502)	.24 (.25)
99. 일탈감	.414 (.421)	.17 (.17)
104. 눈치 안보는 행동 *	.345	.11
고유근(eigen value)	3.00 (2.59)	
요인설명량	33.3 (37.1)	33.3 (37.1)

주. 요인부하량 .30 미만은 제시 안 함.
*: 요인 분석 후 삭제 문항이며, ( ) 속 수치는 일곱 개 문항 적용 시 결과.

나머지 일곱 개 문항에 대해서는 다시 문항 분석을 실시하였다. 그 결과 내적 합치도는 .79로 아홉 개 문항과 거의 차이가 없었으며, 평균 3.65, 표준편차는 .82로서 이 역시 아홉 개 문항과 비교하여 차이는 거의 없었다. 결국, 여행 자체를 염두에 둔 심리적 체험 척도는 '감정 정화'라는 단일 요인 일곱 개 문항으로 구성하였다.

요약하면, 이상 아홉 개의 원천 범주별로 문항 분석과 요인 분석을 실시하여, 최종적으로 본 조사에 적용할 문항을 선정하였다. 자연환경 요소 원천 체험, 부대시설 원천 체험, 지역주민 및 생활 문화 원천 체험, 여행지 전반과 관련한 체험 등은 각각 아홉 개 문항이며, 여행객 교류 체험은 열 개 문항, 여행방식 원천의 체험 문항은 여덟 개, 관광 활동 자체와 관련한 문항은 일곱 개, 문화 유적 관련 체험은 다섯 개,

그리고 여행지 물가와 관련한 체험 문항은 세 개로 총 69문항이었다. 단지 부대시설 원천의 체험 문항의 경우 요인 구조를 유지하기 위하여 두 개의 문항을 첨가하기로 하였으며, 그래서 최종적으로 본 조사에서 사용할 척도에는 71개 문항을 사용하기로 했다. 다음 논의 절에서는 각 개별 범주 내 요인 구조를 중심으로 이들 심리적 차원들이 기존 연구 결과와 어떻게 유사하고, 또 다른지를 논의할 것이다.

10.5. 관광 체험 분석의 논의

심리적 상태가 유발되는 원천의 종류에 따라 나누어진 관광 체험의 내용은 크게 1. 목적지의 환경적 요소(즉, 관광이 이루어지는 환경 요소-관광지 하위 속성)와 관련한 심리적 체험, 2. 관광을 하는 동안 타인관계에서 나오는 심리적 체험, 3. 여행방식 관련 체험, 4. 관광 활동 자체를 염두에 둔 심리적 체험 등이었으며, 세부적으로 총 열 개 범주로 나눌 수 있었다. 이 중에서 첫째, 관광이 이루어지는 환경(관광지 하위 속성)과 관련된 원천 범주는 총 일곱 가지였다. ⅰ) 여행지 자연 환경 요소 원천의 체험, ⅱ) 여행지의 여러 부대시설 및 프로그램 요소 원천의 체험, ⅲ) 여행지 지역주민 및 생활 문화 원천의 체험, ⅳ) 여행지 물가 원천의 체험, ⅴ) 여행지 문화 유적 요소 원천의 체험, ⅵ) 여행지에서의 쇼핑과 관련한 체험 등은 관광지 하위 속성 자극과 관련한 체험 내용이며, ⅶ) 전체로서 여행지 일반에 대한 심리적 반응은 관광지 각 속성의 총체적 이미지와 연관된 체험이다. 둘째, 관광을 하는 동안 타인 관계에서 나오는 체험으로 ⅷ) 여행객과 관련한 체험 범주가 있었다. 셋째, ⅸ) 여행방식 범주가 있었고, 마지막으로 ⅹ) 관광이라는 활동 자체 원천의 체험 등이 있었다.

한편 모든 심리적 체험 내용은 열 개 범주 총 156종류로 정리할 수 있었다. 이 중 여행 체험 내용으로서 적절하지 않거나 중복되는 것으로 판단된 내용을 버린 후 124문항을 구성하여 문항 총집(item pool)으로 삼았다. 하지만 이들 체험 내용 모두가 일반적이고 공통적인 관광 현장 체험이라고 보기는 어렵다고 판단하여 관광 경험자가 응답한 결과를 기초로 각 문항의 '전혀 그렇지 않다'에 해당하는 응답률이 무선 응답치(20%)를 넘는 경우 즉 14문항은 삭제하였다. 이 중에는, '쇼핑과 관련한 체험'인 총 4문항이 모두 포함되어 삭제하였다. '쇼핑' 체험은 기존 여러 연구들이 제안하는 관광 체험 내용이었음에 불구하고(즉, 이애주, 1989; Var et al., 1977; Ritchie & Zins, 1978), 본 연구에서는 공통적인 심리적 체험으로 분석되지 않았다. 이는 아마도 한국인의 특징인지도 모르며, 또는 관광 경험에 있어서 쇼핑 문화 자체가 일부 사람들에게만(특히, 여성) 중요한 요소일지도 모른다.

나머지 110문항에 대해서는 각 원천 범주별로 문항 분석과 요인 분석을 통하여 문항 축소 작업을 실시하였다. 그 결과 자연환경 원천의 체험은 2요인 9문항으로 정리하였다. 여기엔 자연정복과 동화를 포함하는 자연교류 차원과, 자연환경에 대한 인지적 판단을 의미하는 자연환경 판단 차원이 포함되었다. 이들 차원은 기존 여러 연구결과와 일치한다(즉, 성영신 등, 1996a, b; Iso-Ahola, 1980; Pearce, 1982). 그러나 개별 문항으로 볼 때 자연환경 판단 차원 중 '원형보존 판단'은 처음 밝혀진 내용이다.

여행지 부대시설 원천의 체험은 최종적으로 3요인 9문항으로 정리되었다. 이들 요인은 다양성 경험 기회, 불편함, 배려감 등이다. 이 중 다양성이나 불편함은 이미 많은 연구에서 가정하거나 밝혔던 내용이나(즉, Cohen, 1979), 여러 부대시설을 통해 관광자 자신이 배려 받고 있음을 지각한다는 사실은 본 연구에서 처음으로 밝혀진 내용이다.

지역주민 및 생활문화 원천의 체험의 내용은 2요인 9문항으로 정리되었으며, 두 개 요인은 각각 지역문화 교류 차원과 독특성 판단 차원으로 구분할 수 있었다. 지역문화 교류 차원에는 주민 친절, 주민의 순수함 지각, 고유풍습 지각, 음식문화 조화 등 이미 다른 연구들이 밝혔던 내용을 포괄하고 있다. 즉, 주민 친절과 음식 문화는 관광 속성(또는 자원) 연구들이 지적하였던 내용이고, 주민의 순수함이나 고유한 풍습 등은 관광 경험의 고유성을 주창하는 연구자들에 의해 지적되는 내용이다(즉, MacCannell, 1973, 1976, 1977; Cohen, 1988, 1989; Hughe, 1995 등). 그리고 독특성 판단 차원 역시 기존 연구자들이 신기성 경험이라고 부르는 용어와 상통한다(즉, Cohen, 1972; Crompton, 1979; Mayo & Jarvis, 1982; Godbey & Graef, 1991; Mo et al., 1993).

여행지 물가와 관련한 체험은 3문항 단일 요인으로 나타났는데, 이 체험은 물가에 대한 일반적인 정서 판단에 해당하는 것이었다. 그래서 물가 판단 차원으로 명명하였다. 물가 속성은 기존 일부 관광지 속성 연구들이 가정하였던 것과 일치한다.

관광지의 문화 유적 원천의 체험 역시 단일 요인으로 정리되었는데 여기에는 다섯 개 문항이 포함되었다. 이 다섯 개 문항에는 지식 확인, 경이로움, 자부심, 현대-전통의 조화, 역사추리 등이 포함되어 포괄적으로 '문화 유적 교류'로 부를 수 있었다. 개별 문항 중 주의를 끄는 것은 '전통-현대의 조화 판단'과 '역사추리'에 대한 내용이었으며, 나머지 문항들은 기존 연구자들이 지식 획득이나 교육이라고 부른 차원(즉, Crompton, 1979; Ross & Iso-Ahola, 1991; Lounsbury & Polik, 1992; Fodness, 1994), 또 신기함 차원(Crompton, 1979), 순례 차원(즉, 자부심에 해당, MacCannell, 1973, 1976; Cohen, 1979)에 해당하는 것이었다.

여행지 전반적 이미지를 염두에 둔 심리적 체험 범주는 2요인 10문항으로 축소할 수 있었다. 여기에는 자기 확인 차원과 지식 획득 차원이 있었다. 이들 차원은 모두 기존 연구자들이 말한 순례, 자기탐색과 평가, 지식기능, 지식 획득감, 지적 욕구 충족 등과 일치하는 내용이다.

단지 이들 심리적 차원이 여행지 전반을 염두에 둔 체험이라는 사실은 기존 연구에서 밝히지 못한 것이다.

한편, 다른 여행객 때문에 겪게 되는 심리적 체험은 3요인 10문항으로 정리되었는데 각 요인은 동료 친밀감, 자기 확장, 부정적 교류 차원으로 나누어졌다. 이 중 동료 친밀감 차원은 기존 연구들이 사회 교류로 부른 체험 차원과 상통하며(즉, 성영신 등, 1996a; Crompton, 1979; Ross & Iso-Ahola, 1991; Lounsbury & Polik, 1992), 자기 확장 차원은 Fodness(1994)의 자아 고양 차원이나 Cohen(1979)의 방랑(실험) 경험과 어느 정도 유사한 것 같다. 그러나 부정적 교류 차원은 다른 연구에서는 지적하지 못했던 결과인 것 같다.

그리고 여행하는 방식 때문에 야기되는 체험은 2요인 8문항으로 정리되었으며, 다양성 차원과 여행 실속 판단 차원이 포함되었다. 다양성 차원은 이미 언급했던 것처럼 체험이나 동기에 대한 기존 여러 연구들이 지적하는 내용이다. 그러나 여행 실속 판단은 다른 연구에서 발견하기 어려운 내용이다.

마지막으로, 관광 활동 자체를 염두에 둔 체험은 단일 요인 일곱 개 문항으로 정리되었는데, 여기에는 감정 정화, 추억 만들기, 스트레스 해소, 해방감, 일상 탈출, 사고 기회 등이 포함되었다. 이들 문항은 모두 기존 연구에서 소외 탈피(Cohen, 1979), 일상 탈출(Crompton, 1979; Ross & Iso-Ahola, 1991), 정서적 애착(Gitelson & Crompton, 1984), 이완(Crom pton, 1979) 등과 유사한 내용을 포괄하고 있다.

결론적으로 두 번의 예비 연구를 통해 정리한 관광 심리 체험 차원들은 일정 부분 기존 연구들이 가정하거나 밝혔던 관광 체험, 동기, 관광지 속성과 일치한다. 그러나 기존 연구들은 관광지 속성과 심리적 체험 내용을 개별적으로 연구하였으며, 따라서 구체적인 심리적 차원이 어떤 속성과 관련되었는지를 밝히지 못했다. 그런 점에서 본 연구에서 분석한 원천 범주별 심리적 체험 척도의 구조적 차원은 보다 진일보한 접근이 되며, 관광 체험의 내용에 대해 더 많은 정보를 알려준다고 하겠다. 또한 본 연구에서 정리한 여러 차원의 체험 내용들은 기존에 밝히지 못했던 것들을 많은 부분 알려준다. 예를 들어, 자연환경 관련 체험 문항 중 '원형 희구', 여행지 부대시설 관련 체험 중 '배려감' 차원, 문화 유적 체험 중 '역사 추리', 여행객 관련 체험 중 '부정적 교류' 차원, 여행방식 중 '여행실속' 차원 등은 새롭게 드러난 관광 체험 내용이라고 할 수 있다.

제11장 관광 체험과 사후 평가의 관계 분석

11.1. 연구목적

두 번의 예비연구를 통하여 경험의 원천별로 관광 체험을 추출하고, 이를 측정할 수 있는 문항을 구성하였다. 그러나 예비조사의 결과는 단지 그러한 문항으로 관광 체험의 정도를 측정할 수 있는 가능성을 알려주는 것에 불과할 수 있다. 각 원천 범주별 체험 척도가 신뢰롭고 타당한지, 또 안정된 구조인지를 확인하기 위해서는 관광지 현장에서 현재 관광 중인 사람들을 대상으로 심리적 체험을 측정해야 한다. 또한 이미 구성한 척도가 타당하다면, 이들 척도로 측정한 원천 범주별 체험은 모두 '전반적인 관광 만족도'에 긍정적인 영향을 미칠 것이므로 그 예언력을 확인해 보아야 한다(가설 1). 본 연구에서 확인한 관광 체험의 원천 범주는 모두 아홉 개 종류였다. 그래서 가설 1은 다시 아홉 개 부분으로 세분할 수 있다.

가설 1-1. 자연환경 요소를 원천으로 하는 체험이 긍정적일수록, 전반적 관광 만족도는 긍정적일 것이다.

가설 1-2. 여행지 부대시설 관련 요소를 원천으로 하는 체험이 긍정적일수록, 전반적 관광 만족도는 긍정적일 것이다.

가설 1-3. 지역주민 및 생활 문화 요소를 원천으로 하는 체험이 긍정적일수록, 전반적 관광 만족도는 긍정적일 것이다.

가설 1-4. 문화 유적 요소를 원천으로 하는 체험이 긍정적일수록, 전반적 관광 만족도는 긍정적일 것이다.

가설 1-5. 여행지 물가 요소를 원천으로 하는 체험이 긍정적일수록, 전반적 관광 만족도는 긍정적일 것이다.

가설 1-6. 여행지 전반적 이미지를 원천으로 하는 체험이 긍정적일수록, 전반적 관광 만족도는 긍정적일 것이다.

가설 1-7. 다른 여행객과의 관계를 원천으로 하는 체험이 긍정적일수록, 전반적 관광 만족도는 긍정적일 것이다.

가설 1-8. 여행방식 요소를 원천으로 하는 체험이 긍정적일수록, 전반적 관광 만족도는 긍정적일 것이다.

가설 1-9. 관광 활동 자체를 원천으로 하는 체험이 긍정적일수록, 전반적 관광 만족도는 긍정적일 것이다.

한편, 각 원천 범주별 관광 체험이 후속 평가 변수에 영향을 미친다는 전제가 맞더라도 체험을 유발하는 맥락의 종류에 따라 '재방문 의도'나 '추천 의도'와 같은 '특정 여행지에 대한 태도'에 미치는 영향력은 차이가 있을 것이다. 즉, 구체적인 관광 체험이 관광지 하위 속성을 원천으로 하여 이루어진다면, 그 체험은 특정 관광지에 대한 태도에 긍정적인 영향을 미칠 것이다(가설 2). 그런데 본 연구에서 정리한 관광 체험 척도의 경우, 관광지 하위 속성에 해당하는 원천의 범주는 자연환경 요소, 부대시설 요소, 지역주민 생활 문화, 문화 유적, 여행지 물가, 여행지 전반 이미지 등 6가지이다. 따라서 이들 여섯 가지 속성을 원천으로 하는 체험 내용들은 각각 '추천 의도'와 '재방문 의도' 같은 여행지 태도에 긍정적으로 영향을 미칠 것이다. 또 '관광 활동 자체' 범주의 체험은 관광지 하위 속성과 관광지 이외의 속성을 어느 정도 혼합한 복합적인 이미지를 원천으로 하여 이루어지는 심리상태로 볼 수 있다. 따라서 다음과 같이 구체적인 가설을 세울 수 있다.

가설 2-1. 자연환경 요소를 원천으로 하는 체험이 긍정적일수록, 재방문 의도와 추천 의도는 긍정적일 것이다.

가설 2-2. 여행지 부대시설 요소를 원천으로 하는 체험이 긍정적일수록, 재방문 의도와 추천 의도는 긍정적일 것이다.

가설 2-3. 지역주민 및 생활 문화 요소를 원천으로 하는 체험이 긍정적일수록, 재방문 의도와 추천 의도는 긍정적일 것이다.

가설 2-4. 여행지 문화 유적 요소를 원천으로 하는 체험이 긍정적일수록, 재방문 의도와 추천 의도는 긍정적일 것이다.

가설 2-5. 여행지 물가 관련 요소를 원천으로 하는 체험이 긍정적일수록, 재방문 의도와 추천 의도는 긍정적일 것이다.

가설 2-6. 여행지 전반적 이미지를 원천으로 하는 체험이 긍정적일수록, 재방문 의도와 추천 의도는 긍정적일 것이다.

가설 2-7. 관광 활동 자체를 원천으로 하는 체험이 긍정적일수록, 재방문 의도와 추천 의도는 긍정적일 것이다.

하지만 관광지의 하위 속성이 아닌 다른 요소를 원천으로 하는 심리적 체험이라면, 특정 여행지에 대한 태도에는 영향이 없을 것이다(가설 3). 예비 연구에서 정리한 관광 체험의 원천 범주 중 여행지와 관련 없는 속성인 '여행객', '여행방식' 등과 관련한 체험은 추천 의도, 재방문 의도 등 여행지 관련 태도에 영향을 미치지 않을 것이다. 가설 3은 다음과 같이 구체적으로 설정할 수 있다.

가설 3-1. 다른 여행객 관련 요소를 원천으로 하는 체험은, 재방문 의도나 추천 의도와 유의미한 상관이 없을 것이다.

가설 3-2. 여행방식 요소를 원천으로 하는 체험은, 재방문 의도나 추천 의도와 유의미한 상관이 없을 것이다.

그리고 어떤 하나의 속성을 원천으로 하는 체험의 정도는, 그 속성을 독특하게 지니고 있는 여행지를 관광하는 경우가 다른 여행지를 관광하는 경우보다 더 클 것이다(가설 4). 서론에서 보았던 것처럼, 국내 여행지 중 특정한 관광지 속성을 독특하게 보유하고 있는 대표적인 지역은 설악산(자연환경), 경주(문화 유적), 제주도(자연환경, 지역문화) 등이다. 따라서 본 연구에서는 이들 지역을 여행하는 사람을 대상으로 조사하고자 하며('방법' 절 참조), 이들 지역 여행자 집단의 각 속성 범주별 관광 체험은 상대적으로 차이가 있을 것으로 예상한다. 하지만, 다른 종류의 속성을 원천으로 하는 관광 체험의 정도 차이는 미리 예상하기 어렵다. 관광 체험에 영향을 미치는 세 곳 여행지의 구조적 특징을 정확히 묘사하기가 어렵기 때문이다.

가설 4-1. 자연환경 원천 체험의 경우, 제주도와 설악산 여행자 집단이 경주 여행자 집단에 비해 더 긍정적일 것이다.

가설 4-2. 문화 유적 원천 체험의 경우, 경주 지역 여행자 집단이 다른 두 지역 여행자 집단에 비해 더 긍정적일 것이다(설악산과 제주도는 비교하기 어렵다).

가설 4-3. 지역주민 생활문화 원천 체험의 경우, 제주도 지역 여행자 집단이 다른 두 지역 여행자 집단에 비해 더 긍정적일 것이다(설악산과 경주는 비교하기 어렵다).

나머지 원천 범주별 체험의 여행지 간 차이와, 각 체험 내용이 세 가지 사후 평가 변수(전반적 만족, 재방문 의도, 추천 의도)에 미치는 영향의 정도는 여행지 특성에 따라 다를 수 있다. 그러나 구체적인 관계성을 예측하기는 어려우며, 여기서는 단지 여행지별 체험 차이와 관계성의 차이를 탐색적으로 알아보고자 하였다.

11.2. 연구방법

11.2.1. 조사 지역 및 조사 대상자

현장 관광자를 조사 대상자로 삼기 위해서 비교적 관광인구가 많고 독특한 속성을 지니고 있으며, 기존 연구들에 의해 주요 관광지로 불리고 있는 지역들을 선정하여 그 지역을 관광하는 사람을 추출하였다. 국내의 경우 주요 관광지는 대개 설악산, 경주, 제주도, 한려수도, 부산 등이 꼽힌다(이애주, 1989; 신도길, 1993). 이 중 설악산과 제주도는 자연환경 요소가 다른 지역에 비해 독특한 것으로 평가되고 있으며, 자연 요소 중 해상 여가 기회를 제공하는 곳으로는 부산, 제주도, 한려수도가 독특한 것으로 여겨지며, 또 경주는 문화 유적 측면이 다른 여타 지역에 비해 독특한 관광지로 여겨지고 있다(교통부, 1990; 이애주, 1989). 그리고 제주도는 다른 지역에 비해 지역주민 생활 문화가 독특하다고 여겨지고 있다(교통부, 1990; 김홍운과 김사영, 1994).

따라서 본 연구에서는 문화 유적이 독특한 곳으로 경주 관광권을 선택하고, 지역주민 생활이 독특한 곳으로 제주도를 선택하고, 또 자연환경이 독특한 곳으로 설악산권을 택하였다. 그런데 자연환경 요소의 독특성 측면에서는 설악산과 제주도가 유사한 것으로 알려져 있다. 하지만 설악산의 자연 요소와 제주도의 자연 요소는 그 구성상 내륙과 섬이라는 차이가 있을 뿐 아니라, 각각 기후 조건이 다르기 때문에(온대성 vs 아열대성 기후) 서로 다른 형태의 독특성이라고 볼 수 있다(즉, 교통부, 1990).

이들 세 지역을 관광 중인 사람 710명을 대상으로 조사하였다. 이 중 설악산 관광자는 총 170명이었다. 그러나 1일 여행자(나들이객), 순수 여행 목적이 아닌 방문자, 그리고 불성실 응답자를 제외한 나머지는 모두 76명의 설문지였다. 경주지역 여행자에 대해서는 총 180명을 조사하였다. 최종적으로 불성실 응답자를 제외하고 또한 2일 이상의 순수 여행자이면서 관광 일정 마지막 날에 해당하는 응답자만을 살펴본 결과 총 75명의 설문지를 자료 처리에 활용할 수 있었다. 제주도의 경우 다른 지역과는 달리 방문인구가 훨씬 많은 것으로 관찰되었으며, 다른 지역은 대부분 자유여행자인 반면 제주도에서는 패키지여행자가 꽤 많았기 때문에 두 집단 간 차이를 염두에 두어 다른 지역보다 약 두 배를 더 조사하였다. 그래서 총 360부를 조사한 결과 순수 여행자가 아닌 경우와 불성실 응답자를 제외한 227명의 설문지를 분석에 사용할 수 있었다. 각 지역별 조사 대상자의 인구통계학적 분포는 〈표 11-1〉과 같다.

〈표 11-1〉 각 지역별 조사 대상자 인구 분포(n=378)

		전체(n=378)	설악산(n=76)	경주(n=75)	제주도(n=227)
관광기간일평균(SD)		3.25(.98)	3.02(.67)	3.42(1.31)	3.27(.93)
성별	남	174명(46%)	39명(51%)	40명(53%)	95명(42%)
	여	204명(54%)	37명(49%)	35명(47%)	132명(58%)
나이 평균(SD)		26.76세(8.44)	24.3세(6.68)	23.0세(4.42)	28.81세(9.32)
	10대	66명(17%)	14명(18%)	14명(16%)	38명(17%)
	20대	208명(55%)	50명(66%)	69명(74%)	102명(45%)
	30대	63명(17%)	7명(9%)	네 명(6%)	52명(23%)
	40대	36명(10%)	4명(6%)	한 명(1%)	31명(13%)
	50대이상	5명(1%)	1명(1%)	.	네 명(2%)
결혼	기혼	240명(64%)	60명(80%)	62명(83%)	118명(52%)
	미혼	131명(34%)	14명(19%)	11명(15%)	106명(47%)
	기타	7명(2%)	2명(1%)	2명(3%)	세 명(1%)
학력	국졸	네 명(1%)	.	.	네 명(2%)
	중졸	13명(3%)	1명(1%)	.	12명(5%)
	고졸	198명(53%)	39명(53%)	40명(54%)	119명(53%)
	대재·졸	142명(38%)	32명(43%)	32명(43%)	78명(35%)
	대학원졸	16명(4%)	2명(3%)	2명(3%)	12명(5%)
직업	사무직	59명(16%)	9명(12%)	6명(8%)	44명(19%)
	생산직	13명(3%)	한 명(1%)	.	12명(5%)
	자영업	30명(8%)	한 명(1%)	2명(3%)	27명(12%)
	학생	163명(43%)	44명(59%)	54명(72%)	65명(29%)
	전업주부	31명(8%)	세 명(4%)	세 명(4%)	25명(11%)
	기타	81명(21%)	17명(23%)	10명(13%)	54명(24%)
여행동료	연인	60명(16%)	15명(20%)	19명(25%)	26명(11%)
	가족	97명(26%)	9명(12%)	5명(7%)	83명(37%)
	친구	158명(42%)	38명(50%)	44명(59%)	76명(33%)
	직장동료	37명(10%)	10명(13%)	7명(9%)	20명(9%)
	친목단체	18명(5%)	4명(5%)	.	14명(6%)
	기타	8명(2%)	.	.	8명(4%)
거주지	서울	137명(36%)	41명(54%)	12명(16%)	84명(37%)
	경기일원	98명(26%)	32명(42%)	16명(21%)	50명(22%)
	충청일원	14명(4%)	.	9명(12%)	5명(2%)
	호남일원	61명(16%)	한 명(1%)	17명(23%)	43명(19%)
	강원일원	7명(2%)	.	.	7명(3%)
	제주도	네 명(1%)	.	네 명(5%)	.
	영남일원	54명(14%)	2명(3%)	16명(21%)	36명(16%)
	기타	세 명(1%)	.	한 명(1%)	2명(1%)
관광형태	자유여행	301명(80%)	74명(97%)	75명(100%)	152명(67%)
	패키지여행	70명(19%)	.	.	70명(31%)
	기타	7명(2%)	2명(3%)	.	5명(2%)

11.2.2. 척도 구성

본 연구는 원천 범주별 관광 체험을 비롯하여, 이론적으로 관광지 현장
에서 체험의 준거가 되는 '관광 후 평가 변수들'을 포함하여 측정하였다.

① 측정 변수의 조작적 정의 및 측정

ⅰ) 각 원천 범주별 관광 체험

관광 체험은 '관광자가 특정 지역을 관광하는 동안, 스스로 지각하는
인지판단, 정서반응 및 행동들'이라고 할 수 있다. 이들 여러 체험들은
경험의 원천에 따라 구분할 수 있으며, 예비연구 결과 원천 범주는 자
연환경 요소, 지역주민 생활문화 요소, 문화 유적 요소, 여행지 물가 요
소, 관광 부대시설 관련 요소, 여행지 전반 이미지, 여행객 관련 요소,
여행방식 관련 요소, 관광 활동 자체 등으로 구분할 수 있었다. 이들
아홉 개 범주별 체험의 측정은 예비 연구에서 구성한 척도를 이용하였
다. 각 범주의 문항을 합하면 총 69문항이다. 이 중 부대시설 관련 체
험 척도의 경우 요인 구조의 안정성을 위하여 두 개 문항을 첨가하였
다. 그래서 본 조사에서 사용한 체험 문항은 총 71문항이었다.

각 원천 범주별로 보면, 자연환경 원천의 체험 9문항, 부대시설 원천
의 체험 11문항, 지역주민 및 생활 문화 원천의 체험 9문항이며, 문화
유적 체험 5문항, 여행지 물가 체험 3문항, 여행지 전반 이미지 원천의
체험 9문항, 여행객 교류 관련 체험 10문항, 여행방식 원천의 체험 8문
항, 그리고 관광 활동 자체 원천의 체험 7문항으로서 총 71문항이었다.
이들 71문항은 각 원천 범주별로 문항을 구성하였으며, Likert형 5점
척도('전혀 그렇지 않다'–'매우 그렇다')로 각 문항에 대해 동의하는
번호를 선택하게 하는 방식으로 작성하였다. 그리고 예비 연구에서 사
용한 문항 중 어감이 부드럽지 못한 문항들은 연구자가 연구 보조자들

(심리학과 대학원생 한 명, 전직 국어교사 한 명)과 논의하여 적절히 수정하였다.

ⅱ) 관광 후 평가 변수들

㉮ 전반적인 관광 만족

관광 체험의 예언타당도를 알아보는 준거로 우선 '전반적인 관광 만족도'를 측정하였으며, 이 변수에 대한 정의와 측정은 Stewart와 Hull Ⅳ(1992), Maddox(1985) 등의 관점을 따르기로 했다. 이들에 따르면, '전반적인 관광 만족'은 '총체적인 관광 체험의 이미지에 대한 개인의 정서적 평가이며, 하나의 목적지에서 여행하는 도중이거나 마친 직후 자신의 체험에 대한 스스로의 평가'라고 할 수 있다. 그래서 여기서는 조작적으로 '전반적인 관광 만족'을 '관광자 개인이 관광지 현장에서의 체험에 대하여 주관적으로 생각하는 만족의 정도'로 정의하였다. 이를 측정하는 문항은 '전반적으로 보아서 귀하는 이번 여행에 대하여 어느 정도 만족하십니까?'라고 1문항으로 구성했으며, 이에 대한 응답은 '매우 불만이다'-'매우 만족한다'의 5점 차원에서 이루어지도록 작성하였다(full anchored).

㉯ 재방문 의도

학자에 따라 '재방문 의도'를 '만족'의 일부로 보는 사람도 있으나 심리적 과정으로 볼 때, '재방문 의도'와 '만족'의 정도는 다른 구조를 지닌 것으로 판단된다. 그래서 관광 체험이 만족스럽다고 해서 반드시 '재방문 의도'로 이어지는 것은 아니며, 불만이 있다고 해서 재방문 의도가 없는 것도 아니다(Geva & Goldman, 1991). 따라서 본 연구에서는 재방문 의도를 개념상 전반적인 관광 만족과 구분된다고 보고, 이를 종속 변수로 했을 때 관광 체험의 설명량 차이를 탐색적으로 알아보고자 했다.

그런데 '재방문 의도' 자체는 응답자가 여러 외재적 조건(즉, 경제적, 사회적, 정치적, 개인적 제약)을 고려하여 형성한 심리상태일 수 있으므로, 과거 및 현재의 체험, 만족 등과 관련지어 측정할 때는 이들 여러 조건의 영향을 염두에 두어야 한다. 따라서 본 연구에서는 '재방문 의도'를 '기회가 될 때, 해당 여행지를 다시 방문할 자발적 의지의 정도'로 조작적 정의하였으며, 측정 문항에도 '기회가 된다면'이라는 조건문을 붙여 제반 제약 조건의 영향을 가능한 줄이도록 하였다. 즉, '기회가 된다면, 이 지역을 다시 방문하시겠습니까?'로 질문하였으며, 이에 대한 응답은 '결코 방문하지 않겠다'-'반드시 방문하겠다'의 5점 척도상에서 이루어지도록 하였다(full anchored).

ⓒ 추천 의도

관광 후 평가 변수 중 고려해야 하는 또 다른 개념은 해당 여행지를 다른 사람에게 추천할 의도를 가지고 있느냐 하는 내용에 관한 것이다. 이 변수는 특히 소비자 행동 연구 분야에 있어서 '구전(words of mouths)' 현상과 관련이 깊으며, 하나의 여행지가 잠재적으로 지닌 장래의 매력성을 알아보는 데 좋은 정보를 준다. 또 이 구성 개념은 관광 체험 내용과 만족의 정도에 근거하여 형성된다고 할 수 있으므로 이들 선행 변수와의 관련성 정도를 알아보는 것, 또 어떤 종류의 체험과 가장 관련이 깊은지를 탐색적으로 알아보는 것은 의의 있는 작업이다.

본 연구에서는 '자신이 여행한 지역을 다른 사람에게 추천할 생각을 지닌 정도'를 '추천 의도'로 조작적 정의하고 이를 한 문항으로 측정하였다. 문항은 '이곳 여행지를 다른 사람에게 추천하시겠습니까?'로 구성하였으며, 이에 대한 응답은 '결코 추천하지 않겠다'-'반드시 추천하겠다'의 5점 차원으로 이루어지도록 하였다(full anchored).

② 설문지 구성

모든 설문지는 설문 안내문, 인구 통계학적 변수 측정 및 여행 형태 질문, 응답 요령 및 지시문, 원천 범주별 체험 문항, 전반적 관광 만족도, 재방문 의도, 추천 의도 등의 순서로 작성하였으며, 총 82문항 5쪽으로 구성하였다. 이때 관광 체험 척도는 아홉 개 원천 범주별로 구성하였으며, 문항들은 순서에 의한 반응 편의(bias)를 방지하기 위하여, 예비조사 설문지의 경우와 다르게 배열하였다. 단지 자연환경 관련 체험(맨 처음에 질문한 범주)과 문화 유적 관련 체험 문항(맨 마지막에 질문한 범주)만은 순서를 재배열하지 못했다. 개인당 응답 시간은 약 10분 이내로 추정되었다.

11.2.3. 조사 절차

설악산, 경주, 제주도 세 지역을 연구자와 연구 보조자(3명의 학부생)가 일주일 동안 방문하여 현장 관광자들을 대상으로 설문 면접을 실시하였다. 그리고 모든 조사 면접은 순수 숙박 관광자에 국한하였으며 1997년 2월 중순경에 이루어졌다.

설악산 지역을 방문한 관광자들은 주로 설악산 입구에 위치한 '속초 공항대합실'과 '속초 고속버스터미널'에서 많이 만날 수 있었으며, 또 외부 여행자가 이곳을 통하지 않고 이 지역을 떠나는 경우가 거의 없었기 때문에(자가용 이용자 제외), 또 여행을 거의 마치는 단계에서 체험 내용을 묻는 것이 바람직하기 때문에 대부분의 조사는 그 두 곳에서 실시하였다.

경주 지역 방문 관광자에 대한 조사는 주로 '불국사'와 '경주 박물관', 그리고 일부는 '열차역 대합실'에서 실시하였다. 경주 지역의 경우 버스터미널이나 열차 대합실을 이용하는 순수 관광 여행자는 거의 없었으며, 1일 나들이객과 외국인 관광자들이 꽤 많았다.

제주도 관광자 조사는 주로 '공항 대합실'에서 실시하였으며, 일부는 현지 여행사를 통하여 패키지 관광을 하는 사람들을 대상으로 하였다.

여행사를 통한 조사의 경우 연구자가 관광자를 직접 만나지는 않았으며, 여행사의 가이드가 조사자의 역할을 수행하였다. 물론 이들 관광안내원들은 연구자로부터 조사 절차에 대한 충분한 지시를 받았다.

11.2.4. 자료 분석 절차

자료 분석은 각 원천 범주별 관광 체험 척도의 문항 분석과 요인 분석, 각 원천별 체험과 후속 평가 변수들 사이의 상관 분석, 각 관광 후 평가 변수를 종속 변수로 했을 때의 중다회귀분석, 여행지 간 비교를 위한 ANOVA, 그리고 각 구체적인 체험 차원들과 관광 후 평가 변수들 사이의 정준상관 분석을 실시하였다. 이 모든 과정은 SPSS WIN. 6.1을 활용하여 처리하였다.

11.3. 결 과

관광 체험 정도가 만족 등 사후 평가 변수에 미치는 영향을 알아보기 전에 우선 각 원천 범주별 척도에 대한 문항 분석과 요인 분석을 실시하였다.

11.3.1. 관광 체험 척도의 문항 및 요인 분석

① 자연환경 원천의 체험

자연환경 원천의 체험 척도는 총 9문항으로 구성되었다. 이들 9문항에 대한 문항 분석 결과는 〈표 11-2〉에 제시하였다. 자연환경 원천 체험 척도의 범주 평균은 3.49, 표준편차 .84였으며, 내적 합치도 (Cronbach's α)는 .80이었다. 예비연구 결과와 비교할 때, 내적 합치도가 약간 낮아졌으나 여전히 비교적 안정적인 값을 보이고 있으며, 모든 문항이 적절한 분포를 보였다.

〈표 11-2〉 자연환경 원천의 체험 척도 문항 분석 결과(N=365)

문항 번호 및 내용	평 균	표준편차	문항·총점 상관
1. 자연의 일부	3.42	.86	.52
2. 원형보존 판단	3.30	.85	.35
3. 자연과 어울림	3.41	.80	.51
4. 압도당한 느낌	3.32	.95	.52
5. 순수해지는 느낌	3.61	.84	.63
6. 성취감	3.06	.87	.55
7. 실존감	3.56	.82	.51
8. 자연 독특성 판단	3.84	.79	.39
9. 부러움	3.86	.82	.46
문항 전체	3.49	.84	$\alpha=.80$

이들 9문항에 대한 요인 분석 결과도 예비연구의 결과와 크게 다르지 않았다. 요인 분석은 예비연구의 절차와 동일하게 주축 요인 분석 후 적절한 요인 수를 고려한 다음 varimax 직교 회전을 수행하였으며, 최종 결과는 〈표 11-3〉에 제시하였다. 〈표 11-3〉의 결과는 예비연구 결과 〈표 10-4〉과 비교하여 크게 다르지 않다. 요인 구조는 두 개로 분명하게 나타나고 있으며, 요인별 문항 내용도 개념적으로 구분 가능한 것이었다. 결국 자연환경 요소 원천의 체험 척도는 비교적 안정적인 요인 구조를 지니고 있는 것으로 판단된다.

<표 11-3> 자연환경 원천의 체험 척도 요인 분석 결과(n = 365)

varimax rotated.

문 항 \ 요 인	Ⅰ: 자연교류	Ⅱ: 자연환경판단	h^2
5. 순수해지는 느낌	.718		.562
6. 성취감	.657		.454
7. 실존감	.648		.431
1. 자연의 일부	.610		.397
3. 자연과 어울림	.574		.353
4. 압도당한 느낌	.514		.334
9. 부러움		.768	.622
8. 자연 독특성 판단		.710	.516
2. 원형보존 판단		.394	.196
고유근(eigen value)	2.98	.89	
요인설명량	33.1%	9.9%	누적 43.0%

주. 요인부하량 .30 미만 제시 안 함.

② 부대시설 원천의 체험

 여행지 부대시설 원천의 체험 척도는 모두 11문항으로 구성하였다. 이 중 2문항은 요인 구조의 안정을 위해 예비연구 결과에 연구자가 추가한 것이다. 이 11문항에 대한 문항 분석 결과는 <표 11-4>에 제시하였다. 11문항 전체의 평균은 3.13, 표준편차는 .95, 내적 합치도는 .80이었다.

〈표 11-4〉 여행지 부대시설 원천의 체험 척도 문항 분석 결과(N = 356)

문항 번호 및 내용	평 균	표준편차	문항·총점 상관
1. 교통 불편	3.10	1.09	.52
2. 교통 짜증	3.55	1.02	.57
3. 자연특징적 시설	3.16	.88	.42
4. 부대시설 불편	3.39	.88	.47
5. 다양한 경험 기회	2.66	.91	.37
6. 배려 받는 느낌	2.89	.95	.37
7. 교통문제 용이성 #	3.14	.99	.58
8. 고유문화 반영 프로그램	3.14	.91	.49
9. 지역정보 획득	3.00	1.05	.43
10. 안내/홍보의 혜택	2.92	.83	.47
11. 지저분한 시설 불쾌 # *	3.51	.92	.29
문항 전체	3.14	.95	α = .80

주. #. 예비조사 후 추가 문항
    *. 문항 분석 후 삭제한 문항

　이 분석 결과를 예비연구에서 설정했던 기준으로 분류한 결과(평균, 표준편차, 문항－총점 상관 중 두 가지 조건), 대부분의 문항은 적절한 평균, 표준편차, 그리고 문항－총점 상관의 크기를 보여주었다. 또 내적 합치도는 예비연구에서 수행했던 9문항의 경우 .72였으나 본 조사에서는 .80으로 매우 높아진 수치를 보여주었다. 그러나 연구자가 요인 구조의 안정성을 위하여 본 조사에서 추가하였던 두 개 문항 중 하나인 11번 '지저분한 시설 불쾌' 문항은 표준편차가 너무 작고 문항－총점 상관이 너무 낮은 것으로 나타났다. 11번 문항을 삭제한 후 문항 분석을 다시 실시하였으며, 그 결과 범주 평균은 3.09, 표준편차는 .96, 내적 합치도는 .80이었다. 또 각 문항의 총점 간 상관은 .37에서 .58까지 분포하였다. 이런 결과는 10문항의 결과와 11문항의 분석 결과가 크게 다르지 않은 것을 의미한다. 그래서 차후 분석에서는 이들 10문항만을 활용하였다. 이들 10문항을 요인 분석한 결과는 〈표 11-5〉에 제시하였다.

〈표 11-5〉 부대시설 원천의 체험 척도 요인 분석 결과(n=356)

varimax rotated.

요 인 문 항	I : 불편함(역)	II : 배려감	III : 다양성	h^2
2. 교통 짜증	.85			.75
1. 교통 불편	.75			.59
7. 교통문제 용이성 #	.60			.48
4. 부대시설 불편	.44			.26
10. 안내/홍보의 혜택		.67		.50
9. 지역 정보 획득		.63		.47
6. 배려 받는 느낌		.42		.27
8. 고유문화 반영 프로그램			.67	.54
5. 다양한 경험 기회			.56	.36
3. 자연특징적 시설			.45	.28
고유근(eigen value)	3.06	.96	.48	
요인설명량	30.6	9.6	4.9	누적 45.1%

주. 요인부하량 .30 미만 제시 안 함.

#. 예비연구 후 추가 문항.

요인 분석 절차는 예비연구와 동일하게 주축 요인 분석 후 요인 수를 지정한 다음 varimax 직교 회전을 실시하였다. 그 결과 요인 수는 예비연구처럼 세 개 요인으로 구분하는 것이 타당하다고 판단되었다. 그런데 각 요인에 할당되는 문항의 구성은 예비연구와 약간 차이가 있었다. 예비연구 〈표 10-5〉의 결과와 비교할 때, 예비연구에서 '다양성 차원'의 다섯 개 문항 중 '지역 정보 획득' 문항과 '안내·홍보의 혜택' 문항은 본 조사에서 요인 2(배려감 차원)로 할당되고 있고, 예비연구에서 '배려감' 요인으로 분류되었던 '부대시설 불편' 문항은 요인 1(불편함 차원)로 할당되고 있다. 그리고 연구자가 나중에 추가한 두 개 문항 중 7번 문항은 예상했던 대로 '불편함 차원'으로 분류되고 있다.

본 조사 요인 분석 결과는 예비연구 요인 분석 결과에 비해 요인해석상 더 타당한 것으로 판단된다. 즉, 본 조사에서 나온 요인 분석 결과를 보면, 1요인은 모두 문항이 여행자의 편안함－불편함의 심리적 상태를 반영하는 것이며, 2요인은 모두 부대시설로부터 얻는 혜택이나 배려감을 반영하는 문항이며, 3요인은 독특함이나 다양함을 반영하는 문항들이다. 이들 세 개 요인의 최종 설명량은 예비연구 결과보다 오히려 약간 높아진 수치였다. 따라서 요인부하량과 설명가능성을 염두에 둘 때, 본 조사 요인 분석 결과가 예비연구 결과보다는 더 타당한 것으로 판단된다.

③ 지역주민 및 생활 문화 원천의 체험

지역주민 및 생활 문화 원천의 관광 체험은 모두 9문항이었으며 문항 분석 결과는 〈표 11-6〉에 제시하였다. 문항 분석 결과 범주 평균은 3.26, 표준편차 .85, 내적 합치도 .74였다.

〈표 11-6〉 지역주민 생활 문화 원천의 체험 문항 분석 결과(N = 364)

문항 번호 및 내용	평균	표준편차	문항·총점 상관
1. 주민 친절	3.54	.77	.40
2. 독특한 생활양식	3.13	.78	.48
3. 지역특성적 성격	3.50	.79	.47
4. 고유한 풍습	2.90	.94	.53
5. 주민의 자유로움	3.15	.82	.48
6. 배울 점 지각	2.97	.74	.50
7. 주민의 순수함	2.97	.87	.59
8. 언어독특성	3.81	.96	.34
9. 음식문화 조화 *	3.34	.96	.03
문항 전체	3.26	.85	α = . 74

주. *: 문항 분석 후 삭제 문항

〈표 11-6〉에서 보면, 예비연구 결과와 비교할 때 9번 문항 '음식문화 조화'는 문항－총점 상관이 지나치게 낮아서 전체 문항의 변산에 공헌하는 바가 거의 없는 것으로 나타났다. 그래서 9번 문항은 삭제하여 다시

분석한 결과 범주 평균은 3.24로 약간 낮아지고, 표준편차는 .84로 거의 차이가 없었으며, 내적 합치도는 .78로 높아졌다. 따라서 9문항으로 이 범주의 경험을 측정하는 것보다 8문항으로 측정하는 것이 타당한 것으로 판단되었으며, 요인 분석에서는 이 여덟 개 문항만을 사용하였다. 여덟 개 문항에 대한 주축 요인 분석 결과는 〈표 11-7〉에 제시하였다.

〈표 11-7〉를 예비연구 결과 〈표 10-6〉와 비교하면, '4번 고유한 풍습' 문항의 요인부하 형태가 다르다. 예비연구에서 이 문항은 두 개 요인에 걸쳐 있으면서도 1요인 지역문화 교류 차원에 더 큰 요인부하를 보였지만, 본 조사에서는 요인 2 독특성 평가 차원에 더 큰 요인부하를 보이고 있다. 그런데 문항의 내용상 이 문항은 2요인으로 분류하는 것이 타당한 것으로 판단된다. 나머지 문항들은 비교적 안정적인 요인 구조를 보이고 있으며, 두 개 요인의 최종 설명량은 약 40%로 나타났다. 이러한 결과는 지역 문화 요소를 원천으로 하는 체험이 최소한 두 차원의 안정적인 심리적 구조를 지니는 것으로 판단 가능함을 의미한다.

〈표 11-7〉 지역주민 및 생활 문화 원천의 체험 척도 요인 분석
결과(8문항)(n = 364)

varimax rotated.

문 항 \ 요 인	I : 지역문화 교류	II : 독특성평가	h^2
7. 주민의 순수함	.65		.50
6. 배울 점 지각	.63		.45
5. 주민의 자유로움	.54		.36
1. 주민의 친절	.50		.25
3. 지역 특성적 성격		.68	.49
2. 독특한 생활양식		.67	.49
4. 고유한 풍습	.41	.48	.40
8. 언어 독특성		.42	.20
고유근(eigen value)	2.64	.52	
요인설명량	33.0	6.5	누적39.6%

주. 요인부하량 .30 미만은 제시 안 함.

④ 여행지 물가 원천의 체험

물가와 관련한 체험 문항은 모두 세 개였다. 이들 문항은 모두 여행지 물가에 대한 인지적, 정서적 반응을 의미하는 내용이었다. 우선 이들 문항이 적절한 공변산을 보이는지를 판단하기 위해 문항 분석을 실시하였으며, 이어서 주축 요인 분석을 통해 이들 문항이 하나의 요인으로 수렴하는지 확인하였다. 문항 분석과 요인 분석 결과는 〈표 11-8〉에 함께 제시하였다.

<표 11-8> 여행지 물가 원천의 체험 문항 분석 및 요인 분석 결과(N = 377)

문항 번호 및 내용	평균	표준편차	문항·총점 상관	요인부하	h^2
1. 비싼 물가	2.34	.84	.44	.60	.36
2. 관광요금 적절성	2.41	.91	.39	.49	.24
3. 바가지 느낌	2.83	1.00	.50	.74	.55
문항 전체	2.53	.92	α = .64	고유근 1.15	설명량 38.2%

주. 단일 요인 명: 물가 판단

〈표 11-8〉를 예비연구 결과와 비교하면, 범주 평균은 2.53으로 다소 낮아졌으며, 표준편차는 .92로 증가하였고, 내적 합치도는 .64로 낮아졌다. 그러나 세 개 문항만으로 이루어진 척도라는 점을 감안하면, .64는 결코 낮은 수치만은 아니었다. 그리고 하나의 요인이 전체 문항을 대변하는 설명량은 예비연구에 비해 38.2%로 다소 낮아졌다.

⑤ 문화 유적 원천의 체험

여행지 속성 중 문화 유적과 관련한 심리적 체험을 측정하는 문항은 모두 5문항이었다. 이들 다섯 문항에 대해 우선 문항 분석을 실시하였으며, 이어서 요인 분석을 수행하였다. 그 결과는 〈표 11-9〉에 함께 제시하였다. 〈표 11-9〉를 예비연구 결과와 비교하면, 범주 평균은 3.30으로 약간 높아졌으며, 표준편차는 .82로 다소 낮아졌고, 내적 합치도는 .82로 크게 좋아졌다. 그리고 한 요인이 전체 문항을 대변하는 최종 설명량은 52.3%로 다소 낮아졌으나, 적은 양은 아니었다. 그리고 개별 문항의 평균, 표준편차, 문항총점 상관, 문항 설명량을 고려하더라도, 다섯 개 문항은 모두 전체 문항의 변산에 적절한 공헌을 하는 것으로 판단된다.

〈표 11-9〉 문화 유적 원천의 체험 문항 분석 및 요인 분석 결과(N=370)

문 항	평균	표준편차	문항·총점 상관	요인부하	h^2
1. 지식확인	3.37	.86	.67	.76	.58
2. 경이로움	3.34	.84	.70	.80	.64
3. 자부심	3.33	.80	.72	.83	.70
4. 역사추리	3.33	.83	.69	.76	.57
5. 전통현대의 조화	3.13	.88	.33	.35	.12
문항 전체	3.30	.84	α=.82	고유근 2.61 설명량 52.3%	

주. 단일 요인명: 문화 유적 교류 차원

⑥ 여행지 전반 이미지 원천의 체험

여행지 전반적인 이미지를 원천으로 하는 체험은 모두 아홉 개 문항으로 측정하였다. 우선 이 아홉 개 문항에 대한 문항 분석을 실시하여 적절하지 못한 문항을 선별하고자 했다. 문항 분석 결과는 〈표 11-10〉에 제시하였다. 분석 결과, 범주 평균은 3.36으로 예비연구 결과보다 다소 높아졌고, 표준편차는 .87로 다소 낮아졌다. 그리고 내적 합치도는 .74로 다소 낮아졌다. 그러나 전반적으로 각 문항은 범주 평균의 변산에 적절하게 공헌하는 것으로 나타났다.

요인 분석은 이들 아홉 개 문항을 모두 활용하여 실시하였다. 주축 요인 분석 결과 적절한 요인은 예비연구처럼 두 개로 나타났으며, 두 개 요인으로 고정한 후 varimax 직교 회전을 실시한 결과 두 요인의 구조와 설명량도 예비연구 결과와 비슷한 것으로 나타났다. 9문항의 요인 구조는 대체로 안정적인 것으로 판단된다. 요인 분석 결과는 〈표 11-11〉에 제시하였다.

〈표 11-10〉 여행지 전반 이미지 원천의 체험 문항 분석 결과 (N = 371)

문항 번호 및 내용	평 균	표준편차	문항·총점 상관
1. 지역정보 획득	3.56	.70	.43
2. 지식 획득	3.34	.75	.51
3. 국토순례	3.26	1.06	.38
4. 지식확인	3.44	.80	.44
6. 과시적 경험	3.53	.88	.45
7. 자기 발견	3.15	.80	.52
8. 친숙함	3.52	.81	.51
9. 추억확인	3.13	1.08	.23
10. 미지에 대한 기대감	3.36	.91	.44
전체 문항	3.36	.87	α = .74

〈표 11-11〉에서 보면, 요인 1은 지식확인이나 획득과 관련한 인지적 측면의 내용인 반면, 요인 2 '자기 확인 차원'에 분류된 문항들은 비교적 개인의 정서적 경험을 동반하는 자기 확인(self-identification) 내용이었다. 단지 10번 문항(미지에 대한 기대)은 예비연구에서 요인 1로 분류되었으나 본 연구에서는 요인 2에 보다 큰 요인부하량을 보였다. 10번 문항은 내용상 요인 2로 분류하는 것이 더 타당한 것으로 판단되었다. 왜냐하면, '미지의 세계를 접하면서 느끼는 기대'라는 것도 결국 정서적 고양을 동반하는 자기 확충의 내용일 것이기 때문이다. 그러나

이 범주의 체험 척도는 전체적으로는 매우 안정된 요인 구조를 보이고 있다.

<표 11-11> 여행지 전반 이미지 원천의 체험 요인 분석 결과(n = 371)

varimax rotated.

문 항 \ 요 인	Ⅰ: 지식 획득	Ⅱ: 자기 확인	h^2
1. 지역 정보 획득	.82		.68
2. 지식 획득	.70		.56
4. 지식확인	.50		.30
8. 친숙함		.65	.45
7. 자기 발견		.59	.40
6. 과시적 경험		.52	.30
10. 미지에 대한 기대		.46	.28
9. 추억 확인		.36	.13
3. 국토순례		.36	.18
고유근(eigen value)	2.57	.73	
요인설명량	28.5	8.1	누적 36.6%

주. 요인부하량 .30 미만 제시 안 함.

⑦ 여행객 관련 요소 원천의 체험

여행객 관련 요소를 원천으로 하는 체험을 측정하는 문항은 모두 10 문항이었다. 이들 10개 문항에 대해서 우선 문항 분석을 실시하여 문항의 적절한지 여부를 보고자 했다. <표 11-12>를 예비연구 결과와 비교하여 보면, 범주 평균은 3.51로 다소 높아졌고, 표준편차는 .88로 다소 낮아졌으나, 내적 합치도는 .76으로 높아진 수치를 보인다. 그리고 각 문항의 총점 간 상관은 .22에서 .59까지 분포하였다.

〈표 11-12〉 여행객 관련 요소 원천의 체험 문항 분석 결과(N=372)

문항 번호 및 내용	평 균	표준편차	문항·총점 상관
1. 동료 상호 배려	3.79	.79	.58
2. 동료의존감	3.73	.81	.49
3. 인간관계 확장	3.05	.97	.28
4. 동료와 조화	3.83	.76	.59
5. 동료 이해 기회	3.76	.76	.57
6. 다른 여행객과의 이질감	3.51	.88	.22
7. 동료와 의견대립	3.55	1.03	.29
8. 동료에 구속된 느낌	3.82	.91	.48
9. 사고 확장 기회	3.04	.91	.31
10. 자기 정체성 확인	3.04	.92	.34
전체 문항	3.51	.88	α=.76

이 열 개 문항의 요인 구조가 안정적인지를 판단하기 위하여 주축 요인 분석하였으며, 그 결과는 〈표 11-13〉에 제시하였다. 주축 요인 분석 후 세 개의 적절한 요인 수를 확인한 다음 varimax 직교 회전을 수행하였다. 세 개 요인은 예비연구의 경우와 일치한다.

〈표 11-13〉 여행객 관련 요소 원천의 체험 요인 분석 결과(n=372)

varimax rotated.

문 항 / 요 인	Ⅰ: 동료 친밀감	Ⅱ: 자기 확장	Ⅲ: 부정적 교류	h^2
2. 동료 의존감	.84			.71
4. 동료와 조화	.73			.60
1. 동료 상호 배려	.68			.52
5. 동료 이해 기회	.64			.49
10. 자기정체성 확인		.87		.76
9. 사고 확장 느낌		.80		.64
3. 인간관계 확장		.35		.16
8. 동료에의 구속감			.80	.71
7. 동료와 의견대립			.59	.37
6. 다른 여행객과의 이질감			.35	.13
고유근(eigen value)	2.94	1.44	.75	
요인설명량	29.4	14.4	7.5	누적 51.3%

주. 요인부하량 .30 미만 제시 안 함.

〈표 11-13〉을 보면, 요인 1의 문항들은 모두 여행동료와의 긍정적인 교류를 의미하는 문항들이고, 요인 2에 묶인 문항들은 모두 자기 자신에 확인이나 확장의 경험을 의미하는 내용이며, 요인 3은 부정적인 대인교류를 반영하는 문항들로 분류된다. 이런 구조는 예비연구 결과와 매우 흡사하며, 요인의 최종 설명량 역시 51.3%로 거의 변함이 없었다. 이 결과는 여행객 관련 체험 척도의 요인 구조가 매우 안정적인 것이라는 점을 말해 준다.

⑧ 여행방식 원천의 체험

여행방식 관련 체험 척도는 8문항으로 이루어졌다. 이 척도에 대해서도 문항 분석을 우선 실시한 후 각 문항의 적절성 여부를 판단하고자 했다. 문항 분석 결과는 〈표 11-14〉에 제시하였다.

〈표 11-14〉 여행방식 원천의 체험 문항 분석 결과(N = 369)

문항 번호 및 내용	평 균	표준편차	문항·총점 상관
1. 자유로운 여행방식	3.76	.93	.34
2. 선택의 어려움 *	3.20	.94	- .19
3. 비용절감	3.20	.98	.25
4. 여행실속 판단	3.36	.90	.51
5. 시간낭비 없음	3.28	.94	.48
6. 이상적인 여행방식	3.59	.90	.63
7. 모험감	3.08	1.01	.37
8. 다양한 경험 기회	3.51	.86	.55
전체 문항	3.37	.93	α = . 66

주. *: 문항 분석 후 삭제한 문항

분석 결과, 8문항 전체의 범주 평균은 3.37로 예비연구 결과와 비교할 때 약간 높아졌으며, 표준편차는 .93으로 거의 변화가 없었다. 그리고 내적 합치도는 .66으로 약간 높아진 값을 보였다. 개별 문항들의 분포를 보면, 대체적으로 범주 평균의 표준편차를 벗어나는 문항이나 지나치게 변산이 작거나 큰 문항은 없다. 단지 문항－총점의 상관에서 두 번 문항만이 역상관을 보이고 있다. 이는 아마도 문항 내용이나 질문 방식에 문제가 있는 것으로 판단되며, 결국 이 문항은 삭제하기로 하였다. 나머지 일곱 개 문항의 범주 평균은 3.40, 표준 편차는 .93으로 거의 차이가 없었으나, 내적 합치도는 .75로 매우 높아진 수치였다. 결국 두 번 문항은 범주내 전체 문항의 변산에 기여하는 바가 거의 없는 것으로 판단되며, 요인 분석은 일곱 개 문항만으로 실시하였다.

　요인 분석은 다른 경우와 마찬가지로 주축 요인 분석 후 요인 수를 정한 다음 varimax 직교 회전을 시행하였다. 주축 요인 분석에서 두 개 요인이 적절한 것으로 판단되었다. 2요인을 설정하여 직교 회전시킨 결과는 〈표 11-15〉에 제시하였다. 〈표 11-15〉를 보면, 요인 구조는 예비연구와 거의 유사하였으며, 매우 안정적인 구조를 보여주고 있다. 또 두 요인의 최종 설명량도 49.6%로 예비연구의 경우보다(37.4%) 크게 높아진 값을 보였다.

〈표 11-15〉 여행방식 원천의 체험 요인 분석 결과(n = 370)

varimax rotated.

문　항　＼　요　인	I : 다양성 기회	II : 여행실속 판단	h^2
8. 다양한 경험 기회	.80		.66
6. 이상적 여행방식	.71		.59
7. 모험감	.70		.49
1. 자유로운 여행방식	.58		.35
4. 여행실속 판단		.84	.74
5. 시간 낭비 없음		.58	.38
3. 비용 절감		.51	.26
고유근(eigen value)	2.48	.99	
요인설명량	35.5	14.1	누적49.6%

주. 요인부하량 .30 미만 제시 안 함.

⑨ 관광 활동 자체 원천의 체험

마지막으로 분석한 범주 척도는 '여행한다는 사실 자체'를 염두에 둔 심리적 체험 내용이었다. 여기에는 모두 7문항이 포함되었으며, 이들 문항을 분석한 결과는 〈표 11-16〉에 제시하였다. 관광 자체 원천의 체험 범주 평균은 3.73, 표준편차는 .80, 내적 합치도는 .79였다. 이를 예비연구 결과와 비교하면, 평균이 약간 높아지고, 표준편차는 약간 낮아졌으나, 내적 합치도는 차이가 없었다. 또한 이들 7문항의 요인 구조가 예비연구 결과와 유사한지를 확인하기 위해 주축 요인 분석을 실시하였다(예비연구에서 단일 요인으로 가정했음). 요인 분석 결과는 〈표 11-16〉에 함께 제시하였다.

〈표 11-16〉 관광 활동 자체 원천의 체험 문항 분석 및 요인 분석 결과
(N = 374)

문항 번호 및 내용	평균	표준편차	문항·총점 상관	요인부하	h^2
1. 생각할 기회	3.51	.77	.37	.45	.20
2. 일상 탈출감	3.81	.84	.52	.55	.30
3. 해방의 즐거움	3.82	.92	.39	.43	.18
4. 추억 만들기	4.09	.78	.61	.68	.46
5. 기능적 지식 획득	3.51	.74	.50	.59	.35
6. 감정 정화	3.66	.74	.63	.75	.56
7. 스트레스 해소	3.70	.81	.60	.71	.50
전체 문항	3.73	.80	α = .79	고유근 2.56	설명량 36.6%

주. 단일 요인명: 여행을 통한 감정 정화

주축 요인 분석 결과 공통 요인은 최대 두 개까지 고려할 수 있었다. 그러나 요인 1이 차지하는 설명량이 비교적 크고, 요인을 두 개로 가정할 경우 문항의 요인부하 구조와 해석상의 문제가 있었다. 그래서 이 범주 문항의 구조는 예비연구 때처럼 단일 요인으로 가정하였다. 예비

연구와 비교하여 본 조사의 요인 분석 결과는 차이가 없는 것으로 판단하였다.

이상 아홉 개 원천 범주 척도별로 문항 분석과 요인 분석 결과를 살펴보았다. 이들 각 범주의 문항 분석 결과 본 조사에서 사용한 측정 문항들은 대부분 적절한 것으로 판단되며, 모두 71문항 중 예외적으로 부대시설 관련 1문항, 지역주민 생활 문화 관련 1문항, 여행방식 관련 1문항 등 총 3문항은 적절하지 않은 것으로 판단되었다. 그래서 최종 분석에서는 나머지 68문항만을 사용하여 분석에 활용하였다. 최종 분석에 활용한 아홉 개 범주별 문항 수, 요인명 및 요인별 문항 수, 평균(표준편차), 내적 합치도 등은 〈표 11-17〉에 정리하였다.

<표 11-17> 관광 체험 아홉 개 원천 범주별 척도의 주요 통계치

관광 속성 원천	요 인	문항 수	평균(표준편차)	내적 합치도
1. 자연환경	범주 전체	9	3.49(.84)	.80
	1-1. 자연교류	6	3.39(.86)	.81
	1-2. 자연환경판단	3	3.67(.82)	.66
2. 부대시설	범주 전체	10	3.09(.96)	.80
	2-1. 불편함	4	3.30(1.0)	.78
	2-2. 배려감	3	2.94(.95)	.62
	2-3. 다양성	3	2.98(.90)	.63
3. 지역주민 생활문화	범주 차원	8	3.24(.84)	.78
	3-1. 지역문화교류	4	3.15(.80)	.71
	3-2. 독특성 평가	4	3.33(.87)	.69
4. 여행지 물가	일반 요인: 물가 판단	3	2.53(.92)	.64
5. 문화 유적	일반 요인: 유적 교류	5	3.30(.84)	.82
6. 여행지 전반	범주 전체	9	3.36(.87)	.74
	6-1. 지식 획득	3	3.45(.75)	.73
	6-2. 자기 확인	6	3.32(.93)	.67
7. 여행객 관련	범주 전체	10	3.51(.88)	.76
	7-1. 동료 친밀감	4	3.77(.79)	.79
	7-2. 자기 확장	3	3.04(.93)	.93
	7-3. 부정적 교류	3	3.64(.94)	.94
8. 여행방식	범주 전체	7	3.40(.93)	.75
	8-1. 다양성 기회	4	3.48(.93)	.79
	8-2. 여행실속 판단	3	3.28(.93)	.68
9. 관광 활동 자체	일반 요인: 감정 정화	7	3.73(.80)	.79

한편 이들 아홉 개 원천 범주별 체험 내용은 모두 관광을 하는 동안 관광자가 지각하는 정서, 인지, 행동에 관한 것이다. 그러므로 이들 내용은 심리적 체험을 유발한 원천이 다를지라도 심리적 차원에서 서로 공변할 가능성이 크다. 하지만 각 범주별 체험이 상호 어떻게 관련되는지는 아직 알려져 있지 않다. 따라서 여기서는 탐색적으로 이들 아홉

개 범주별 체험이 상호 어떤 관계를 보이는지를 알아보았다. 아홉 개 척도 간 상관관계는 〈표 11-18〉에 제시하였다.

〈표 11-18〉 9개 원천 범주별 체험의 상관 메트릭스(n =316)

범 주	1.	2.	3.	4.	5.	6.	7.	8.	9.
1. 자연환경	1.00								
2. 부대시설	.20***	1.00							
3. 지역문화	.24***	.48***	1.00						
4. 물가	.12*	.24***	.23***	1.00					
5. 문화 유적	.30***	.41***	.38***	.05	1.00				
6. 여행지 전반	.54***	.31***	.36***	.20***	.50***	1.00			
7. 여행객	.26***	.07	.16**	.07	.23***	.32***	1.00		
8. 여행방식	.24***	.06	.12*	.12*	.19**	.38***	.34***	1.00	
9. 관광 활동 자체	.41***	.12*	.17**	.14*	.26***	.49***	.45***	.54***	1.00

주. *: p<.05, **: p<.01, ***: p<.001.

〈표 11-18〉에서 보면 아홉 개 원천 범주별 체험들은 대체적으로 상호 관련되어 있다. 단지 부대시설 관련 체험은 여행객 관련 체험이나 여행방식 관련 체험과는 거의 연관이 없는 것으로 나타나고 있다. 또 물가 체험은 문화 유적 체험이나 여행객 관련 체험과 거의 상관이 없는 것으로 나타나고 있다. 나머지 변수들 사이의 관계는 모두 정적으로 유의미하다.

구체적으로 보면, 자연환경 체험은 여행지 전반 이미지 관련 체험이나 관광 자체 원천의 체험과 비교적 큰 상관관계를 보이고 있다(각각 .54, .41). 이는 국내 관광자들의 경우 관광 체험의 많은 부분을 여행지의 자연환경과 관련한 속성에 의존함으로써, 관광 활동 자체나 여행지 전반 이미지 체험과 많은 부분 공변한다고 해석할 수 있다. 또 부대시설 원천 체험의 경우, 지역 문화 원천의 체험이나 문화 유적 원천의 체험과 비교적 높은 상관관계를 보이고 있는데(각각 .48, .41), 이는 부대시설 체험이 주로 지역주민이나 문화 유적을 접할 수 있는 기회와 관련이 있는 것으로 지각하기 때문인 것 같다. 그 외에 문화 유적 체험은 여행지 전반 이미지 원천의 체험과 비교적 큰 상관(.50)을 보이고 있는데, 이는 문화 유적이 여행지의 특성을 반영하는 중요한 속성일 수 있음을 의미한다. 또 관광 활동 자체와 관련한 체험은 자연환경 체험, 여행지 전반 체험, 여행객 관련 체험, 여행방식 관련 체험과 각각 높은 상관(각, .41, .49, .45, .54)을 보이고 있으며, 상대적으로 부대시설, 지역문화, 물가 체험과는 낮은 상관을 보이고 있다(각각, .12, .17, .14). 이는 관광자들이 자신의 관광 활동 자체를 생각할 때, 주로 여행지 전반에 대한 이미지, 여행객 관련 체험, 그리고 여행방식을 염두에 두기 때문인 것 같다.

11.4.2. 관광 체험 척도의 예언타당도 검증

하나의 척도가 제대로 구성된 것이라면, 해당 척도는 예언력을 지니고 있어야 한다. 만약 본 연구에서 작성한 관광 체험 척도가 타당하다면, 이들 척도의 반응 점수는 전반적인 관광 만족을 유의미한 수준에서 설명해야 할 것이다(가설 1).

각 독립 변수들(원천 범주별 체험)과 각 종속 변수들 사이의 상관 매트릭스는 〈표 11-19〉에 제시하였다. 〈표 11-19〉에서 보면 각 원천 범주별 체험은 '전반적인 관광 만족도'와 유의미한 정적 상관관계를 보이고 있다. 따라서 본 연구의 가설 1과 하위 가설은 모두 지지되었다. 이는 각 원천 범주별 관광 체험 척도가 어느 정도의 예언타당도를 지니고 있음을 의미한다. 그리고 여행지 관련 속성 범주로 구분한 자연환경, 부대시설, 지역주민 생활문화, 물가, 문화 유적, 여행지 전반 이미지, 그리고 관광 활동 자체 체험은 추천 의도, 재방문 의도와 유의미한 정적 관계를 보이고 있다. 따라서 가설 2와 하위 가설들은 모두 지지되고 있다. 하지만, 여행지와 직접 관련이 없는 원천 범주로 구분하였던 여행객 원천의 체험과 여행방식 원천의 체험 등은 예상과는 달리 두 가지 여행지 평가 변수(추천 의도, 재방문 의도)와 모두 정적 상관을 보이고 있다. 이러한 결과는 가설 3과 하위 가설의 예상과는 다른 것이다.

그리고 아홉 개 원천 범주별 체험을 개별 독립 변수로 상정하고 세 가지 관광 후 평가 변수 각각을 종속 변수로 상정한 후, 중다회귀분석 (enter)을 시행한 결과 세 개의 중다상관은 모두 매우 유의미한 수준을 보여주었다(.55~.64).

<표 11-19> 범주별 관광 체험과 후속 평가 변수들 사이의 상관관계 분석(n = 316)

후속 평가 변수 관광 체험 범주	전반적 만족	재방문 의도	추천 의도
자연환경 체험	.34***	.42***	.46***
부대시설 체험	.24***	.17**	.21***
지역주민 생활문화 체험	.25***	.28***	.28***
여행지 물가 체험	.19**	.27***	.25***
문화 유적 체험	.33***	.29***	.31***
여행지 전반 체험	.45***	.47***	.54***
여행객 체험	.34***	.25***	.25***
여행방식 체험	.50***	.24***	.29***
관광 자체 체험	.54***	.41***	.42***
중다상관 (R)	.64***	.55***	.61***
전반적 만족	1.0		
재방문 의도	.39***	1.0	
추천 의도	.42***	.75***	1.0

주. *: p<.05, ***: p<.01, ***: p<.001.

한편, 각 체험 내용과 관광 후 평가 변수의 관계는 각 원천 범주별 체험의 구체적인 차원에서 살펴볼 필요가 있다. 그래서 각 범주 체험의 구체적인 차원을 변수로 설정하여 상관관계를 분석하였다. 이 절차에는 관광자의 학력과 여행기간 및 사후 평가 등도 포함하여 분석하였다. 요인별 상관분석 결과는 〈표 11-20〉에 제시하였다.

〈표 11-20〉를 보면, 관광 체험의 구체적인 17개 차원들 사이에는 다양한 크기의 상관관계를 보여준다. 그중에서도 '문화 유적'과 '여행지 전반을 통한 지식 획득 차원' 사이에(.61), 또 '여행방식의 불편 — 편리' 차원과 '관광 활동을 통한 감정 정화' 사이에는(.51) 비교적 높은 상관이 있다. 반면, 여행객 관련 체험 중 '동료 친밀감'은 다른 모든 차원의 체험들과 비교적 약한 상관을 보이고 있다.

<표 11-20> 관광 체험 차원들의 상관 메트릭스(전체 집단, n=316)

측정 변수	1.	2.	3.	4.	5.	6.	7.	8.	9.	10.	11.	12.	13.	14.	15.	16.	17.	18.	19.	20.	21.	22.	23.	24.	25.
1. 여행지 전반: 자기 확인	1.00																								
2. 여행지 전반: 지식 획득	.44c	1.00																							
3. 여행객: 동료 친밀감	.27c	.12a	1.00																						
4. 여행객: 자기 확장	.25c	.34c	.26c	1.00																					
5. 여행객: 부정적 교류	.13a	.04	.36c	.05	1.00																				
6. 문화 유적: 교류	.34c	.61c	.09	.24c	.15b	1.00																			
7. 지역문화: 문화교류	.33c	.39c	.04	.29c	.05	.31c	1.00																		
8. 지역문화: 독특성평가	.11a	.35c	-.07	.24c	.07	.35c	.52c	1.00																	
9. 자연환경: 자연교류	.49c	.32c	.18c	.20c	.13a	.25c	.19b	.04	1.00																
10. 자연환경: 환경판단	.35c	.28c	.10	.12a	.14a	.27c	.30c	.32c	.40c	1.00															
11. 여행지물가: 판단	.19b	.14a	-.01	.09	.07	.04	.32c	.08	.13a	.06	1.00														
12. 여행방식: 다양성기회	.33c	.20c	.36c	.14a	.10	.13a	.14a	-.11a	.23c	.03	.04	1.00													
13. 여행방식: 실속 판단	.21c	.29c	.19c	.17b	.14a	.18b	.22c	.15b	.22c	.06	.16b	.28c	1.00												
14. 관광 자체: 감정 정화	.47c	.33c	.41c	.31c	.21c	.26c	.22c	.07	.43c	.20c	.14a	.51c	.34c	1.00											
15. 부대시설: 불편-편리	.09	.28c	-.09	.05	.12a	.23c	.28c	.18b	.09	.17b	.24c	-.05	.09	.09	1.00										
16. 부대시설: 배려감	.16b	.43c	-.06	.17b	.06	.41c	.42c	.38c	.04	.21c	.19b	.01	.14a	.07	.39c	1.00									
17. 부대시설: 다양성	.17b	.34c	-.06	.14a	.11a	.37c	.39c	.39c	.13a	.31c	.10	-.00	.13a	.09	.39c	.38c	1.00								
18. 전반적 만족	.40c	.38c	.30c	.15b	.25c	.33c	.31c	.13a	.33c	.23c	.19b	.43c	.36c	.53c	.14a	.27c	.15b	1.00							
19. 추천 의도	.53c	.34c	.20c	.09	.23c	.31c	.38c	.12a	.40c	.38c	.25c	.26c	.19b	.42c	.13a	.15b	.22c	.42c	1.00						
20. 재방문 의도	.47c	.28c	.20c	.12a	.20c	.29c	.34c	.15a	.36c	.35c	.26c	.25c	.12a	.41c	.10	.12a	.16b	.39c	.75c	1.00					
21. 나이	.01	.07	-.06	.11a	.08	.06	.16b	.22c	.07	.10	.09	-.21c	.08	-.10	.10	.20c	.10	-.05	-.01	-.01	1.00				
22. 여행일수(현)	-.13b	-.02	-.05	-.02	-.16b	-.06	.05	.07	-.08	.01	.01	.00	-.04	-.01	-.08	.01	-.07	-.02	-.08	-.07	-.05	1.00			
23. 학력	.01	-.03	.05	.02	.02	-.07	-.06	-.09	.01	-.00	-.02	-.04	.06	.01	.10	-.01	-.03	-.00	-.03	-.03	.39c	-.14b	1.00		
24. 성(남1,여2)	.12b	.07	-.01	-.02	.02	.06	.01	.05	.10	.10	.02	-.06	-.01	.17b	.04	.04	.06	.01	.03	.07	-.05	-.11a	-.05	1.0	
25. 여행기간(총)	-.09	.04	-.00	-.00	-.14b	.01	.00	.02	-.08	-.09	-.00	.07	.00	.03	-.05	-.00	-.09	.06	-.05	-.06	-.13b	.78c	-.06	-.11b	1.00
	1.	2.	3.	4.	5.	6.	7.	8.	9.	10.	11.	12.	13.	14.	15.	16.	17.	18.	19.	20.	21.	22.	23.	24.	25.

주. a<.05, b<.01, c<.001.

한편, 각 17개 차원의 관광 체험과 세 가지 종속 변수는 각각 적절한 상관의 크기를 보여준다. 몇 가지 관계를 제외하고는 모두 유의미한 정적 관계가 있음을 보여주고 있다. 특히 관광 체험의 구체적인 차원들은 모두 '전반적인 관광 만족'과 유의미한 정적 상관의 크기를 보여준다. 따라서 가설 1과 하위 가설을 구체적 차원 수준에서도 지지하고 있다. 그리고 여행지 하위 속성 원천 범주로 구분한 자연환경 체험의 두 차원, 부대시설 체험의 세 차원, 지역주민 생활문화 체험의 두 차원, 물가 판단, 문화 유적 교류, 여행지 전반 이미지 원천 체험의 두 차원은 모두 '추천 의도'나 '재방문 의도'와 유의미한 정적 관계를 보이고 있다. 또 '관광 활동 자체' 체험도 세 가지 종속 변수와 유의미한 정적 관계가 있음을 보여준다. 따라서 가설 2와 하위 가설들을 모두 지지하고 있다.

하지만, 여행지 하위 속성이 아닌 원천의 체험 차원들은 두 개의 여행지 평가 변수(추천 의도, 재방문 의도)와 일관적이지 않은 상관 크기를 보이고 있다. 예를 들어, 여행객 원천의 체험 중 '동료 친밀감' 차원과 '부정적 교류' 차원(역점수), 여행방식 원천의 두 차원은 모두 두 개의 여행지 평가 변수(추천 의도, 재방문 의도)와 각각 유의미한 정적 상관을 보이는 반면, 여행객 원천의 체험 중 '자기 확장' 차원은 추천 의도, 재방문 의도 등과 적거나 유의미하지 않은 상관 크기를 보인다. 따라서 가설 3은 일반적으로 기각되고 있으나 각 하위 가설은 서로 다른 경향을 보이고 있다. 이 복잡한 양상은 체험 차원들 사이의 공변량을 통제한 후의 분석 결과를 참고하여야만 그 이유를 추론할 있을 것 같다.

11.4.3. 관광 체험 차원들의 예언력 분석

각 독립 변수들과 종속 변수들 사이의 단순 상관만으로는 관광 체험과 후속 평가 사이의 순수한 관계를 구체적으로 알 수 없다. 상대적으로 어떤 심리적 체험들이 사후 평가 변수에 순수한 영향을 미치는지를 살펴보기 위하여, 본 연구에서는 각 원천 범주를 독립 변수로 하고, 세 가지 후속 평가 변수 각각을 종속 변수로 하여 위계적 중다회귀분석(hierarchical multiple regression)을 실시하였다. 그런데 중다회귀분석은 독립 변수들의 상호 관련성을 허용하지만 변수들 사이의 관련성이(즉, 상관) 너무 클 경우 중다공선성(multicollinearity)의 문제가 발생하기 때문에 우선 측정 변수들의 중다공선성 검증을 각 단계마다 먼저 시행하였다. 그 결과 각 독립 변수의 허용지수(tolerance)와 팽창지수(VIF: Variance Inflation Factor)는 모두 적절한 수준인 것으로 나타났다. 즉, 허용지수(Tolerance)가 0.1 이하인 경우나 변산 팽창지수가 10 이상인 경우는 없었다(성내경, 1991, 참조). 모든 변수에 걸쳐 허용지수는 1.0에 가까울 만큼 컸으며, 팽창지수는 1.0에 가깝게 적은 수치로 나타났다.

 전반적 관광 만족, 재방문 의도, 추천 의도 각각을 종속 변수로 하여 위계적 중다회귀분석을 실시한 최종 결과는 〈표 11-21〉에 제시하였다. 〈표 11-21〉에서 보면, '전반적인 관광 만족'을 예언하는 유의미한 관광 체험 범주는 '여행방식', '관광 활동 자체', '여행지 전반', 그리고 '부대시설 체험'이다. 이들 네 개 변수의 최종 설명량은 40%였으며, 매우 유의미한 수준이었다(p<.000). 나머지 범주인 여행객, 문화 유적, 지역주민 생활 문화, 자연환경, 물가 등과 관련한 체험은 '전반적 만족'을 예언하는데 거의 의미가 없는 것으로 나타났다.

<표 11-21> 원천별 관광 체험 범주들의 위계적 중다회귀분석
(stepwise, N=316)

전반적 만족				재방문 의도				추천 의도			
최종 예언 변수	BETA	ΔR^2	R^2	최종 예언 변수	BETA	ΔR^2	R^2	최종 예언 변수	BETA	ΔR^2	R^2
관광 활동 자체	.29	.29	.29	여행지 전반	.23	.20	.20	여행지 전반	.32	.29	.29
여행방식	.27	.06	.35	관광 활동 자체	.18	.04	.24	자연환경	.19	.03	.32
부대시설	.14	.03	.38	여행지물가	.16	.03	.27	관광 활동 자체	.17	.03	.35
여행지 전반	.16	.02	.40	자연환경	.18	.02	.29	여행지물가	.13	.01	.36

주. p<.05 수준에서 유의미한 예언력을 지닌 변수만 투입하였음.

 재방문 의도를 유의미하게 예언하는 관광 체험은 모두 네 개 원천 범주였는데, 여기에는 여행지 전반, 관광 활동 자체, 여행지물가, 자연환경 원천의 체험이 포함되었다. 이들 네 개 변수의 최종 설명량은 29%로 매우 유의미하였다(p<.001). 이들 4 범주는 모두 관광지 하위 속성을 원천으로 하는 범주였다. 그러나 예언 변수 중 역사 유적과 여행지 부대시설 원천의 체험은 유의미한 예언력을 지니지 못한 것으로 나타났다.

 추천 의도와 관련한 체험 변수들의 예언 양상은 재방문 의도를 예언하는 변수 구조와 동일했는데 단지 설명량에서 36%로 보다 큰 수치를 보여주었다. 추천 의도나 재방문 의도에 중대한 영향을 미치는 체험 범주는 여행지 전반 이미지 원천의 체험, 자연환경 관련 체험, 관광 활동 자체를 염두에 둔 체험, 그리고 여행지 물가 관련 체험 등이다. 나머지 여행객, 지역주민, 부대시설, 문화 유적, 여행방식 원천의 체험은 상대적으로 덜 중요한 변수로 나타났다.

 결론적으로, 여행객 요소를 원천으로 하는 체험과 지역주민 생활문화 원천의 체험은 세 가지 종속 변수와 거의 관련이 없는 것으로 나타나고 있으며, 여행방식 관련 체험은 전반적인 관광 만족에만 영향력을 보이고 있고, 재방문 의도나 추천 의도에는 거의 관련이 없는 것으로 나타나고 있다. 이런 결과는 각 종속 변수들이 개념적으로만 다른 것이 아니라 서론에서 가정했던 것처럼, 선행 변수의 체험 구조 측면에서도 다른 것임을 보여준다. 그래서 단순상관 분석에서는 가설 3이 전반적으로 기각되었으나, 원천 범주별 체험들 사이의 공변량을 인정하여 이를 제거한 후의 분석 결과에서는 가설 3이 대체로 지지되고 있음을 보여준다.

한편, 각 원천 범주별 체험의 구체적 차원들을 독립 변수로 상정하여 각 종속 변수를 예언해 볼 필요가 있다. 그래서 세 개의 후속 평가 변수를 각 종속 변수로 상정하고, 원천 범주별 체험의 각 차원과 관광자의 나이, 성별, 학력, 여행기간 등을 독립 변수로 설정하여, 위계적 중다회귀분석을 실시하였다. 물론 중다회귀의 각 분석 단계마다 변수 간 중다공선성(Multicollinearity)의 정도를 검증하였다. 그러나 허용도(Tolerance)가 0.1 이하인 경우나 변산 팽창지수(Variance Inflation Factor)가 10 이상인 경우는 없었다(성내경, 1991, 참조). 단계적 중다회귀분석의 최종 결과는 〈표 11-22〉에 제시하였다.

〈표 11-22〉 관광 체험 차원들의 위계적 중다회귀분석(stepwise, n=316)

전반적만족				재방문의도				추천의도			
최종 예언 변수	BETA	ΔR^2	누적R^2	최종 예언 변수	BETA	ΔR^2	누적R^2	최종 예언 변수	BETA	ΔR^2	누적R^2
관광 활동 자체	.29	.28	.28	여행지 전반 －자기 확인	.24	.22	.22	여행지 전반 －자기 확인	.31	.27	.27
부대시설 －배려감	.20	.06	.34	관광 활동 자체	.21	.04	.26	지역문화 －문화교류	.18	.05	.32
여행방식 －다양성기회	.18	.04	.38	지역문화 －문화교류	.12	.04	.30	관광 활동 자체	.21	.04	.36
여행방식 －여행실속	.15	.02	.40	자연환경 －환경판단	.17	.02	.32	자연환경 －환경판단	.16	.02	.38
여행객 －부정적 교류	.12	.01	.41	여행지 물가	.15	.02	.34	여행객 －자기 확장	-.14	.02	.40
여행지 전반 －자기 확인	.12	.01	.42					여행객 －부정적 교류	.11	.01	.41
								여행지물가	.10	.01	.42

주. p<.05 수준에서 유의미한 예언력을 지닌 변수만 투입하였음.

〈표 11-22〉를 보면, 전반적 만족에 유의미한 영향을 미치는 관광 체험 차원은 관광 활동 자체(감정 정화), 부대시설 중 배려감 차원, 여행방식의 다양성 기회 차원과 여행실속 판단 차원, 여행객과의 부정적 교류, 여행지 전반을 통한 자기 확인 차원 등 6가지 차원이었다. 이들 6가지 차원의 설명량은 42%로 매우 유의미한 수준이었다.

한편, 재방문 의도와 관련한 심리적 체험 차원은 모두 다섯 개 차원이었으며 이들 변수의 설명량은 34%로 매우 유의미한 수준이었다. 여기에는 여행지 전반을 통한 자기 확인, 관광 활동 자체(감정 정화), 지역문화 교류, 자연환경 판단, 여행지 물가 판단 등이었다. 이 결과는 관광 하위 속성이 아니라고 간주했던 여행객이나 여행방식 원천의 체험이 유의미한 예언 변수가 아니라는 점을 증명한다.

마지막으로 추천 의도와 관련한 체험 차원은 모두 6종류의 내용이었는데 최종 설명량은 42%로 매우 유의미한 수준이었다. 그런데 여행지와 관련 없는 속성인 '여행객을 통한 자기 확장 차원'은 부적 관계에 있었다. 이런 결과는 이 차원의 심리적 체험이 두 개의 상반되는 감정 지각을 수반하기 때문인 것 같다. 즉, 자기 확장 체험은 궁극적으로 긍정적인 감정을 수반하지만, '타인'을 통해서 그런 감정을 확인하는 것은 자기 자존심을 상처 입히는 과정일 수 있다. 특히 "추천" 현상은 인간관계와 관련한 행동이기 때문에 '구전 상황'에서는 부정적 감정 상태가 활성화되거나, 유사한 인간관계 맥락으로부터 이미 체험했던 부정적 감정들이 대인간 맥락이라는 이유로 전이(transfer)될 수도 있을 것이다. 이런 결과는 '여행객 관련 자기 확장 체험'이 일종의 억압 변수(suppressive variable)로 작용하고 있음을 의미한다(Nunnally & Bernstein, 1994; Anastasi & Urbina, 1997).

종합해서 보면, 세 개의 종속 변수를 공통적으로 설명하는 체험 내용은 '관광 활동 자체(감정 정화)'와 '여행지 전반을 통한 자기 확장 차원'이었다. 그리고 여행방식과 관련한 체험은 '전반적 만족'에만 유의미한 영향을 미치고 있으며, 세 개의 종속 변수 각각에 대한 체험 차원들의 예언력은 서로 다르게 나타나고 있다. 이런 결과는 사후 평가 변수와 관광 체험 차원의 관계가 매우 밀접하며 동시에 복잡하다는 것을 의미한다.

11.4.4. 정준상관 분석

중다회귀분석 결과는 하나의 종속 변수에 대한 여러 독립 변수의 관련성을 알려주지만 본 연구에서처럼 종속 변수가 여럿일 때(즉, 준거 변수들), 이들 각 변수가 여러 독립 변수들(즉, 관광 체험 차원들)과 총체적으로 어떻게 관련되는지에 대한 정보를 알려주는 것은 아니다. 이러한 한계를 극복할 수 있는 방법은 여러 독립 변수와 여러 종속 변수의 전반적인 관계를 한번에 보여주는 정준상관(canonical correlation)을 살펴보는 것이다. 이를 위하여 본 연구에서는 관광 체험의 구체적인 17개 차원을 독립 변수로 상정하고(설명 변수), 후속 평가 세 가지를 종속 변수(기준 변수)로 삼아 정준상관 분석을 실시하였다. 우선 여행지를 구분하지 않고 전체 여행자의 자료를 분석하였으며 결과는 〈표 11-23〉에 제시하였다.

〈표 11-23〉에서 보면, 산출 가능한 함수(변수 군과 변수 군의 관계 패턴)는 세 개였으나, 통계적으로 유의미한 함수는 두 개였다. 각 함수별 변수 군 사이의 관계(즉, 정준상관)는 각각 .759, .384였다. 이 결과에서 첫 번째로 두드러진 특징은 함수 1의 변형계수 중 '관광 활동을 통한 감정 정화' 체험(-.372)과 전반적 만족(-.580), 추천 의도(-.468)가 동일 부호이며 가장 큰 수치를 보이고 있는 것이다. 이는 관광 자체 체험이 긍정적일수록 전반적 만족과 추천 의도가 증가하고 있는 정적 관련성을 보여준다. 두 번째로 특징적인 패턴은 함수 2에서 기준 변수 중

추천 의도(-.646)와 전반적 만족(.952)이 반대 부호의 큰 수치를 보인 반면, 설명 변수 중 여행 실속 판단(.412)과 부대시설을 통한 배려감 차원(.491)은 여행지 전반을 통한 자기 확인 차원(-.486)과 역방향으로 특징적이다. 이는 여행실속 판단과 부대시설 배려감이 긍정적이며 여행지를 통한 자기 확인이 부정적일수록, 전반적 만족은 증가하지만 추천 의도는 감소한다고 해석할 수 있다. 그러나 이 두 번째 정준함수의 크기가 작다는 것을 고려하면 이 경향은 그리 중요한 것은 아니다.

정준 교차부하량의 수치도, 변형 계수 결과처럼 함수 1의 '관광 활동 자체 체험'이 기준 변수 군과 가장 큰 관련성을 보이며(즉, -.573), 이런 관련성은 기준 변수 군내 모든 변수들의 공헌과 유사한 방향(즉, 동일 부호)으로 이루어진다. 또한 '여행지를 통한 자기 확인 차원'의 정준 교차부하량(-.549)도 주목할 만하다. 함수 2의 경우에는 두드러진 경향을 찾기 어렵다. 이는 함수 2의 상관 크기가 작은 것에 기인할 수도 있다. 특히 이 결과에서 유의할 부분은 각 변수가 차체 변수 군의 변산에 공헌하는 정도인 정준부하량의 '부호'에 주목할 필요가 있다. 정준 함수 1의 경우에는 세 개의 후속 태도 변수가 모두 비교적 높은 수치의 '−' 부호를 지니며, 이는 설명 변수 군의 개별 변수들의 부호와 대체적으로 일치한다. 그러나 함수 2의 경우 기준 변수 내 전반적 만족과 다른 2 변수(즉, 추천 의도, 재방문 의도)는 서로 다른 부호의 방향으로 자체 정준 득점 획득에 공헌함을 보여준다. 이는 이들 변수가 개념적으로만이 아니라 실제적으로도 다른 의미를 지니고 있음을 뜻한다.

〈표 11-23〉 전체 집단 정준상관 분석 결과(n = 316)

변 수	정준 변형계수		정준 구조 분석			
기준 변수	함수 1	함수 2	정준부하량		정준 교차부하량	
추천 의도	-.464	-.647	-.834	-.506	-.633	-.194
재방문 의도	-.168	-.356	-.741	-.455	-.563	-.175
전반적 만족	-.580	.952	-.843	.536	-.640	.206
중복성지수(자체 vs 상대변수 군에 의한 설명량)			.652	.250	.376	.037
설명 변수						
부대시설: 불편 – 편리함	.045	.114	-.221	.068	-.168	.026
배려감	-.094	.491	-.346	.297	-.262	.114
다양성	.016	-.174	-.283	-.148	-.215	-.057
여행지 전반: 자기 확인	-.224	-.486	-.723	-.316	-.549	-.121
지식 획득	-.115	.092	-.561	.118	-.426	.045
여행객: 동료 친밀감	-.044	.151	-.406	.246	-.308	.095
자기 확장	.204	.106	-.181	.142	-.137	.055
부정 – 긍정교류	-.168	-.018	-.373	.069	-.283	.026
문화 유적: 교류	-.110	-.042	-.492	.051	-.373	.020
지역활문화: 문화교류	-.253	-.343	-.540	-.198	-.410	-.076
독특성평가	.101	.120	-.200	-.019	-.152	-.007
자연환경: 자연교류	-.071	-.069	-.562	-.185	-.427	-.071
환경판단	-.159	-.308	-.466	-.397	-.354	-.153
여행지 물가: 판단	-.125	-.201	-.350	-.177	-.266	-.068
여행방식: 다양성기회	-.141	.329	-.543	.376	-.412	.145
여행실속 판단	-.062	.412	-.423	.467	-.321	.180
관광 활동 자체: 감정 정화	-.372	.214	-.755	.257	-.573	.099
중복성 지수 (자체 vs 상대변수 군에 의한 설명량)			.217	.059	.125	.009
정준상관계수	.759	.384				
정준상관제곱	.576	.147				
고유근(eigenvalue)	1.361	.173				
함수의 상대적 설명량	86.77	11.05 (누적 97.82%)				
유의도(p-value)	.000	.002				

주. 정준상관계수: 두 변수 군의 각 정준득점 간의 단순상관(각 정준득점은 각 변수 군의 선형조합 방정식에 의해 산출)

정준변형계수: 두 변수 군의 정준상관계수(Rc)를 최대로 만들기 위해서는 사례별로 각 변수 군의 최적의 정준득점(Canonical Score)을 필요로 한다. Rc를 최대화하는 최적의 정준 득점을 얻기 위해서는 각 변수 군내 각 변수의 관찰치에 어떤 계수(가중치)를 곱하여 선형조합을 만들어낸다. 이 계수가 곧 '정준변형계수(또는 정준가중치)'이며, 이는 중다회귀분석에서 BETA값과 유사한 의미를 지님. 이 계수는 정준상관의 방향(즉, +/-)과 크기에 근거하여 상대 변수 군내 특정한 변수의 계수와 관련지어 해석 가능하다.

정준부하량: (각 변수 군의 각 선형조합에 의해 얻은 정준득점)×(원래 변수의 관찰치)의 단순상관. 이는 한 변수의 변산이 해당변수 군의 정준득점 변산과 관련된 정도를 뜻한다.(이 개별 부하량을 제곱하여 변수만큼 평균 낸 수치가 곧 자체 변수에 의한 중복성 지수)

정준 교차부하량: (정준부하량) × (정준상관). 이 수치는 상대 변수 군의 정준 득점 변산에 의해 관련된 정도를 의미함.(교차부하량을 제곱하여 해당 변수수로 평균한 수치가 곧 상대변수 군에 의한 중복성 지수(설명량)가 됨.)

고유근: [(정준 상관 제곱)/(1-정준상관제곱)]. 이 수치는 해당 정준함수가 유도한 두 변수 군사이의 관련 정도와 관련 안 된 정도의 비율을 뜻함.

함수의 상대적 설명량: 모든 함수의 설명량은 100%가 된다. 이중 해당함수의 비중을 뜻함.

<표 11-24> 설악산 여행자 정준상관 분석 결과(N=69)

변 수	정준변형계수	정준 구조 분석	
기준 변수	함수 1	정준부하량	정준 교차부하량
추천 의도	-.208	-.704	-.587
재방문 의도	-.329	-.700	-.583
전반적 만족	-.709	-.880	-.733
중복성지수 (자체 vs 상대변수 군 설명량)		.587	.407
설명 변수			
부대시설: 불편-편리함	.227	-.064	-.053
배려감	-.281	-.328	-.274
다양성	.227	.058	.048
여행지 전반: 자기 확인	-.377	-.808	-.673
지식 획득	-.159	-.566	-.472
여행객: 동료 친밀감	.208	-.366	-.305
자기 확장	.193	-.276	-.230
부정-긍정교류	-.320	-.259	-.216
문화 유적: 교류	-.100	-.451	-.376
지역활문화: 문화교류	-.047	-.374	-.311
독특성평가	.156	-.281	-.234
자연환경: 자연교류	.104	-.574	-.478
환경판단	-.301	-.472	-.393
여행지 물가: 판단	-.104	-.197	-.164
여행방식: 다양성기회	-.097	-.602	-.502
여행실속 판단	-.316	-.497	-.414
관광 활동 자체: 감정 정화	-.300	-.748	-.624
중복성지수(자체 vs 상대변수 군 설명량)		.209	.145
정준상관계수	.833		
정준상관제곱	.694		
고유근(eigenvalue)	2.271		
상대적 설명량	85.65%		
유의도(p-value)	.001		

〈표 11-25〉 경주 여행자 정준상관 분석 결과(N=64)

변　수	정준변형계수	정준 구조 분석	
기준 변수	함수 1	정준부하량	정준 교차부하량
추천 의도	.650	.946	.752
재방문 의도	.420	.859	.683
전반적 만족	.070	.355	.282
중복성지수(자체 vs 상대변수 군 설명량)		.586	.371
설명 변수			
부대시설: 불편 - 편리함	-.066	.165	.131
배려감	-.124	.141	.112
다양성	.058	.341	.271
여행지 전반: 자기 확인	.177	.676	.538
지식 획득	-.010	.344	.273
여행객: 동료 친밀감	.010	.201	.160
자기 확장	-.301	-.063	-.050
부정 - 긍정교류	-.126	.114	.090
문화 유적: 교류	.386	.742	.590
지역생활문화: 교류	.312	.594	.472
독특성평가	.138	.312	.248
자연환경:자연교류	.323	.484	.385
환경판단	.097	.461	.366
여행지 물가: 판단	.264	.619	.492
여행방식: 다양성기회	.074	.362	.288
여행실속 판단	-.148	-.090	-.071
관광 활동 자체: 감정 정화	-.120	.281	.223
중복성지수(자체 vs 상대변수 군 설명량)		.167	.106
정준상관계수	.795		
정준상관제곱	.632		
고유근(eigenvalue)	1.720		
상대적 설명량	67.3%		
유의도(p-value)	.001		

<표 11-26> 제주도 여행자 정준상관 분석 결과(N=189)

변 수	정준 변형계수		정준 구조 분석			
기준 변수	함수 1	함수 2	정준부하량		정준 교차부하량	
추천 의도	-.461	-1.149	-.860	-.510	-.673	-.243
재방문 의도	-.154	.206	-.788	-.197	-.617	-.094
전반적 만족	-.557	.953	-.867	.477	-.678	.227
중복성지수 (자체 변수 군 vs 상대변수 군 설명량)			.704	.175	.431	.040
설명 변수						
부대시설: 불편-편리함	.005	.101	-.291	-.074	-.227	-.035
배려감	-.120	.329	-.469	.218	-.367	.104
다양성	-.018	-.138	-.440	-.219	-.344	-.104
여행지 전반: 자기 확인	-.179	-.379	-.644	-.392	-.504	-.187
지식 획득	-.170	-.140	-.634	-.138	-.496	-.066
여행객: 동료 친밀감	-.108	.467	-.418	.348	-.327	.165
자기 확장	.209	-.074	-.199	-.048	-.155	-.023
부정-긍정교류	-.151	-.066	-.439	.139	-.343	.066
문화 유적: 교류	-.026	.049	-.548	-.070	-.428	-.033
지역주민문화: 문화교류	-.205	-.428	-.603	-.157	-.472	-.075
독특성평가	.036	.389	-.265	.050	-.207	.024
자연환경: 자연 교류	-.114	.131	-.526	-.230	-.412	-.110
환경판단	-.113	-.338	-.509	-.444	-.398	-.212
여행지 물가: 판단	-.062	.295	-.350	.184	-.274	.088
여행방식: 다양성기회	-.134	.606	-.488	.477	-.381	.227
여행실속 판단	-.025	.214	-.436	.263	-.341	.125
관광 활동 자체: 감정 정화	-.389	-.261	-.773	.085	-.605	.040
중복성 지수 (자체 변수 군 vs 상대변수 군 설명량)			.243	.061	.149	.014
정준상관계수	.782	.476				
정준상관제곱	.612	.226				
고유근(eigenvalue)	1.576	.292				
상대적 설명량	80.95%	15.03%(누적 95.98%)				
유의도(p-value)	.000	.003				

11.4.4. 관광 체험의 여행지 간 비교

본 연구에서는 관광 체험 척도의 타당도를 확인하는 한 가지 방법으로 여행지의 특성을 고려한 체험의 정도 차이를 보고자 했다. 서론에서 보았던 것처럼, 설악산이나 제주도의 경우는 경주에 비해 자연환경 요소가 특징적이라는 보고가 있고, 또 경주는 다른 지역에 비해 문화 유적이 특징적인 것으로 보고 되고 있으며, 제주도는 또한 다른 지역에 비해 지역주민의 생활 문화가 독특하다고 보고 되고 있다(즉, 이애주, 1989; 교통부, 1990). 따라서 본 연구의 관광 체험 척도가 타당하게 구성되었다면, 각 여행지의 특성은 관광 과정의 심리적 체험 정도에 제대로 반영되어 나타나야 한다(즉, 가설 4). 이를 검증하기 위하여 우선 각 관광 체험 정도를 여행지별로 비교하였다. 측정 변수의 여행지 간 비교 결과는 〈표 11-27〉에 제시하였다.

〈표 11-27〉에서 보면, 종속 변수 세 가지는 모두 여행지 간 차이가 없었다. 반면, 원천 범주별 체험 중 여행지들 간에 차이가 없는 변수는 '여행지 전반 이미지 원천의 체험'과 '여행객 원천의 체험'뿐이었다. 이는 이들 두 가지 체험의 원천과 관련하여 국내 주요 3대 여행지가 유사한 특징을 지니고 있음을 의미한다. 즉, 국내 여행지의 경우 유명한 곳은 어디든지 비교적 여행객이 많기 때문인 것으로 이해되며, 전반적인 이미지가 유사하다는 것을 반영하는 것 같다. 문화 유적 원천의 체험은 '경주'가 다른 두 지역에 비해 더 큰 평균치를 보이고 있으며, 전반적으로 '경주>제주도>설악산'의 순서로 긍정적인 체험 경향을 보이고 있다(가설 4-1 지지). 자연환경 원천의 체험은 예상했던 것처럼, 제주도와 설악산 응답자에서 유사하게 나온 반면 경주에서는 비교적 낮은 점수가 나왔다(가설 4-2 지지). 또, 지역주민 생활문화 원천의 체험은 제주도가 다른 두 지역에 비해 더 높은 평균치를 보이고 있다(가설

4-3 지지). 따라서 서론에서 설정했던 여행지 특성별 체험 차이 가설은 지지되었다(즉, 가설 4 지지). 추가적으로 문화 유적 원천의 체험은 제주도와 설악산 표본에서 유의미한 차이를 보이고 있다. 이는 아마도 제주도 지역이 설악산 지역에 비해 독특하거나 풍부한 역사 유적을 상대적으로 많이 보유하였기 때문일 것이다.

<표 11-27> 관광 체험 및 후속 평가 변수의 여행지 간 비교
(Scheffe 사후 검증)

변 수	여행지 평균			F	df1/df2	사후 비교
후속 평가	설악산	경주	제주도			
전반적 만족	3.87	3.90	3.79	.94	2/375	n.s
재방문 의도	4.03	3.90	3.94	.64	2/375	n.s
추천 의도	4.06	3.88	3.84	2.42	2/374	n.s
원천별 관광 체험						
자연환경	3.65	3.30	3.50	8.72***	2/362	제주도＝설악산〉경주
부대시설	2.75	3.09	3.21	19.29***	2/355	제주도＝경주〉설악산
지역문화	3.02	2.99	3.40	29.21***	2/362	제주도〉설악산＝경주
여행지 물가	2.71	2.36	2.52	4.69**	2/374	설악산〉경주
문화 유적	2.82	3.61	3.36	36.53****	2/367	경주〉제주도〉설악산
여행지 전반	3.36	3.42	3.35	.68	2/368	n.s
여행객	3.51	3.56	3.50	.55	2/369	n.s
여행방식	3.55	3.54	3.30	7.46***	2/367	설악산＝경주〉제주도
관광 활동 자체	3.85	3.79	3.67	4.13*	2/371	설악산〉제주도

주. *: p<.05, **: p<.01, ***: p<.001, ****: p<.0001

한편, 여행지 간 차이의 근거가 부족하여 비교 예상이 어려웠던 '부대시설 원천의 체험', '물가 판단 체험', '여행방식 원천 체험', 그리고 '관광 활동 자체 원천 체험'에서도 유의미한 여행지 간 차이가 있었다. 부대시설 체험은 제주도와 설악산에 비해 경주에서 상대적으로 낮게 지각되고 있다. 물가 판단 체험은 설악산이 경주에 비해 긍정적으로 지각되고 있으며, 여행방식 체험은 설악산과 경주의 여행자들이 제주도 여행자들보다 더 긍정적으로 지각하고 있다. 마지막으로 관광 활동 자체 원천의 체험은 설악산 관광자들이 제주도 관광자들보다 유의미하게 더 긍정적인 지각하고 있다.

범주별 관광 체험 정도가 여행지 간 차이가 있다면, 각 원천 범주 체험들의 구체적인 차원에서는 어떻게 차이가 있는지를 살펴볼 필요가 있다. 이를 위하여 각 체험의 구체적인 차원들을 여행지별로 비교하였다. 그 결과는 〈표 11-28〉에 제시하였다.

〈표 11-28〉를 보면, 자연환경 원천의 체험 중 '자연 교류 차원'은 설악산 여행자의 경우가 다른 두 지역의 여행자들에 비해 더 긍정적인 체험을 하고 있으며, '자연환경 판단 차원'은 제주도와 설악산 여행자들이 경주 여행자에 비해 더 긍정적인 체험을 하는 것으로 나타났다(가설 4-2 지지). 또 부대시설 원천 체험 중 '불편함 차원'은 다른 두 지역에 비해 설악산 여행자들이 가장 불편하게 지각을 하고 있으며(역점수), '배려감 차원'과 '다양성 차원'은 제주도가 가장 긍정적으로 지각되고 있다. 지역주민 생활 문화 체험의 '지역문화 교류 차원'과 '독특성 평가 차원'은 예상했던 것처럼 다른 두 지역에 비해 제주도 여행자들이 가장 긍정적인 지각을 하는 것으로 나타났다(가설 4-3 지지). 그리고 여행지 전반적 이미지 원천의 체험 중 '자기 확인 차원'은 제주도 집단이 가장 낮은 지각 점수를 보이고 있고 설악산 집단과 경주 집단은 유사한 정도의 지각 점수를 보인다. '지식 획득 차원'은 다른 두 집단에 비해 설악산 집단이 덜 긍정적인 지각을 하고 있다. 한편, 여행객 원천 체험 중 '동료 친밀감 차원'은 설악산 집단이 제주도 집단보다 더 긍정적인 지각을 하고 있으나, '자기 확장 차원'과 '부정적 교류 차원'에서는 여행지 간 유의미한 차이가 없었다. 마지막으로 여행방식 원천의 체험 중 '다양성 기회 차원'은 경주나 설악산 방문자들이 제주도 방문자들보다 더 긍정적으로 지각하고 있으나, '여행 실속 판단'에 있어서는 지역

간 차이를 발견할 수 없었다.

〈표 11-28〉 관광 체험 17개 차원의 여행지 간 비교(Scheffe 사후 검증)

관광 속성	심리적 체험 차원	여행지 평균 설악산 경주 제주도			F	df1/df2	사후 비교(p<.05)
자연환경	① 자연 교류	3.63	3.32	3.34	7.18***	2/362	설악산>제주도=경주
	② 자연환경판단	3.68	3.26	3.80	23.08****	2/375	제주도=설악산>경주
부대시설	① 불편함	2.98	3.44	3.35	8.33***	2/367	경주=제주도>설악산
	② 배려감	2.61	2.79	3.10	16.39****	2/370	제주도>경주=설악산
	③ 다양성	2.62	2.92	3.12	16.42****	2/262	제주도>경주>설악산
지역주민 생활문화	① 지역문화교류	3.03	2.96	3.25	9.23***	2/367	제주도>설악산=경주
	② 독특성 평가	3.01	3.00	3.55	42.11****	2/368	제주도>설악산=경주
여행지 물가	물가 판단	2.71	2.36	2.52	4.69**	2/374	설악산>경주
문화 유적	문화 유적교류	2.82	3.61	3.36	36.53****	2/367	경주>제주도>설악산
여행지 전반 이미지	① 지식 획득	3.21	3.53	3.51	8.20***	2/373	경주=제주도>설악산
	② 자기 확인	3.44	3.38	3.26	3.21*	2/370	설악산=경주>제주도#
여행객	① 동료 친밀감	3.92	3.83	3.70	3.68*	2/373	설악산>제주도
	② 자기 확장	2.93	3.00	3.09	1.27	2/372	n.s
	③ 부정적 교류	3.56	3.73	3.63	1.13	2/374	n.s
여행방식	① 다양성 기회	3.68	3.75	3.33	13.45****	2/372	경주=설악산>제주도
	② 여행실속 판단	3.37	3.24	3.27	.67	2/370	n.s
관광 활동 자체	감정 정화	3.85	3.79	3.67	4.13*	2/371	설악산>제주도

주. *: p<.05, **: p<.01, ***: p<.001, ****: p<.0001
  #: 사후 검증 시 유의도 p<.10을 적용한 경우

11.4.5. 여행지별 관광 체험 차원의 예언력 검증(추가 분석)

여행지별로 관광 체험의 정도가 다르다면, 각 원천 범주 체험들이 준거 변수를 예언하는 설명량을 여행지별로 비교할 필요가 있다. 각 여행지가 상대적 특징을 지니고 있다면, 관광자의 후속 태도와 구체적인 심리적 체험 차원의 관계는 여행지별 차이가 있을 것이기 때문이다. 이를 알아보기 위하여 각 여행지별로 우선 관광 체험 17개 차원과 종속 변수 세 가지의 상관관계를 분석하였다. 그 다음 각 종속 변수에 대하여 체험 차원들을 독립 변수로 한 단계적(stepwise) 중다회귀분석을 실시하였다.

① 설악산 관광자 분석

설악산 여행자의 전반적 만족, 재방문 의도, 추천 의도 등을 준거로 아홉 개 범주 17개 관광 체험 차원들의 순수한 예언력을 살펴보기 위해 단계적 중다회귀분석을 실시하였다. 중다공선성을 점검하였으나 문제가 될 만한 부분은 없었다. 즉, 각 단계마다 허용지수(tolerance)는 1.0에 가까울 만큼 크고, 요인팽창지수(VIF)는 1.0에 가까울 만큼 작았다. 분석 결과는 〈표 11-29〉에 제시하였다.

〈표 11-29〉 관광 체험 차원들의 위계적 중다회귀분석(설악산, N=68)

전반적 만족				재방문 의도				추천 의도			
최종 예언 변수	BETA	ΔR^2	누적R^2	최종 예언 변수	BETA	ΔR^2	누적R^2	최종 예언 변수	BETA	ΔR^2	누적R^2
관광 활동 자체	.38	.35	.35	여행지 전반 −자기 확인	.40	.24	.24	여행지 전반 −자기 확인	.50	.25	.25
여행지 전반 −자기 확인	.31	.06	.41	자연환경 −환경판단	.26	.06	.30				

주. p<.05 수준에서 유의미한 예언력을 지닌 변수만 투입하였음.

〈표 11-29〉에서 보면, '전반적 만족'을 유의미하게 예언하는 체험 변수는 '관광 활동 자체'와 '여행지를 통한 자기 확인' 차원이었다. '재방문 의도'를 예언하는 체험 차원은 '여행지 전반을 통한 자기 확인 차원'과 '자연환경에 대한 판단 차원'이었다. 마지막으로 '추천 의도'와 관련해서는 여행지 전반적 이미지 관련 체험 중 '자기 확인' 차원만이 유의미한 예언 변수임을 보여주고 있다. 그러나 동일 여행지 경험을 분석했

음에도 불구하고, 사후 평가 세 가지를 예언하는 회귀방정식의 유의한 변수가 다르다는 것은 최종 종속 변수를 무엇으로 삼느냐에 따라 체험 내용의 상대적 중요성이 달라지고 있음을 의미한다. 이는 이들 세 가지 종속 변수의 원인이 최소한 설악산 여행자들에게 있어서만큼 서로 다른 것임을 뜻한다. 하지만 위 결과는 공통적으로 '여행지 전반을 통한 자기 확인 차원'이 중요한 예언 변수임을 보여주고 있다.

정준상관 분석에서도 유사한 결과를 보여준다. 설악산 관광자의 경우 유의미한 정준 함수는 1개였으며 이 함수가 차지하는 비중은 85.65%였다. 하나의 함수가 유의미하며 그 비중이 크다는 것은 두 변수 군의 관계가 비교적 단순하다는 것을 의미한다. 관광 체험 차원들과 후속 평가의 관계에서 두드러진 특징은 정준변형계수의 상대적 크기를 고려할 때 찾을 수 있다. 즉, 설명 변수 내 '여행지 전반을 통한 자기 확인' 차원이 긍정적일수록(-.377), 여행객과 교류가 긍정적일수록(-.320), 또 여행이 실속 있을수록(-.316), 자연환경을 긍정적으로 평가할수록(-.301), 그리고 관광 활동 자체가 긍정적일수록(-.300), 기준 변수의 '전반적 만족'도 긍정적이다(-.669).

그러나 이러한 양상은 정준부하량이나 정준 교차부하량을 고려하여 보면 다소 복잡하다. 즉 설명 변수 군이나 기준 변수 군내에서 자체 변수 군의 변산에 공헌하는 구조를 보여주는 정준부하량의 큰 수치들은 변형계수의 양상과 다소 다르다. 또한 상대 변수 군에 대한 공헌도를 의미하는 정준 교차부하량에서도 변형 계수 패턴보다는 정준부하량의 패턴과 유사함을 보여준다. 이 중 공통적으로 중요한 변수로 떠오르는 것은 '여행지 전반을 통한 자기 확인'과 '관광 활동 자체' 체험이 긍정적일수록(정준 교차부하량 각각, -.673, -.624), 추천 의도(-.587) 재방문 의도(-583), 전반적 만족(-.733)은 모두 긍정적인 유사 패턴을 보인다. 물론 기준 변수 내 나머지 다른 변수들은 동일 부호와 유사한 수치를 보이고 있다.

② 경주 관광자 분석

경주 관광자의 자료도 세 가지 종속 변수에 대하여 관광 체험 각 17개 구체적 차원을 독립 변수로 하여 단계적 회귀분석을 실시하였다. 각 분석 단계마다 중다공선성을 검증하였으며, 그 결과 허용도와 변산팽창 지수는 문제가 없었다. 분석 결과는 〈표 11-30〉에 제시하였다.

결과를 보면, 전반적 만족을 예언하는 관광 체험 차원은 '문화 유적 교류', '관광 활동 자체', 그리고 '여행방식의 실속 판단' 차원이다. 반면, 재방문 의도 예언 구조는 상대적으로 여러 변수들이 유의미한 설명량을 보이고 있다. 그중에서도 '여행객을 통한 자기 확장' 차원과 '여행방식의 실속 판단' 차원은 오히려 부적 영향력을 보이고 있다. 특히 '여행 실속' 차원은 전반적 만족에 대하여 유의미하게 정적 영향을 보이고 있음에도 불구하고 재방문 의도에는 부적 영향을 미치고 있다. 결국, 경주 여행자에게 있어서 이 두 차원(여행객을 통한 자기 확인과 여행방식을 통한 여행 실속 판단)은 억압 변수(suppressive variables)의 역할을 하는 것으로 판단된다(단순 상관 분석 결과 이 차원은 재방문 의도, 추천 의도와 거의 관련이 없었다). 그리고 종속 변수에 영향을 미치는 체험 차원이 서로 다른 양상을 보인다는 사실은 이들 사후 태도의 원인이 다르다는 것을 의미한다. 또 '문화 유적 경험'이 재방문 의도에는 거의 영향이 없는 것으로 나타나고 있다는 점을 주의해야 할 것이다. 또 추천 의도와 재방문 의도를 예언하는 체험 차원 중 공통적인 것은 '여행지 물가 판단 차원'과 '여행지 전반을 통한 자기 확인 차원'이다. 이는 경주지역의 특성이 반영된 것으로 해석 가능하다.

<표 11-30> 관광 체험 차원들의 위계적 중다회귀분석(경주, N = 63)

전반적 만족				재방문 의도				추천 의도			
최종 예언 변수	BETA	ΔR^2	누적R^2	최종 예언 변수	BETA	ΔR^2	누적R^2	최종 예언 변수	BETA	ΔR^2	누적R^2
문화 유적	.28	.16	.16	지역문화 -문화교류	.42	.20	.20	문화 유적	.35	.38	.38
관광 활동 자체	.25	.07	.23	여행지 전반 -자기 확인	.16	.11	.31	여행지물가	.32	.08	.46
여행방식 -실속 판단	.23	.05	.28	여행지물가	.19	.05	.36	여행지 전반 -자기 확인	.25	.04	.50
				여행객 -자기 확장	-.24	.04	.40				
				자연환경 -자연교류	.28	.04	.44				
				여행방식 -실속 판단	-.21	.04	.48				

주. p<.05 수준에서 유의미한 예언력을 지닌 변수만 투입하였음.

전반적으로 경주 지역 집단의 자료에서 사후 태도를 설명하는 유의미한 체험 차원 중 비교적 중요하게 드러나는 차원은 '문화 유적', '여행지물가', '여행지 전반 중 자기 확인 차원' 등이다. 문화 유적 교류 체험이 중요하게 부각되었다는 사실은 경주지역의 문화 유적 독특성을 고려할 때 이해할 수 있다. 그러나 문화 유적 체험이 재방문 의도를 예언하는 데는 중요하지 않다는 사실을 주의할 필요가 있다. 이는 경주 지역의 문화 유적은 단타성 매력물일 수 있음을 의미한다. 그리고 '여행지 전반 중 자기 확인 차원'이 중요하게 부각되는 것은 설악산 여행자 집단의 결과와 유사하다. 이는 최소한 이 두 지역 관광자에게 있어서 여행지를 통한 자기 확인의 기회가 중요하다는 것을 뜻한다. 이외에 여행지 물가 관련 체험이 재방문 의도와 추천 의도에 유의미한 예언 변수였다.

마지막으로 재방문 의도와 관련하여 '여행객을 통한 자기 확장 차원'

과 '여행방식을 통한 여행실속 판단 차원'은(가설 3에서 관련이 없는 것으로 예상했었음), 오히려 부적으로 유의미한 영향을 미치는 것으로 밝혀졌다. 특히 '여행방식을 통한 여행실속 판단 차원'은 전반적 만족에는 정적으로 유의미한 영향을 미치고 있다. 이 차원은 이중적인 영향력을 보이는 체험 내용이며, 동시에 전반적 만족과 재방문 의도가 분명 다른 통로를 통해 형성된다는 것을 간접적으로 보여주는 결과이다. 이 결과는 '여행방식을 통한 여행실속'이 클수록 궁극적으로 전반적인 만족을 야기하지만 그 지역 추천 의도는 유발하지 못하며, 나아가 재방문 의도도 억제하는 역할을 하고 있음을 말해 준다. 이 현상은 아마도 경주 지역의 특징(예를 들어, 물가)이 여행자로 하여금 노력을 해야만 실속 있는 여행을 할 수 있도록 구조화되어 있기 때문에, 여행자는 충분히 노력을 했고(즉, 심리적 투자), 따라서 여행자는 최종적으로 만족을 하지만 자신으로 하여금 심리적 투자를 하도록 유발한 해당 여행지에 대해선 좋은 태도를 형성하지 못하며, 다시 방문하고 싶은 생각을 하지 않는 것으로 해석 가능하다.

또 '여행객을 통한 자기 확장 차원'은 경주 지역의 특성을 고려하여야만 해석 가능한 것 같다. 즉, 자기 확장을 지각하는 것은 개인의 능력 한계를 지각하는 데서 출발할 것이다. 그래서 여행객이라는 다른 사람을 통해 자기 확장의 기회를 가진다는 의미는 개인의 어떤 부족함이나 열등감이 자극받았을 가능성을 의미하며, 개인이 이런 부정적 정서를 극복하고 궁극적으로 자기 확장을 느낀다 하더라도 그러한 부정적 정서를 일으키는 단서에 대해서는 일종의 연합이 이루어질 수 있다. 즉, 경주 지역이 지닌 문화 유적의 상대적 특출성을 염두에 둔다면, 여행자의 역사인식이나 지식 등을 요구하는 여행지임에 틀림없으며, 특히 역사와 유물에 특출한 인식의 틀을 가진 다른 여행객들을 접하게 되면, 이런 열등감과 부족함을 느끼게 될 것이고, 그들을 통해 궁극적으로는 지식이나 인식의 확장 같은 자기 확장을 겪게 될 것이다. 하지만 그 과정에 개입해 있는 부적 감정은 여행지의 어떤 특성과 연합되어 있을 수 있다. 이런 해석이 맞는다면, 여행객을 통한 자기 확장 중 긍정적 경험의 변산은 다른 변수들과 공유되는 부분으로서 통제되며(중다회귀 분석 과정에서), 나머지 변산은 여행지 관련 태도와 부적 관련성이 있을 것이다. 실제로 단순상관 분석 결과는 이 차원이 종속 변수들과 거의 관련이 없었으며, 이는 이 차원이 억압 변수로 작용하고 있음을 암시한다.

전체적인 결과는 정준상관 분석에서도 유사하다. 경주 관광자의 경우, 관광 체험과 후속 태도의 관계 양상을 묘사하는 정준함수는 하나가 유의미하였다. 이 함수의 정준상관 계수는 .795이며, 고유근은 1.72였다. 이 함수가 전체에서 차지하는 비중은 약 67.3%였다. 이 함수의 변형계수가 보여주는 두드러진 특징은, 문화 유적 교류(.386), 자연교류(.323), 지역문화교류(.312)가 긍정적일수록 그리고 여행객을 통한 자기 확장이 부정적일수록(-.301), 추천 의도와 재방문 의도가 증가한다는 것이다 (각각 .650, .420). 전반적 만족의 수치가 작은 것도 주목할 만하다. 그러나 정준부하량과 정준 교차부하량의 구조에서는 여행객을 통한 자기 확장이 덜 중요한 반면, 여행지 전반을 통한 자기 확장이 중요하게 부각되고 있다. 문화 유적 교류, 자연 교류, 지역문화 교류 등의 차원은 추천 의도, 재방문 의도와 관련하여 여전히 중요한 것으로 보인다.

③ 제주도 관광자 분석

제주도 관광자 자료 역시 앞의 두 지역 자료와 동일하게 단계적 중다회귀분석을 실시하여 분석하였다. 각 단계마다 중다공선성을 검증하였으나 문제가 될 부분은 없었다. 관광 체험의 구체적 차원을 독립 변수로 한 중다회귀분석의 결과는 〈표 11-31〉에 제시하였다.

〈표 11-31〉 관광 체험 차원들의 위계적 중다회귀분석(제주도, N=188)

전반적 만족				재방문 의도				추천 의도			
최종 예언 변수	BETA	ΔR^2	누적R^2	최종 예언 변수	BETA	ΔR^2	누적R^2	최종예언 변수	BETA	ΔR^2	누적R^2
관광 활동 자체	.28	.30	.30	관광 활동 자체	.33	.22	.22	여행지 전반 −자기 확인	.24	.28	.28
부대시설 −배려감	.21	.08	.38	여행지 전반 − 자기 확인	.26	.08	.30	관광 활동 자체	.30	.10	.38
여행방식 −다양성기회	.24	.04	.42	지역문화 −문화교류	.24	.03	.33	자연환경 −환경판단	.22	.05	.43
여행객 −부정적 교류	.17	.02	.44	여행객 − 자기 확장	-.20	.04	.37	지역문화 −문화교류	.21	.04	.47
여행지 전반 −지식 획득	.17	.02	.46	여행객 −부정적 교류	.13	.01	.38				

주. p<.05 수준에서 유의미한 예언력을 지닌 변수만 투입하였음.

〈표 11-31〉를 보면, 전반적인 관광 만족을 유의미하게 예언하는 체험 차원은 구체적으로 '관광 활동 자체(감정 정화)', '부대시설의 배려감', '여행방식을 통한 다양성 체험', '여행객과 부정적 교류(역점수)' 등으로 드러났으며, 그 외에 '여행지 전반을 통한 지식 획득' 차원이 유의미하였다. 재방문 의도와 관련하여 유의미한 관광 체험 차원은 '관광 활동 자체(감정 정화)', '여행지 전반을 통한 자기 확인', '지역문화 교류', '여행객을 통한 자기 확장' 및 '여행객 관련 부정적 교류(역점수)' 등이었다. 특히 '여행객을 통한 자기 확장' 차원은 부적 영향력을 보이고 있어 억압 변수의 역할을 하는 것으로 판단된다. 이 차원은 재방문 의도와의 단순상관 분석에서도 거의 관련이 없는 것으로 나타나고 있다. 마지막으로 추천 의도와 관련하여 의미 있는 체험 차원은 '여행지 전반을 통한 자기 확인', '활동 자체(감정 정화)', '자연환경 판단 차원', 그리고 '지역문화 교류 차원'이었다.

이상에서 보면, 세 가지 종속 변수를 예언하는 공통적인 체험 차원은 '관광 활동 자체'와 관련한 체험이었다. 이 결과는 '관광 활동 자체를 통한 감정 정화 차원'이 일반적이고 복합적인 이미지를 맥락으로 하는 체험임을 간접적으로 말해 주는 것이다. 한편, '여행지 전반 관련 체험'도 공통적인 주요 예언 변수였다. 그러나 전반적 만족을 예언하는 구조에서는 '여행지 전반을 통한 지식 획득 차원'이, 나머지 추천 의도와 재방문 의도를 예언하는 경우에는 '여행지 전반을 통한 자기 확인 차원'이 공통적으로 의미 있는 변수로 나왔다. 재방문 의도와 추천 의도를 예언하는 경우 대체적으로 공통적으로 중요한 차원들은 자연환경, 지역문화 원천의 체험 내용이었다. 그 외에 여행객 원천 중 '자기 확장' 차원은 경주에서처럼 이중적인 영향을 미치는 것으로 이해되며, 여행객 원천 중 '동료 친밀감' 차원과 '부정적 교류(역점수)' 차원은 여행지가 일종의 기회를 제공하기 때문에 심리적으로 연합되었을 가능성을 보여주는 것이다.

결론적으로 제주도 관광자 분석에서도 후속 평가 변수를 준거로 한 관계성은 종속 변수의 종류마다 달라지고 있다. 특히 '여행객을 통한 자기 확장 차원'은 후속 평가 변수의 종류에 따라 영향력이 없거나(전반적 만족), 부정적 영향을 미치기도 한다(즉, 재방문 의도). 그리고 지역문화 교류 차원은 다른 여행지와는 달리 특히 제주도 관광자들에게 있어서 중요한 체험 차원으로 나타나고 있다. 이들 체험의 자극 요소가 관광지로서 제주도의 특징을 반영하기 때문일 것이다.

정준상관 분석 결과도 유사하다. 제주도 관광자를 대상으로 한 정준상관 분석 결과 유의미한 정준 함수는 모두 두 개였다. 함수 1과 함수 2의 정준상관 계수는 각각 .782, .416이었으며, 고유근은 각각 1.576, .292였다. 이들 두 함수의 비중은 누적 95.98%로 두 변수 군의 관계를 거의 대부분 설명하는 것이었다. 분석 결과에서 함수 1의 변형계수와 정준 구조 수치들을 보면, 관광 활동 자체가 긍정적일수록 세 가지 기준 변수 모두 긍정적이라는 점이 두드러진다. 함수 2의 분석 수치는 공통적으로 추천 의도와 전반적 만족이 역상관 형태를 보이고 있고, 여행 방식을 통한 다양성 차원이 추천 의도와 동일 방향의 변산을 보이는 반면, 전반적 만족에는 역관계를 보이고 있다. 하지만 함수 2의 설명량이 매우 적으며, 정준 교차부하량의 수치가 크지 않다는 점을 명심해야 할 것이다. 즉, 함수 1의 결과와 함수 2의 결과를 같은 크기로 해석하지 말아야 한다.

11.4.6. 관광 체험과 준거 변수의 관계 요약

지금까지 관광 체험의 내용과 후속 평가 변수들 사이의 관계를 단순상관, 중다회귀분석 그리고 정준상관 분석을 통해 살펴보았다. 또 여행지 특성을 고려하여 두 변수 군의 관계를 여행지별로 분석하였다. 지금까지의 분석 결과를 요약하면 다음과 같다.

우선, 전반적으로 모든 측정 차원의 관광 체험 정도는 전반적인 관광 만족과 유의미하게 관련되어 있으며, 그래서 가설 1은 지지되고 있다. 이는 본 연구에서 제작한 원천 범주별 관광 체험 척도가 어느 정도의 예언타당도를 지니고 있음을 의미한다. 또 가설 2의 경우도 모두 지지되었으며, 따라서 여행지 하위 속성을 원천으로 하는 체험은 모두 추천 의도, 재방문 의도 등 여행지 태도를 유의미하게 예언하고 있다.

한편, 여행지와 관련 없는 속성으로 분류하였던 범주인 '여행방식'과 '여행객' 원천의 체험은 추천 의도 및 재방문 의도와 복잡한 관계성을 보여주고 있다. 여행객－자기 확장 차원, 여행방식－실속 차원은 이중적인 영향력을 지니는 것으로 판단되며, 나머지 차원의 체험들 역시 여행지와 전혀 관련 없는 것으로 결론짓기는 어려웠다. 즉, 일반적으로 가설 3은 기각되었으며, 이러한 결과는 관광 후 태도 형성 과정에 가설 설정의 논리보다 더 복잡한 심리적 과정이 개입해 있음을 의미한다.

또한, 본 연구에서 작성한 관광 체험 척도는 조사 지역 여행지의 특징을 제대로 반영하고 있는 것으로 나타났으며, 따라서 가설 4는 전반적으로 지지되고 있다. 여행지마다 주요 속성이 상대적으로 독특하며, 이들 속성을 원천으로 하는 체험 내용이 여행지 특징을 반영한다는 사실은 관광지 특징이 관광자의 심리적 체험 정도를 조절하는 역할(moderator)을 한다는 것을 의미한다. 나아가 관광지 특징은 관광 체험과 후속 평가의 관계 정도에 대해서도 조절기능을 하는 것으로 나타났다. 가설 2와 가설 3의 검증 결과가 여행지마다 다른 양상을 보인다는 것이 이를 반증한다.

구체적으로 여행지별 체험 비교 분석의 결과를 보면, '관광 활동 자체를 통한 감정 정화'와 '여행지 전반 이미지 원천의 체험'은 세 곳 여행지 관광자에서 공통적으로 중요한 변수로 나타나고 있다. 그러나 구체적 차원에서 보면, 관광 체험과 사후 태도들 사이의 관계는 여행지마다 다른 양상을 보인다. 즉, 경주는 '문화 유적 교류' 체험이, 제주도는 '지역문화 교류' 체험이 상대적으로 중요한 영향력을 보이고 있다. 반면 설악산 집단의 경우 여행지 전반 이미지나 관광 활동 자체를 제외하고는 종속 변수에 공통적으로 중요하게 작용하는 차원이 없다. 또 '여행객을 통한 자기 확장' 체험은 경주 여행자와 제주도 여행자에게 있어서 이중성의 관계 양상을 보이고 있다. 즉, 전반적 만족에는 영향이 없거나 긍정적인 반면, 재방문 의도에는 부정적인 영향을 미치고 있다. 이 두 지역에서 겪는 '여행객을 통한 자기 확장 기회'가 전반적인 관광 만족의 원인이 될 수 있으나, 그 체험은 개인의 부족함이나 부끄러움, 열등감 등 부정적 정서를 야기하는 것일 수 있으며, 그래서 여행지에 대한 직접적 태도(즉, 추천 의도, 재방문 의도)에는 부정적인 영향을 미친다고 볼 수 있다(혹은 자기 합리화). 특히 제주도와 경주 집단에서만 이런 관계양상이 나타나는 것은 설악산에 비해 이들 두 지역이 여행자의 지적(知的) 이해를 필요로 하는 관광지 속성을 상대적으로 많이 지니고 있다고 볼 때(즉, 문화 유적, 지역문화), 관광자들 역시 어느 정도의 지적 수준을 지니고 있어야만 여행지 속성을 제대로 이해할 것이고, 또 이해 능력을 보유한 다른 여행자들을 만나는 것은 관광 참여자 자신의 양면적 감정을 일으킬 수 있을 것이다. 한편, '여행방식을 통한 실속 판단 차원'은 경주 지역 여행자들에게 있어서 특히 이중성의 영향 패턴을 보인다. 이로부터 경주 지역의 구조적 특징과 함께 이 개념의 구조적 특징도 고려할 수 있다. 즉, 여행방식의 실속이란 개인의 노력을 의미할 수 있고, 그 노력은 여행지의 구조적 특징에 대한 지각에서 출발할 수 있다. 이런 점에서 실속은 궁극적으로 만족을 유발하지만 여행지에 대한 태도에는 부적이거나 영향이 없을 것이다. 그리고 경주 집단이나 제주도 집단의 경우, 여행객 관련 체험이나 여행방식 관련 체험이 여행지 태도 즉, 재방문 의도와 추천 의도에 관련 없을 것이라는 예상(가설 3-1, 3-2)은 맞지 않는 것으로 나타났다. 즉, 여행객 원천 체험 중 자기 확장, 여행방식 체험 중 실속 판단 차원은 두 가지 여행지 태도와 관련이 없거나 부적 영향력을 보이는 반면, 여행객 체험 중 동료 친밀감, 부정적 교류(역점수) 차원, 그리고 여행방식 체험 중 다양성 차원은 부분적으로 유의미한 정적 영향력을 보이고 있다. 이러한 결과는 여행지와 관련 없는 속성을 원천으로 하는 체험이라 하더라도 어떤 방식으로든 여행지 태도에 영향을 미친다는 것을 의미한다.

제12장 관광 체험 연구의 종합 논의

10장과 11장에서는 '관광 체험'의 내용을 파악하여 이를 측정할 수 있는 타당한 척도를 개발함과 동시에 관광의 심리적 체험들이 사후 평가와 어떻게 관련되는지를 분석하고자 하였다. 연구는 크게 두 부분으로 나누어 진행하였다. 첫 부분은 한국인이 관광을 하는 동안 일반적으로 지각하는 심리적 체험 내용을 질적 방법으로 파악하고, 이에 근거하여 관광 체험의 내용을 양적으로 측정할 수 있는 문항을 구성하는 예비연구 과정이었다. 두 번째 부분은 국내 주요 여행지를 현재 관광 중인 사람들을 대상으로 원천 범주별 체험 척도의 신뢰도와 요인타당도를 확인하고 나아가 구체적인 관광 체험 차원과 후속 평가 변수의 관계를 알아보기 위한 본연구 과정이었다. 예비연구 결과에 대해서는 앞에서 논의하였으므로, 여기서는 본연구 결과의 해석과 시사점 그리고 연구의 한계를 논의하고자 한다.

12.1. 관광 체험 척도의 신뢰도와 내용 타당도

이 연구의 두 번째 부분인 11장에서는 국내 주요 여행지 중 그 특성이 독특한 것으로 알려진 설악산, 경주, 제주도 지역을 관광 중인 사람들을 대상으로 하였다. 먼저 예비연구의 결과를 근거로, 아홉 개 원천 범주별 관광 체험 척도의 신뢰도와 요인 구조를 다시 확인하는 절차를 수행하였다. 그 결과, 자연환경 원천의 체험, 여행지 물가 원천의 체험, 문화 유적 원천의 체험, 지역주민 생활문화 원천의 체험, 여행지 전반적 이미지 원천의 체험, 여행객 관련 체험, 여행방식 관련 체험, 관광 활동 자체의 체험 척도는 요인 구조와 신뢰도(내적 합치도) 수준이 매우 안정적인 것으로 확인되었다. 내적 합치도의 경우, 아홉 개 범주별로 .64에서 .82까지 분포하였으며, 단지 세 개 문항으로 측정한 '부대시설 원천 범주'(.64)를 제외하고는 모두 .74 이상의 수치를 보여주었다. 이러한 결과는 '심리적 체험'이라는 구성 개념이 다른 종류의 안정적인 구조를 지닌 심리적 구성 개념(특히, 성격, 가치관, 신념, 일반적 욕구 성향 등)과는 달리 상대적으로 변하기 쉬운 심리적 상태를 의미함에도 불구하고, 매우 신뢰로운 수치를 의미하는 것이다(예컨대, Nunnally와 Bernstein(1994)는 측정 도구의 적절한 내적 합치도 수준은 연구목적과 상황에 따라 다른 기준을 적용해야 한다고 주장한다).

　하지만 이들 원천 범주별 체험 척도의 문항 중 '지역주민 생활문화 원천의 체험' 척도의 '음식문화 조화로움'에 해당하는 문항은 같은 범주의 다른 문항들과 거의 공변하지 않는 것으로 나타나 삭제하였다. 이 문항의 내용은 다른 문항들에 비해 지나치게 구체적이기 때문인 것 같다. 또 '여행방식 원천의 체험' 문항 중 '선택의 어려움 지각'에 해당하는 문항은 문항-총점 상관이 역으로 낮게 나타났으며, 적절하지 않은 것으로 판단되어 삭제하였다. 이런 현상(역상관)은 아마도 문항 구성 방식에 연구자가 의도하는 의미가 제대로 반영되지 못했기 때문일 것이다. 마지막으로 '부대시설 원천의 체험'은 본 조사에서 요인 구조를 안정적으로 만들기 위해 두 개 문항을 추가하였었다. 그러나 본 조사의 문항 분석 결과 이 중 1개 문항(지저분한 시설에 대한 불쾌함)은 적절하지 않은 것으로 판단되어 삭제하였다. 이 범주 척도에 대한 요인 분석 결과도 대체로 예비조사 결과와 유사하였다. 따라서 후속 분석에서는 아홉 개 원천 범주별 척도의 총 71개 문항 중 세 개 문항을 제외한 최종 67개 문항의 측정치만을 활용하여 관광 체험 점수를 산출하였다.

　그런데 여기서 작성하고 분석한 원천 범주별 관광 체험 척도의 요인 및 문항 내용을 간단히 살펴볼 필요가 있을 것이다. 우선 자연환경 원천의 체험은 아홉 개 문항 두 개 요인으로 확인되었다(각각, 자연교류 차원과 자연환경 판단 차원). 이 중 자연교류 요인은, 스키장과 놀이동산 경험을 질적 방법으로 분석했던 성영신 등(1996a)의 연구에서 두 종류(정복감과 동화감)로 논의되었던 내용이다. 또 이와는 별도로 자연환경에 대한 인지적 판단이 독립적인 하나의 요인으로 구분되고 있는 것도 주의할 필요가 있다. 이 결과는 최소한 자연환경 요소를 원천으로 하는 체험에 있어서만큼은, 관광 행동과 다른 종류의 여가 현상(스키, 놀이동산)이 다를 수 있음을 반영한다. 또한 이러한 요인 분류 결과는 기존 국내외 관광 연구자들이 관광지 매력물로서 자연환경을 총체적으로 중시하면서도 자연환경과 관련하여 여행자가 어떤 심리적 체험을 하는지를 구체적으로 말하지 못했던 사실에 비추어 볼 때 중요한 확인이 될 것이다.

여행지 부대시설 관련 요소를 원천으로 하는 체험은 열 개 문항 세 개 요인으로 확인되었다(각각, 다양성 체험 기회 차원, 불편－편리함 차원, 배려감 차원). 그런데 부대시설과 관련하여 기존 연구들은 주로 편리함만을 강조하여 왔다는 점에서 본 연구결과는 중요한 함의를 지닌다. 부대시설과 관련하여 관광자가 체험하는 내용은 단순히 불편－편리의 차원을 넘어, 부대시설을 통하여 다양한 경험 기회를 얻거나, 혹은 정보 및 지식 획득같이 배려 받거나 받지 못한다는 평가가 포함된다. 이러한 체험 내용들이 각기 독립적인 차원으로 부각되고 있다는 데 주의할 필요가 있다.

지역주민 및 생활문화 요소를 원천으로 하는 체험은 모두 아홉 개 문항 2요인으로 정리할 수 있었다. 여기에는 각각 지역문화교류 차원과 독특성 판단 차원이 포함되었다. 지역문화 교류 차원은 관광자가 관광지의 주민이나 생활양식을 접하면서 정신적인 무언가를 얻게 되는 체험을 의미하고 있으며, 독특성 차원은 여행지의 여러 구체적인 속성의 독특함을 인지적으로 지각하는 체험 내용이다. 이 지역문화 속성과 관련하여 기존 연구들은 지금까지 관념적인 수준에서 논의하여 왔다는 점을 고려할 때(예, MacCannell, 1976), 본 연구의 결과는 진일보한 것이며, 구체적인 심리적 차원을 확인함으로써 여행 현상을 이해하는 데 도움을 줄 것이다.

여행지 물가 요소를 원천으로 하는 체험은 단일 차원 3문항으로 구성되었다. 여기에 포함된 문항들은 모두 여행지 물가의 '적절성'에 대한 평가 및 느낌에 해당하는 것이었다. 여행지 물가는 기존 연구자들에 의해 관광지 속성의 하나로 고려되던 것이었으며, 따라서 본 연구결과는 기존 연구들의 결과와 일치한다. 다시 말해 여행지 물가 적정성은 매우 보편적인 관광 체험 차원이라고 할 수 있겠다.

여행지 문화 유적 요소를 원천으로 하는 체험 역시 단일 요인 5문항으로 정리할 수 있었다. 여기에 포함된 문항들은 일반적으로 긍정적 정서나 인지 평가를 반영하는 공통점이 있었고, 따라서 이 체험을 '문화 유적 교류'라는 용어로 정리할 수 있었다. 문화 유적 속성은 기존 연구자들에 의해서 이미 하나의 관광지 속성으로 확인되고 있으며, 본 연구결과는 원칙적으로 기존 연구와 일치하고 있다(특히, Moscardo & Pearce(1986)의 authenticity). 그러나 본 연구는 '문화 유적'과 관련하여 관광자가 체험하는 구체적인 내용을 파악했다는 점에서 의의가 있을 것이다.

전반적인 여행지 이미지 원천의 체험은 9문항 2요인으로 확인되었다. 여기 포함된 2요인은 각각 여행지를 통한 지식 획득과 자기 확인 차원이었다. 이 두 개 요인에는 기존 연구자들이 가정하거나 확인한 '친숙함', '지식 획득', '추억 만들기', '자기 발견', '순례의 심정' 등이 포함되었다. 이러한 여러 내용들이 크게 지식 획득과 자기 확인의 두 종류로 분류할 있다는 점에서 이 결과는 시사점이 있을 것이다. 즉, 관광 중인 사람이 여행지의 전반을 통하여 느끼는 심리적 체험은 주로 지식을 얻거나 자기의 본래 모습을 확인하는 내용인 것 같다.

  다른 여행객 때문에 겪게 되는 체험은 최종적으로 열 개 문항 3요인으로 정리할 수 있었다. 요인은 각각 동료 친밀감, 자기 확장, 부정적 정서 차원 등이었다. 사실 여행객 원천의 체험은 기존 관광 연구들이 주의하지 못했던 내용이라고 하겠다. 따라서 이 원천 범주의 체험 척도가 지니는 함의는 무엇보다도 새로운 내용의 관광 체험과 원천을 확인·정리하였다는 데 있을 것이다. 물론 이와 유사한 여가 체험 내용은 성영신 등(1996a)이 연구했던 스키, 놀이동산 장면에서도 일부 발견된다(즉, 교류감). 그러나 전반적으로 본 연구에서는 '다른 여행객'과 관련하여 구체적인 세 개 차원의 체험을 확인하였으며 특히 '여행객을 통한 자기 확장'이 하나의 독립 차원으로 분류되고 있다는 점을 주의할 필요가 있겠다.

  여행방식 관련 요소를 원천으로 하는 체험은 여덟 개 문항 2요인으로 정리할 수 있었다. 여행방식을 통한 다양성 체험 차원과 여행실속 판단 차원이 그것이다. 기존 연구들이 여행방식을 하나의 관광 속성으로 고려하지 않았다는 점을 염두에 둘 때, 여행방식과 관련한 내용이 관광 체험의 중요한 한 범주가 될 수 있다는 이 연구의 결과는 중요한 함의를 지닌다. 특히 다양성과 여행실속 판단은 기존 연구자들이 암묵적으로 가정하거나 확인해 온 체험 및 욕구 차원이며, 이 차원이 여행방식이라는 맥락과 관련하여 심리적으로 형성되고 있다는 점을 본 연구가 확인한 셈이 된다.

  마지막으로 '관광 활동 자체'를 염두에 둔 체험 내용은 성영신 등(1996a, b)이 활동 자체라고 표현했던 범주인데 여기에는 최종적으로 단일 요인 일곱 개 문항으로 정리할 수 있었고, 이 일곱 개 문항은 모두 '여행을 통한 감정 정화'의 의미를 강하게 포함하는 것으로 판단된다. 구체적으로 여행자가 여행 자체를 염두에 둘 때 느끼는 내용은 감정 정화 느낌, 스트레스 해소, 추억 만들기, 해방의 느낌, 일상탈출감 등이었으며 이들 여러 체험은 하나의 일반 차원으로 형성된다고 하겠다.

12.2. 관광 체험 척도의 예언타당도

본 조사의 두 번째 부분에서는 앞에서 제작한 원천 범주별 관광 체험 척도의 예언타당도를 확인하고, 여행지 특성을 고려할 때 구체적으로 관광 체험과 후속 평가 변수의 관계 양상을 알아보았다. 연구결과를 보면, 우선 각 원천 범주별 관광 체험들 사이에는 대체적으로 유의미한 정적 상관관계가 있었다. 단지, 부대시설 원천 체험은 여행객 원천 체험 및 여행방식 체험과는 거의 상관이 없는 것으로 나타났으며, 물가 적정성과 문화 유적, 물가 적정성과 여행객 관련 체험 사이에도 상관이 거의 없었다. 이들 관계를 제외하고 나머지 모든 범주 체험들 사이에는 유의미한 관계성을 발견할 수 있었다. 이러한 현상은 여러 종류의 관광 체험이 인지적 판단, 정서 반응 그리고 행동 반응에 대한 '지각'이며, 관광자 개인은 자신의 특정한 심리상태의 원인을 여러 요소에 귀인하는 것이 가능하기 때문일 것이다. 예컨대, 어떤 사람이 제주도를 여행하면서 '감정 정화'를 체험한다면, 그는 자신의 심리상태의 원인을 제주도의 독특한 자연환경, 지역문화, 숙박시설, 혹은 여행을 하고 있다는 사실 등 여러 이유 때문이라고 지각할 수도 있다. 이런 경우 감정 정화의 심리적 체험은 상당 부분 여러 다른 원천 범주별 체험들과 공변할 가능성이 있다. 그럼에도 불구하고 본 연구에서 원천 범주별 체험들 사이의 공변 정도는 그리 큰 수준이 아니었다. 그 상관의 분포는 .05∼.54였으며, 평균 .24 수준이었다. 이러한 결과는 각 원천 범주별 체험이 개념적으로만이 아니라 실제로도 서로 다른 심리상태를 의미하는 것으로 해석 가능하다.

한편, 각 원천 범주별 관광 체험이 종속 변수들인 만족, 재방문 의도, 추천 의도 등을 예언하는 정도를 알아보기 위하여 단순 상관을 분석한 결과, 아홉 개 범주별 체험 점수와 세 가지 후속 평가 점수 사이의 모든 관계는 유의미하였다. 나아가 아홉 개 범주별 체험 각각을 독립 변수로 상정하여 3종류 준거 변수에 대한 예언 정도를 알아보기 위하여 중다회귀분석을 실시한 결과, 중다상관은 .55~.64로 매우 유의미하였다.

관광 체험 내용이 준거 변수를 예언하는 정도를 세부적으로 확인하기 위해서는 구체적인 차원의 내용을 하나의 체험 단위로 보아야 한다. 즉, 예언타당도의 문제를 구체적인 요인별 관광 체험 차원에서 파악하기 위해 각 범주의 구체적인 차원들을 독립 변수로 상정하여 각 종속 변수와의 상관관계를 분석하였다. 그 결과 대부분이 유의미한 정적 상관을 보여주었다. 우선은 전반적 만족을 종속 변수로 삼았을 때, 관광 체험 17개 차원 모두는 각각 유의미한 정적 상관을 보여주었다. 이는 결국 각 개별 체험 차원은 전반적 만족을 상당 부분 유의미하게 예언하는 것이며, 가설 1과 하위 가설이 모두 지지되었음을 말한다.

하지만 '여행객 원천의 체험' 중 '자기 확장 요인'은 '추천 의도'와 거의 관련이 없었으며, '부대시설 원천의 체험' 중 '불편－편리함 요인'은 '재방문 의도'와 거의 관련이 없었다. 또 대체적으로 '여행객 원천의 체험' 중 '자기 확장 요인', '지역문화 체험' 중 '독특성 평가 요인', '부대시설 체험' 중 '불편－편리함 요인'은 종속 변수들과 상대적으로 작은 크기의 정적 상관을 보이고 있었다. 이들 요인들이 상대적으로 낮은 상관을 보이는 것은 아마도 측정하는 체험 내용의 특성 때문일 것이다. '부대시설의 불편－편리함 요인'은 관광자의 사후 태도를 결정하는 데 상대적으로 덜 중요한 체험일 수 있다. 왜냐하면, 대부분의 사람에게 있어서 자기의 집을 떠나는 것 자체는 일종의 고생(苦生)이며, 사람들은 그 고생을 인식하긴 하지만 기꺼이 받아들이거나, 아예 중요하지 않게 여기는 경향이 있기 때문이다. 그래서 이런 체험을 하나의 심리적 단위로 지각하지만 관광자의 최종 태도에는 영향을 덜 미칠 수 있을 것이다. 또 지역문화 원천의 체험 중 '독특성 판단 요인'은 지역문화의 독특한 측면에 대한 일종의 지각이므로 이러한 체험은 반드시 긍정적인 정서만을 동반하는 것은 아니다. 즉, 관광 장면에서 '어떤 현상이 독특하다'고 지각하는 것은 긍정적인 평가와 부정적인 평가 모두를 포괄하거나 수반할 가능성이 있다. 이러한 가능성을 염두에 둘 때, 지역문화 관련 체험 중 독특성 판단 차원이 세 가지 사후 평가 변수와 유의미하지만 상대적으로 작은 크기의 정적 상관을 보이는 것은 이해할 수 있다. 즉, 독특성 판단 속에는 지역문화의 좋은 점에 대한 신기함과 더불어 이질감과 불쾌함을 유발하는 부정적인 모습에 대한 평가도 포함함으로써, 이 차원의 체험과 후속 평가 변수의 관계는 반드시 매우 큰 정적 상관만을 보이지는 않을 것이다. 마지막으로 여행객 관련 체험 중 자기 확장 차원은 다른 여행객을 통해 여행자가 자신의 능력, 지식, 가치관 등을 개선할 수 있는 기회를 지각하는 것을 의미한다. 이 차원은 엄밀히 말해 여행지의 하위 속성이 아니라 여행지와는 직접적인 관계가 없는 다른 지역 사람과의 관계를 통한 심리적 체험이며, 이들을 통해 관광 참여자 개인이 자기 각성의 기회를 가진다는 것은 본질적으로 개인의 자존심에 상처를 주는 과정일 수도 있다. 따라서 여행객을 통해 자기 확장을 하는 체험은 궁극적으로 부정적인 심리적 과정이나 상태를 거친 후에 여행자 자신의 긍정적인 심리상태를 유발할 수도 있다. 개인이 의식하든 안하든 이러한 이중적 감정을 동반하는 체험이라면, 이 체험은 후속 평가 변수와 반드시 유의미한 정적 관계만을 보이지는 않을 것이다.

그러나 관광 체험의 각 내용이 상호 관련이 있기 때문에, 원천 범주별 혹은 요인별 관광 체험과 후속 평가 변수들의 순수하고 구체적인 관계를 파악하기 위해서는 독립 변수들 사이의 공변량을 통제한 후의 분석 결과를 살펴보아야 한다. 그래서 각 범주 체험의 구체적 요인들을 개별적인 예언 변수로 하여 위계적 중다회귀분석한 결과를 보면, 3종류의 종속 변수를 공통적으로 유의미하게 예언하는 체험 차원은 '관광 자체(감정 정화)', '여행지 전반 체험 중 자기 확인 차원'이었다. 이런 결과는 '관광 자체', '여행지 전반' 원천의 체험 내용이 복합적인 이미지와 관련한 체험일 가능성을 간접적으로 말해 주는 것이다. 특히 여행지 전반적 이미지 원천의 체험 중 자기 확인 차원이 중요하다는 것을 말해 주고 있다.

전반적 만족의 경우, 부대시설의 배려감 차원과 여행방식의 두 차원(다양성 기회와 실속 판단), 그리고 여행객과의 부정적 교류(역점수) 요인이 유의미한 예언 변수로 확인되었다. 이 결과에서 특히 유의할 만한 부분은 여행방식의 두 차원, 여행객과의 부정적 교류 차원(역점수)이 전반적인 관광 만족에 정적 영향을 미치고 있다는 점인데, 이들 체험 차원은 전술했던 것처럼 여행지의 하위 속성과 관련한 체험이 아니다.

하지만 이들 차원은 다른 종류의 후속 평가에도 어느 정도의 영향을 미치고 있다. 특히 여행객–부정적 교류 차원은 추천 의도에 정적 영향을 미치는 것으로 확인되었다. 이는 아마도 다른 여행객과의 관계가 특정 여행지와 직접 관련된 것은 아니지만 교류 경험의 심리적 상태(특히 긍정적 정서)가 유발되는 상황은 여행지라는 특정한 장소이기 때문에, 긍정적/부정적 정서가 특정 여행지와 심리적으로 연합되거나, 해당 여행지 탓으로 귀인(attribution)될 가능성이 있기 때문이다. 예를 들어, 제주도를 여행하면서 재미있거나 좋은 다른 여행객을 만났다면, 여행자 개인은 그 체험의 기회를 제주도라는 특정 장소의 탓으로 귀인할 가능성이 있으며, 만약 이러한 귀인이 그 개인에게 내면화되었다면, 다른 사람에게 제주도는 좋은 사람을 만날 수 있는 기회를 제공한다고 구전(口傳)할 수도 있을 것이다.

전반적 만족과는 달리 재방문 의도, 추천 의도에는 여행지의 속성과 관련한 체험 차원들이 많은 영향을 미치고 있으며, 독특하게도 여행지와 관련 없는 속성으로 분류한 범주의 체험 차원들도 다소 복잡한 방식으로 영향을 미치는 것 같다. 하지만 이러한 관계도 여행지 특성에 따라 달라지기 때문에 보다 구체적인 관계성은 각 여행지별 분석 결과를 토대로 다시 논의할 필요가 있다.

먼저 여행지별 관광 체험의 차이를 비교해 보자. 예상했던 것처럼, 여행지 전반적 이미지 원천의 체험과 여행객 원천의 체험을 제외하고 나머지 모든 원천 범주별 체험 정도는 세 집단에서 유의미한 차이가 있었다. 자연환경 체험 정도는 제주도와 설악산 여행자 집단이 경주 여행자 집단보다 더 컸으며, 지역주민 문화 원천의 체험은 제주도 집단이 다른 두 집단보다 더 높은 점수를 보였고, 문화 유적 체험 정도는 경주 관광자, 제주도 관광자, 설악산 관광자 순서로 더 컸다. 결국 가설 4와 하위 가설은 모두 지지되었으며, 이는 본 연구에서 제작한 이 세 가지 범주의 관광 체험 척도가 어느 정도의 내용 타당도를 지니고 있음을 반증하는 것이다. 왜냐하면 기존 연구자들이 밝혔던 것처럼 세 곳 여행지의 상대적인 주요 특징적인 속성은 이 세 가지이기 때문이다.

그 외에, 부대시설, 여행지 물가, 여행방식, 관광 활동 자체 원천의 체험 정도도 여행지마다 다른 것으로 나타났다. 이들 원천 범주와 관련한 체험의 차이는 사실 이론적, 경험적 근거가 없었기 때문에 예상하기 어려웠던 부분이다. 그러므로 이 부분은 탐색적인 결과로 해석하는 것이 타당할 것이다. 주요 특징을 보면, 부대시설 원천의 체험은 설악산 집단이 낮은 점수를 보이고 있고, 여행지 물가 적정성 판단은 세 집단 중에서 경주가 더 낮은 점수를 보이고 있으며, 여행방식 원천의 체험은 세 집단 사이에서 '설악산>경주>제주도'의 순서로 높게 나오고 있다. 관광 활동 자체를 통한 감정 정화 체험은 설악산 집단이 제주도 집단에 비해 더 큰 경향을 보이고 있다. 여행자들은 어떤 여행지든지 전반적으로 물가가 높다고 인식하고 있으며 동시에 여행방식에 대해서는 긍정적인 판단을 하고 있다는 사실은 여행지에서의 어려운 문제(물가)를 참여자 개인의 노력으로 잘 극복하고 있는 것으로 이해할 수 있다. 이러한 해석은 각 체험의 구체적인 차원별로 여행지 간 비교를 한 결과를 통해 더 잘 엿볼 수 있다.

구체적인 체험 차원별로 여행지 간 비교를 한 결과는 각 원천 범주별 비교 결과를 보다 구체적으로 이해하게 해준다. 우선 자연환경 원천 체험 중 '자연교류 차원'은 설악산 집단이 다른 두 집단에 비해 더 큰 점수를 보이고 있고, '자연환경 판단 차원'은 제주도 집단과 설악산 집단이 경주 집단보다 더 큰 점수를 얻었다. 이는 경주 지역이 독특한 자연환경 속성을 지니고 있지 못하다는 기존 연구자들의 주장을 뒷받침하는 결과이다. 그런데 설악산 집단과 제주도 집단이 '자연교류 차원'에서 차이를 보이는 것은 아마도 조사 시점이 겨울이라는 점에서 설악산 지역에서는 눈 덮인 산(山)을 직접 접할 수 있는 반면, 제주도에서는 산이나 바다를 몸소 접할 수 없었기 때문일 것이다(제주도의 경우 한라산 입산 금지 상태임. 또 겨울에는 바다 관련 체험 기회가 적음). 반면 시각적(視覺的) 평가는 가능하므로 판단 차원에서는 두 집단의 차이가 없었을 것이다.

부대시설 관련 체험의 세 차원은 전반적으로 제주도 집단의 점수가 가장 높다. 이는 다른 두 지역에 비해 제주도가 '관광지'라는 입지를 고려한 부대시설 확충이 가장 잘 되어 있을 가능성을 말해 주는 것이다. 반면, 설악산 집단은 대체적으로 가장 낮은 점수를 보이고 있는데 이는 아마도 설악산 지역이 상대적으로 관광과 관련한 시설이 가장 낙후되어 있음을 반증한다. 실제로 연구자가 조사 과정에서 세 곳을 모두 돌아본 결과, 설악산 지역이 숙박시설만 제대로 되어 있을 뿐 도로, 교통, 안내 시설 등이 매우 취약하다고 판단되었다.

지역주민 및 생활문화 원천의 체험은 두 차원 모두 제주도 집단이 다른 지역 두 집단에 비해 매우 유의미하게 더 높은 점수를 보이고 있다. 이는 제주도 지역이 지역주민과의 교류를 통한 긍정적인 체험 기회가 많으며, 동시에 매우 독특한 생활양식을 지니고 있음을 반증한다.

여행지 전반 이미지 원천의 체험 중에서 자기 확인 차원은 여행지별로 미미한 차이를 보이고 있으며(p<.10), 제주도 집단이 상대적으로 낮은 경향을 보인다. 반면 지식 획득 차원에서는 경주와 제주도 집단이 설악산 집단에 비해 매우 유의미한 수준에서 높은 점수를 보였다. 아마도 경주 지역의 문화 유적과 제주도 지역의 지역문화가 여행자에게 지식 획득의 요소가 되었을 가능성이 있다. 또 설악산 지역은 지식 획득의 요소가 상대적으로 적기 때문인 것 같다.

여행객 관련 체험 세 가지 차원의 경우, 세 곳 여행지가 서로 유사한 양상을 보이고 있다. 여행객을 통한 자기 확장 차원은 세 집단 모두 유사한 수준으로 나왔으며, 동료 친밀감 차원에서는 통계적으로 설악산 집단이 제주도 집단에 비해 더 크다고 응답했으나 실제 차이는 미미한 수준이었다. 부정적인 교류 차원에서는 거의 차이가 없었다. 이는 여행객 관련 체험의 기회가 어떤 차원이든 세 지역 모두 유사하다는 것을 말해 준다.

마지막으로 여행방식 요소를 원천으로 하는 체험의 다양성 기회 차원과 여행 실속 판단 차원은 세 집단 사이에서 다른 양상을 보인다. 여행 실속 판단 차원에서는 집단 간 차이가 없었으나, 다양성 기회 차원에서는 경주나 설악산 집단이 제주도 집단에 비해 더 큰 점수를 나타냈다. 이는 아마도 보통의 한반도 관광자들에게 있어 경주나 설악산에 비해 제주도가 상대적으로 쉽게 접할 수 없는 지역이며, 따라서 매우 자유로운 방식으로 여러 가지를 다양하게 경험하며 여행하기에는 제주도가 한계가 있다고 지각하기 때문일 것이다.

한편, 위계적 중다회귀분석을 통해서 본 각 원천 범주별 관광 체험의 내용과 후속 평가 변수의 관계는 여행지별로 다른 양상을 보이고 있다. 설악산 여행자의 경우, 세 가지 준거 변수(전반적 관광 만족, 재방문 의도, 추천 의도)에 유의미한 영향을 미치는 공통적인 체험은 여행지 전반 관련 체험이었다. 대체적으로 관광 활동 자체, 여행지 전반 관련 체험이 중요한 것은 전술했던 것처럼 이들 원천 범주가 복합적인 이미지를 지니고 있기 때문일 것이다. 구체적인 체험 차원들을 예언 변수로 설정하여 분석한 결과에서도 대체적으로 중요한 변수는 관광 활동 자체, 여행지 전반 중 자기 확인 차원이었다. 그 외에 자연환경 중 환경 판단 차원은 재방문 의도에 중요한 영향을 미치는 것으로 나타났다. 자연환경 판단 차원이 중요하다는 결과는 설악산 지역의 자연 경관 독특성을 고려할 때 이해 가능하다. 그리고 설악산 지역의 경우 관광 후 평가를 예언하는 데 중요한 변수인 '관광 활동 자체', '여행지 전반'과 같은 복합적인 속성 자극과 관련한 체험이며, 종속 변수의 종류에 따라 부대시설, 문화 유적, 자연환경 등이 상대적으로 중요하게 부각되고 있음을 주의할 필요가 있다. 이는 설악산 지역의 여행지 속성이 특징 없는 특징을 지녔기 때문인 것 같다.

경주 여행자 집단의 경우, 원천 범주별 분석과 구체적인 차원별 분석에서 비교적 공통적으로 주요 예언 변수로 밝혀진 것은 '문화 유적' 체험이다. 이는 경주 지역이 문화 유적의 특징을 강하게 지니고 있다는 결과와도 일맥상통한다. 그러나 문화 유적 체험은 재방문 의도에는 거의 영향력이 없었다. 이는 경주 지역의 문화 유적이 관광자로 하여금 전반적인 관광 만족을 유발하고 다른 사람에게 추천할 만한 자극이 되지만, 그 개인의 '여행지 충성도(Loyalty)'를 유발할 만큼 매력적이지는 않다는 것을 의미한다. 또 전반적 만족에서는 여행방식 관련 체험(여행 실속 판단 차원)이 중요한 영향력을 보이고 있다. 이는 아마도 전술했던 것처럼 경주 지역의 물가가 적절하지 않다는 지각과도 무관하지 않을 것이다. 또 추천 의도에서는 문화 유적 외에 여행지 물가, 여행지 전반 중 자기 확인 차원이 중요한 것으로 파악된다.

그런데 경주 관광자 자료에서, '재방문 의도'를 예언하는 변수의 구조는 독특하며, 복잡한 양상을 띠고 있다. 여기에는 문화 유적이 빠지는 대신 지역문화(교류 차원), 여행지 전반(자기 확인 차원), 여행지 물가,

자연환경 관련 체험(자연교류 차원) 등이 긍정적인 영향을 미치는 것으로 파악되었다. 한편, 여행객 관련 체험 중 자기 확장 차원과 여행방식 관련 중 실속 판단 차원은 부적 방향으로 중요하게 영향을 미치고 있음을 주의해야 할 것이다. 여행객을 통한 자기 확장 차원은 이미 전술했던 것처럼 이중적인 감정 변화의 가능성을 염두에 둘 때 이해 가능하다. 즉, 경주 지역이 문화 유적지라는 점을 감안한다면, 문화 유적은 관광자 개인의 지적 결핍이나 문화 이해의 부족한 소양을 자극할 수도 있으며, 이런 자극이 다른 사람을 통해 촉진될 가능성이 있고, 따라서 부정적인 심리적 상태를 의식적·무의식적으로 겪게 될 수 있다. 이런 과정이 궁극적으로는 개인의 정신적 확장을 야기하겠지만 그 과정 속의 부정적인 심리상태는 여행지 속성과 연합되거나 귀인될 가능성이 있다. 그렇다면, 여행객을 통한 자기 확장은 재방문 의도와 같은 여행지 태도에 부정적으로 영향을 미치는 것이 이해 가능하다. 그리고 여행방식의 실속 판단 차원과 재방문 의도의 부적 관계에 대한 이해는 여행지(경주)의 여러 가지 구조적 특징을 고려해야 함을 의미한다. 만약 경주 지역이 적정 수준 이상의 관광 비용을 요구하는 구조적 특징을 지닌다면(물가와 같은) 개별 관광자는 이를 극복해야만 실속 있는 여행을 하게 된다. 이는 관광자들이 관광지의 높은 물가와 같은 여러 문제를 극복하기 위해, 충분한 준비와 계획 및 매우 경제적인 방식으로 여행하였을 가능성을 의미한다. 따라서 여행자들이 여행 실속이 있다고 지각할수록 심리적 투자를 많이 했다고 생각하게 되고, 그 투자는 기본적으로 여행지 특성 때문이라고 지각하게 될 것이다. 이런 경우 관광 실속을 느끼면 느낄수록 여행지에 대한 태도는 부정적으로 변할 것이다.

결국, 경주 지역 여행자 집단의 경우 관광 체험과 준거 변수들의 관계는 매우 복잡하며, 일반적으로 문화 유적, 여행지 물가 등이 중요한 변수로 작용하는 것 같다. 그리고 여행객 관련 체험 중 자기 확장 차원과 여행방식 관련 체험 중 여행 실속 차원은 이중적인 영향력을 보이고 있다는 점이 주요 특징이 될 것이다.

마지막으로 제주도 집단의 경우, 세 개의 종속 변수에 대하여 공통적으로 유의미한 영향을 미치는 체험 차원은 '관광 활동 자체 원천의 체험'이었다. 그리고 전반적 만족을 제외한 다른 두 변수(재방문 의도, 추천 의도)에 공통적으로 중요하게 영향을 미치는 변수는 '관광 활동 자체'와 더불어 '지역문화 중 교류 차원', '여행지 전반을 통한 자기 확인 차원'이었다. 그 외 각 종속 변수를 유의미하게 예언하는 체험 차원은 각각 다른 양상을 보였다. 특히 전반적 만족의 경우, 주요 변수는 부대시설의 배려감 차원, 여행방식의 다양성 차원, 여행객 부정적 교류(역점수), 여행지 전반 중 지식 획득 차원이었다. 이 중 여행방식의 다양성 차원과 여행지 전반 중 지식 획득 차원은 다른 두 지역의 경우에는 어떤 사후 태도에도 거의 중요하지 않은 것으로 고려되었던 차원들이다. 이런 현상에는 제주도 관광에 어떤 특징이 개입해 있을 가능성을 암시한다. 예를 들어 제주도 지역이 다른 지역에 비해 의미 있을 정도로 지식 획득의 원천이 더 많으며 동시에 더 인상적일 수 있다. 또 제주도 지역이 다른 두 지역에 비해 더 다양한 체험 기회의 장이 될 수도 있다. 그리고 이들 체험 차원은 다른 종류의 종속 변수를 예언하는 데는 중요하지 않게 나온 결과도 주의할 필요가 있다. 이는 전반적인 만족을 일으키는 데에는 중요하지만, 여행지라는 특정 대상과 관련한 태도를 형성하는 데에는 중요하지 않다는 것을 의미하며, 나아가 전반적 만족이 다른 종류의 종속 변수(즉, 추천 의도, 재방문 의도)와는 경험적으로 다르다는 것을 반증한다. 재방문 의도의 경우, 주요 예언 변수로 고려되는 변수는 관광 활동 자체 외에도 여행지 전반 중 자기 확인 차원, 지역문화 교류 차원, 여행객 중 부정적 교류 차원 등이다. 특히, 여행객 관련 체험 중 자기 확장 차원은 재방문 의도에 부적 영향을 미치고 있다. 이는 '여행객' 관련 체험이 복잡한 구조를 지니고 있음을 말한다. 추천 의도에서는 여행지 전반 중 자기 확인, 자연환경 판단 차원, 지역문화 교류 차원 등이 주요 예언 변수였다.

결국, 제주도의 경우 추천 의도, 재방문 의도와 관련하여 중요한 체험 내용은 대체적으로 여행지가 제공하는 자기 확인 기회, 지역문화 교류 체험, 자연환경 관련 체험, 그리고 관광 자체 관련 체험 등이라고 하겠다. 또 각 종속 변수들의 예언 변수가 동일하지 않으며, 이는 각 종속 변수가 기제적으로 서로 다르다는 것을 의미하고 있다.

관광 체험 차원과 후속 평가 변수의 관계를 종합하여 보면, 세 집단 모두에 걸쳐 종속 변수들의 주요 설명 변수인 체험 내용에는 공통점과 차이점이 있다. 각 종속 변수에 대한 예언의 공통점은 세 집단 모두 대체적으로 '여행지 전반 이미지 원천의 체험'과 '관광 활동 자체 관련 체험'이 주요 예언 변수가 되고 있다는 점이다. 반면, 각 종속 변수의 나머지 주요 예언 변수들은 세 여행지마다 모두 다른 양상을 보이고 있다. 특히 설악산의 경우에는 여행지의 주요 특징이 거의 없는 것으로 보이며, 경주의 경우에는 문화 유적과 물가 관련 체험이 주요한 선행 변수로 나타나고 있고, 제주도에서는 매우 다양한 차원들이 다소 복잡하게 영향을 미치는 것 같다. 결국 세 지역 여행지 모두를 비교해 보면, 전반적 만족, 재방문 의도, 추천 의도는 서로 공통적인 영향 원과 서로 다른 영향 원을 동시에 가진 것으로 볼 수 있으며, 또 이들 관계는 여행지 특성에 의해 강한 영향을 받는다고 하겠다.

그러나 이러한 결과가 하나의 구체적인 체험 차원이 안정적인 영향력을 지니고 있거나 없다는 결론을 확인해주는 것은 아니다. 관광 체험의 심리적 차원이 일반적이라고 해도, 각 체험의 상대적 정도와 후속 평가의 관계는 사람마다 또 여행지 특성에 따라 다를 것이며, 혹은 측정 시기에 따라서도 달라질 수 있기 때문이다. 따라서 본 연구에서 측정한 관광 체험 내용과 후속 평가 변수들의 관계는 다분히 탐색적인 연구결과로 이해하는 것이 타당할 것이며, 일반화하기에는 아직 이른감이 있다. 아마도 특정 여행지를 대상으로 주기적인 조사를 한 후에 관광 체험 내용과 후속 평가 변수의 관계를 본다면, 보다 일반적인 결론을 내릴 수 있을 것이다. 단지 이상의 결과에서 얻을 수 있는 분명한 함의는 여기서 제작한 아홉 개 원천 범주별 관광 체험 척도가 내용과 구성, 예언력 면에서 매우 타당하다는 점이다.

12.3. 연구결과의 시사점

한편, 본 연구의 주제와 결과는 심리학 영역이나 관광학 분야에 있어서 중요한 의의를 지니고 있다. 그동안 관광 현상은 국내외 심리학 연구의 주제로 다루어지지 못한 경향이 있으며, 이런 점에서 본 연구는 심리학 특히 응용심리학의 연구범위를 확장하였다는 데 첫 번째 의의가 있을 것이다. 특히 심리학의 존립 이유가 궁극적으로 인간을 이해하는 데 있다면, 가장 자발적이고 본래적인 인간 생활 중의 하나인 여가 활동을 연구하는 것은 인간 이해의 중요한 통로가 될 것이다. 그 중에서도 매우 일반적인 여가 활동이라고 할 수 있는 관광 활동의 체험 내용을 본 연구에서 파악하였다는 사실은 궁극적으로 인간 이해의 기치 하에 있는 심리학의 주제 확장이라는 점에 공헌할 것이다.

일차적으로 관광 현장 체험의 내용을 파악하고 적절한 척도를 제작하고자 했던 본 연구는 심리학의 영역 확장에만 공헌하는 것은 아니다. 기존 관광학 분야의 연구자들 역시 관광 현장 체험과 후속 과정에는 주의를 덜 두는 경향이 있었으며, 이런 점에서 본 연구는 관광학 분야의 연구주제를 확장시키는 역할을 할 것이다.

연구 영역 확장이라는 일반적 측면에서만이 아니라 본 연구주제와 그 결과는, 보다 구체적인 수준에서 관광 혹은 순수 숙박 여행에 대한 이론을 정립하는 데 도움을 줄 것이다. 무엇보다도 연구가 부족하였던 관광 체험 단계의 심리적 차원이 밝혀짐으로써 관광 현상을 이해하는 기초 자료를 얻을 수 있다. 또 본 연구결과에 근거한 향후 연구를 통해 관광 체험과 후속 태도의 관계가 명확해지면, '관광 만족'에 대한 기존의 단순 모형(즉, 기대－가치 모형) 대신에 새로운 대안 이론을 세울 수 있을 것이다. 나아가 현장 체험의 내용을 기초로 기존 '소비자 행동학 분야'나 '여가학 분야'의 결과와 비교가 가능하고 따라서 '관광 심리학'이 독자적 학문 영역으로 자리매김할 수 있는 기틀을 세우는 데 도움을 줄 수도 있다.

본 연구결과는 관광 마케팅의 실용적인 측면에서도 중요한 시사점을 지니고 있다. 먼저 경험의 원천을 범주로 하는 체험 내용을 근거로 하여, 보다 타당한 관광지 시장 세분화가 가능할 것이다. 나아가 본 연구는 구체적인 체험 차원이 여행지의 어떤 속성과 관련되는지의 여부를 고려하여 척도를 구성함으로써, 향후 이를 활용하여 관광객 유치 전략을 개선하는 데 도움을 줄 것이다. 또한 본 연구에서 결과를 활용하여 각 관광지의 관광 프로그램을 개선할 수도 있다.

국가의 정부 정책 차원에서도 본 연구결과는 활용 가능성이 클 것이다. 관광 정책을 담당하는 정부 당국은 본 연구의 자료를 기초로 새로운 관광 정책을 개발하는 데 도움을 얻을 수 있다. 즉 공급자 입맛의 정책이 아니라, 관광 참여자에 대한 체계적인 연구결과에 기초한 정책 개발이 가능해진다. 또 본 연구의 관광 체험 척도를 활용하여 국민의 관광 체험 추이 분석이 가능하고, 향후 관광지별, 여행자 특성별 체험의 차이 결과를 얻을 수 있으며 이를 기초로 관광 정책 개선의 방향을 세우는 데 도움을 줄 것이다. 특히 본 연구가 국내 여행자를 대상으로 이루어졌다는 점에서 궁극적으로 최근 문제가 되고 있는 한국인의 관광 행동을 건전한 방향으로 유도하는 정책 개발에 도움을 줄 수 있을 것이다.

이런 여러 가지 연구의의 외에도 본 연구결과는 향후 이 분야 연구가 어떻게 이루어져야 하는가를 잘 보여준다. 우선은 본 연구의 관광체험 척도를 활용하여 보다 포괄적인 관광지별 체험의 차이 분석이 가능할 것이며, 또 주기적인 조사 측정을 통해 해당 관광지의 체험 추세 분석이 가능할 것이다. 또한 이 척도를 활용하여 여행자의 문화 차이 (즉, 비교문화 연구)에 대한 연구도 가능할 것이다. 그리고 무엇보다도 본 연구에서 제작한 원천 범주별 관광 체험 척도의 타당성을 검증하는 후속 연구가 지속적으로 이루어질 필요가 있다.

12.4. 연구의 제한점

연구의 시사점에도 불구하고 본 연구는 몇 가지 한계를 지니고 있다. 첫째, 아홉 개 원천 범주별 체험 척도의 각 문항이 얼마나 포괄적인 내용을 담고 있는가 하는 점이다. 본 연구에서는 현장 면접과 표적 집단 면접의 자료를 기초로 문항을 작성하였으나, 연구대상자가 국한된 경향이 있다는 점은 인정해야 한다. 특히 본 연구에서 밝힌 체험 내용이 외국인 관광자들에게도 공통적인지의 문제는 여전히 남아 있다. 이러한 문제는 이 주제에 대한 많은 연구결과들이 축적되어야 해결할 수 있을 것이다.

둘째, 관광 체험의 내용을 원천 범주별로 분류하면서, 관광 속성에 대한 기존 연구와 여가 경험 연구의 결과를 기초로 하여 그 범주를 설정하였으나, 이 범주들이 경험적으로(empirically) 나누어지는지에 대한 증거는 제시하지 못했다. 그래서 각 관광 체험을 아홉 개 속성 범주로 분류할 수 있다고 가정하는 것은 여전히 논란의 여지가 있을 것이다. 이 문제는 향후 후속 연구에서 해결하여야 할 것이다.

셋째, 원천 범주별 체험 척도의 문항 분석과 요인 분석, 체험-태도 관계 분석의 자료를 얻는 데 활용한 조사 대상자가 과연 얼마나 무선적으로 추출되었는가 하는 문제가 있다. 조사 시점이 겨울이라는 점, 그리고 연구자가 임의로 접촉하여 면접을 수행한 점 등은 한계로 인식해야 할 것이다. 특히 본 연구결과가 여행지 특징이 변하는 여름철이나 가을의 여행자들에게서도 유사하게 나올 것인지는 확신하기 어렵다. 이에 대한 확인은 향후 후속 연구들이 해결하여야 할 것이다.

마지막으로 각 관광지별 관광 체험과 관광 후 평가 변수 사이의 관계 분석 결과가 지니는 일반화의 문제가 있다. 즉 관광 체험 내용과 후속 태도를 타당하게 분석하기 위해서는 각 변수의 측정 시기를 달리해야 한다(즉, follow-up study). 이러한 문제의 극복은 향후 연구과제로 남겨야 할 것이다.

참 고 문 헌

고동우(1998a). 「관광의 심리적 체험과 만족감의 관계」. 고려대학교 대학원 박사학위 청구논문.

고동우(1998b). 선행 관광 행동 연구의 비판적 고찰: Annals of Tourism Research의 연구논문을 중심으로. *관광학연구*, 22(1), 207-229.

고동우(1998c). 관광 후 평가 개념의 경험적 구분. *관광학연구*, 22(2), 309-316.

고동우(1999). 기획축제 참가자의 내재적 동기, 내재적 보상 및 후속태도. *관광레저연구*, 11(2), 7-21.

고동우(2001). 기획축제 참가자의 여가 경험: 내재적 동기론을 중심으로. *한국심리학회지: 소비자 광고*, 1(2), 187-203.

고동우(2002a). "축구즐기기: 월드컵이야기", *중앙일보*, 2002년 5월 28일자 제8면.

고동우(2002b). 여가경험의 변화과정: 재미진화모형. *한국심리학회 연차학술발표대회논문집*, 465-470.

고동우(2002c). 여가 동기와 체험의 이해: 이중 추동 모형과 이중통로 여가 체험 모형. *한국심리학회지: 소비자 광고*, 3(2), 1-23.

고동우(2003). 관광축제 방문자의 지출행동 비교. *관광레저연구*, 14(4), 25-38.

고동우(2004). 재미진화모형을 적용한 여가 체험: 프로야구와 프로축구를 중심으로. *관광레저연구*, 16(2), 85-105.

고동우(2005). 축제방문자의 내생적 체험과 외생적 체험 비교연구: 이중통로 여가 체험 모형을 중심으로. *관광레저연구*, 17(4), 45-64.

고동우·부소영 (2001). 기획축제 참가자의 소비지출 기제 탐색. *한국심리*

학회지: 소비자 광고, 2(2), 61-79.

고승익·윤동구·정승훈·박은아 (2000). 축제 방문동기 세분화에 따른 지각된 성과와 만족 분석. *관광학연구*, 23(2), 246-266.

교통부(1990). 「전국 관광 종합개발 계획」. 서울; 동기관. 27-29.

김사헌(1997). 한국 관광학이 설 자리는 우리 스스로 찾아야 한다. *관광학회보, 제46호 두언*. 서울; 한국관광학회.

김영문·채수원(1996). 관광지 선택에 있어서 AHP의 활용에 관한 연구. *관광학연구*, *20(1)*, 63-81.

김원인(1994). 관광지 선호에 관한 실증적 연구. *관광학연구*, *18(1)*.

김인호(1993). 「관광자의 만족/불만족 및 재방문의 평가합치적 접근」. 광운대학교 대학원 박사학위 청구논문.

김태영(1994). 「현대관광학개론(개정신판)」. 서울; 백산출판사.

김홍운·김사영(1994). 「*관광 자원론*」. 서울; 형설출판사.

동아출판사(1994). 「새국어사전」. 서울; 동출판사.

박동건(1990). 측정이론. 「*현장연구방법론*」[한국심리학회 동계연수회(8회) 교재], 53-86

변우희 (2003). 문화관광축제의 효율적 예산 통제를 위한 가치모형. *관광레저연구*, 14(3), 305-324.

성내경(1991). 「SAS/STAT: 회귀분석(PC/SAS 해설 제3권)」, 서울: 자유아카데미.

성영신·고동우·정준호(1996a). 여가 경험의 심리적 본질: 재미란 무엇인가?. *소비자학 연구*, 7(2), 35-57.

성영신·고동우·정준호(1996b). 여가의 심리적 의미. *한국심리학회지: 산업 및 조직*, 9(2), 17-40.

손대현(1983). 「우리나라 관광 산업의 마케팅에 관한 실증적 연구」. 고려대학교 대학원 박사학위 청구논문.

손대현(1990). 「관광론」. 서울; 일신사.

안종윤(1995). 한국에 있어서 관광 연구의 현상과 과제. *관광학연구*, 19(1), 221-238.

오익근(1996). 노인계층의 여행 상품 구매 결정 과정 특징. *관광학연구*, 20(1), 13-34.

이수정 (2001). 정서의 이론적 접근에 입각한 정서관리 방략. *한국심리학회지: 일반*, 20(1), 67-90.

이순묵(1994). 요인 분석의 관행과 문제점. *한국심리학회지: 산업 및 조직, 7(1)*, 1-27.

이순묵(1995). 「요인 분석 I」. 서울; 학지사.

이애주(1989). 「관광지 선택 행동에 관한 연구」. 세종대학교 대학원 박사학위 청구논문.

이연택(편저. 1994). 「관광학 연구의 이해」. 서울; 일신사.

이영준(1991). 「spss/pc+를 이용한 다변량분석」. 서울; 도서출판 석정.

이장주(1999). 세분 시장별 축제 이미지의 차이에 관한 연구. *관광학연구*, 23(1), 228-245.

이장주·박석희(1999). 지역 축제의 이미지 측정 척도 개발에 관한 연구. *관광학연구*, 22(3), 243-261.

이정실·양일용(2003). 지역축제 방문동기 세분화 및 만족의 차이. *관광레저연구*, 14(3), 143-156.

이충기(1999). 2002 월드컵 개최에 따른 관광산업의 경제적 파급효과. *관광학연구*, 22(3), 73-92.

이충기·이태희(2000). 경주 세계문화엑스포에 대한 축제 참가 동기 분석. *관광학연구*, 23(2), 84-98.

이태희(1997). 한국 관광지 이미지 측정척도의 개발. *관광학연구, 20(2), 80-95.*

이학식·안광호(1991). 「소비자행동: 마케팅전략적 접근」. 서울; 법문사.

이희찬(2002). 축제 참가자의 관광지출 결정요인. *관광학연구*, 26(1), 31-46.

장재윤·구자숙(1998). 보상이 내재적 동기 및 창의성에 미치는 효과: 개관과 적용. *한국심리학회지: 사회 및 성격*, 12(2), 39-77.

전동환(1988). 「가족 관광 행동 모델에 관한 연구」. 경희대학교 대학원 박사학위 청구논문.

전재균(2004). 부산국제영화제가 부산의 관광이미지 제고에 미친 영향에 관한 연구. *관광레저연구*, 16(1), 153-170.

정원일(1997). The preference for tourism resource and tourist behavior in Kyongju city. *관광학연구*, 20(2), 223-240.

정찬종(1994). 「여행사 경영 원론」. 서울; 백산출판사.

조송빈(1994). 「신고(新稿) 관광학 총설」. 서울; 형설출판사.

차동욱(2004). 지역축제 만족도에 의한 방문자의 재방문 및 구전 홍보결정 용인에 관한 연구. *관광레저연구*, 16(1), 55-70.

표성수·장혜숙(1994). 「최신 관광계획 개발론」. 서울; 형설출판사.

한경수(편저, 1990). 「관광객행동론」. 서울; 형설출판사.

한국관광공사(1986). 「국민 관광 연구의 이론과 실제」. 서울; 동공사.

한국관광공사(1997). 「1996 국민 여행 실태 조사」. 서울; 동공사.

한규석(2002). 「사회심리학의 이해」. 학지사.

한상일(1995). *「관광자의 관광지 정체성 인지에 관한 연구」*. 한양대학교 대학원 박사학위 청구논문.

홍성태(1990). 「소비자 심리의 이해」. 서울; 나남.

황의록·김창호(1995). 구전 커뮤니케이션에 관한 연구. *광고연구*, *28(봄)*, *56-84*.

Ajzen, I. & Fishbein, M.(1980). *Understanding attitudes and predicting social behavior*. Englewood Cliffs, New Jersey; Prentice-Hall.

Amabile, T. M.(1993). Motivational synergy: Toward new conceptualizations of intrinsic and extrinsic motivation in the work place. *Human Resource Management Review, 3,* 185-201.

Anastasi, A. & Urbina, S.(1997), *Psychological testing(7th ed.).* Upper Saddle River, New Jersey: Prentice Hall.

Bammel, G. & Bammel, L. L. B.(1982). [하현국 역(1993). *여가와 인간 행동.* 백산출판사].

Beard, J. G. & Ragheb, M. G.(1980). Measuring leisure satisfaction. *Journal of Leisure Research,* 12(1), 20-33.

Beard, J. G. & Ragheb, M. G.(1983). Measuring leisure motivation. *Journal of Leisure Research,* 15(3), 219-228.

Bello, D. C. & Etzel, M. J.(1985). The role of novelty in the pleasure travel experience. *Journal of Travel Research,* 24(1), 20-26.

Berlyne, D. E.(1960). *Conflict, Arousal, and Curiosity.* NY: McGraw-hill.

Berlyne, D. E.(1963). Motivational Problems Raised by Exploratory and Epismetic Behavior. In Sigmund Koch (Ed.), *Psychology: A study of a science, v.5, 284-386,* NY: McGraw-hill.

Boulding, W., Kalra, A., Staelin, R., & Zeithaml, V. A.(1993). A dynamic process model of service quality: From expectations to behavioral intentions. *Journal of Marketing Research, 30(February),* 7-27.

Bradely, G. W.(1978). Self-Serving Biases in the Attribution Process: A reexamination of the fact of fiction question. *Journal of Personality and Social Psychology,* 36, 56-71.

Caldwell, L. L., Smith, E. A., & Weissinger, E.(1992). Development of a leisure experience battery for adolescents: Parsimony, stablity, & validity. *Journal of Leisure Research,* 24(4), 361-376.

Cameron, J. & Pierce, W. D.(1994). Reinforcement, Reward and

Intrinsic Motivation: A meta-analysis. *Review of Educational Research*, 64, 363-423.

Chaiken, S. & Stangor(1987). Attitudes and Attitude change. *Annual Review of Psychology, 38:* 575-630.

Churchill, G. A. & Surprenant, C.(1982). An investigation into the determinants of consumer satisfaction. *Journal of Marketing Research*, 19, 491-504.

Clawson, M. & Knetch, J.(1966). *Economics of outdoor recreation*, Baltimore: Johns Hopkins Press.

Cohen, E.(1972). Toward a Sociology of International Tourism. *Social Research, 39(1)*, 164-89.

Cohen, E.(1974). Nomads from Affluence: Notes on the Phenomenon of Drifter-tourism. *International Journal of Comparative Sociology, 14(1-2)*, 89-103.

Cohen, E.(1979). A phenomenology of tourist experiences. *Sociology*, 13(2), 179-201.

Cohen, E.(1988). Authenticity and commoditization in tourism. *Annals of Tourism Research*, 15, 371-386.

Cohen, E.(1989). Primitive and remote: Hill drive tracking in Thailand. *Annals of Tourism Research*, 16, 30-61.

Crompton, J. L.(1979). Motivations for pleasure vacation. *Annals of Tourism Research*, 6, 408-424.

Crompton, J. L.(1992).Structure of vacation destination choice sets. *Annals of Tourism Research*, 19, 420-434.

Cronin, J. J. Jr. & Taylor, S.A.(1992a). Measuring service quality: A reexamination and extension. *Journal of Marketing, 56(July)*, 55-68.

Cronin, J. J. Jr. & Taylor, S. A.(1992b). SERVPERF versus

SERVQUAL: Reconciling Performance-Based and Perceptions-Minus-Expectations measurement of Service Quality. *Journal of Marketing, 58(January),* 125-131.

Csikszentmihalyi, M.(1975). *Beyond Boredom and Anxiety.* SF: Jossey-Bass.

Csikszentmihalyi, M.(1990). *Flow: The psychology of Optimal Experience.* NY: Harper & Row.

Dann, G. M. S.(1977). Anomie, ego-enhancement, & tourism. *Annals of Tourism Research, 4,* 184-194.

Dann, G. M. S.(1978). Tourist satisfaction: A highly complex variable. *Annals of Tourism Research, 5,* 440-443.

Dann, G. M. S.(1981). Tourist motivation: An appraisal. *Annals of Tourism Research, 8,* 187-219.

De Charm, R.(1968). *Personal causation: The internal affective determinants of behavior.* N.Y.: Academic Press.

De Grazia, S.(1962). *Of Time, Work and Leisure.* NY: Twenties Century Fund.

Deci, E. L.(1971). Effects of externally mediated rewards on intrinsic motivation. *Journal of Personality & Social Psychology, 18,* 105-115.

Deci, E. L.(1975). *Intrinsic motivation.* N.Y.: Plenum.

Deci, E. L. & Ryan, R. M.(1985). *Intrinsic motivation and self-determination in human behavior.* NY: Plenum.

Eagly, A. H. & Chaiken, S.(1993). *The Psychology of Attitudes.* Harcourt Brace Jovanovich College.

Evans, P.(1989). *Motivation and Emotion.* London: Routledge.

Ewert, A. & Hollenhorst, S.(1994). Individual and setting attributes of the adventure recreation experience. *Leisure Science, 16,* 177-191.

322 참고문헌

Fishbein, M. & Ajzen I.(1975). *Belief, Attitude, Intention and Behavior.* Reading, MA: Addison-Wesley.

Fodness, D.(1994). Measuring tourist motivation. *Annals of Tourism Research,* 21(3), 555-581.

Fridgen, J. D.(1984). Environmental psychology and tourism. *Annals of Tourism Research,* 11, 19-39.

Geva, A. & Goldman, A.(1991). Duality in consumer post-purchase attitude. *Journal of Economic Psychology,* 12, 141-164.

Gitelson, R. J. & Crompton, J. L.(1984). Insights into the repeat vacation phenomenon. *Annals of Tourism Research,* 11, 199-217.

Gitelson, R. J. & Kerstetter, D.(1992). Adolescent travel experiences shaping post-adolescent travel behavior. *Annals of Tourism Research,* 19, 128-131.

Godbey, G. & Graef, A.(1991). Repeat tourism, play, and monetary spending. *Annals of Tourism Research,* 18, 213-225.

Goodrich, J. N.(1977). Benefit bundle analysis: An empirical study of international travelers. *Journal of Travel Research, 16(Fall),* 6-9.

Goodrich, J. N.(1978). The relationship between preferences for and perceptions of vacation destinations: Application of a choice model. *Journal of Travel Research, 17(Fall),* 8-13.

Guttman, J.(1982). A Means-Ends Chain Model based on Consumer Categorization Processes. *Journal of Marketing, 46(2),* 6-9.

Hamilton-Smith, E.(1987). Four kinds of tourism?. *Annals of Tourism Research, 14(3),* 332-344.

Hebb, D. O.(1955). Drives and the Conceptual Nervous System. *Psychological Review, 62,* 243-254.

Horton, R. L.(1984). *Buyer Behavior: A Decision-Making Approach.*

Columbus: *Charles & Merrill.*

Hu, Y. & Ritchie, J. R. B.(1993). Measuring destination attractiveness: A contextual approach. *Journal of Travel Research,* 32(fall), 16-24.

Hughe, G.(1995). Authenticity in tourism. *Annals of Tourism Research,* 22(4), 781-803.

Hull Ⅳ, R. B., Stewart, W. P., & Yi, Y. K.(1992). Experience patterns: Capturing the dynamic nature of a recreation experience. *Journal of Leisure Research, 24(3),* 240-252.

Iso-Ahola, S. E.(1980). *The social psychology of leisure and recreation.* Dubuque, Iowa; Wm. C. Brown.

Iso-Ahola, S. E.(1982). Toward a social psychological theory of tourism motivation: A rejoinder. *Annals of Tourism Research, 9(2),* 256-262.

Iso-Ahola, S. E.(1983). Toward a social psychology of recreational travel. *Leisure Science, 2, 45-56.*

Jackson, E., & Burton, T.(1989). *Understanding leisure and recreation: Mapping the past, charting the future.* Venture Publishing.

Jackson, M. S., White, G. N., & Schmierer, C. L.(1996). Tourism experiences within an attributional framework. *Annals of Tourism Research, 23(4),* 798-810.

Jafari, J.(1992). 「관광학 연구의 과학화」(이연택 편저, 1994. 관광학 연구의 이해. pp.31-69).

Kats, D.(1960). The functional approach to the study of attitudes. *Public Opinion Quarterly, 24, 163-204.*

Kelly, J. R.(1990). *Leisure(2nd ed.).* NJ: Prentice-Hall.

Kim, U. & Berry, J. W.(1993). *Indigenous psychologies,* New Delhi:

SAGE.

Kim, J. & Mueller (1978). Factor analysis: Statistical methods and practical issues. Beverly Hills: SAGE.

Klenosky, D. B. Gengler, C. E., & M. S. Mulvey (1993). Understanding the Factors Influencing Ski Destination Choice: A Means-End Analytic Approach. *Journal of Leisure Research, 25(4)*.

Kruglanski, A. W.(1975). The endogenous-exogenous partition in attribution theory. *Psychological Review*, 82, 387-406.

Kruglanski, A. W., Riter, A., Amitai, A., Margolin, B., Shabtai, L., & Zaksh, D.(1975). Can money enhance intrinsic motivation?: A test of the content-consequences hypothesis. *Journal of Personality and Social Psychology*, 31, 744-750.

Kubey, R., & Csikszentmihalyi, M.(1990). *Television and the Quality of Life: How viewing shapes everyday experience*. Hillsdate, NJ: Lawrence Erlbaum.

Lee, T.-H. & Crompton, J.(1992). Measuring novelty seeking in tourism. *Annals of Tourism Research*, 19, 732-751.

Lee, Y., Dallito, J., & Howard, D.(1994). The complex and dynamic nature of leisure experience. Journal *of Leisure Research*, 26(3), 195-211.

Leones, J., Colby, B., & Crandall, K.(1998). Tracking Expenditures of the Elusive Nature Tourists of Southeastern Arizona. *Journal of Travel Research*, 36 (Winter), 56-64.

Lepper, M. R., Greene, D., & Nisbett, R. E.(1973). Undermining Children's Intrinsic Motivation with Extrinsic Reward: A test of the "overjustification" hypothesis. *Journal of Personality and Social Psychology, 28*, 129-137.

Levy, J.(1978). *Play Behavior*. NY: Wiley.

Long, P. T. & Perdue, R. R.(1990). The Economic Impacts of Rural Festivals and Special Events: Assessing the Spatial Distribution of Expenditures. *Journal of Travel Research*, 28(4), 10-14.

London, M., Crandall, R., & Fitzgibbons, D.(1977). The Psychological Structure of Leisure: Activities, needs, people. *Journal of Leisure Research*, 9, 252-263.

Lounsbury, J. W. & Polik, J. R.(1992). Leisure needs and vacation satisfaction. *Leisure Science*, 14, 105-119.

MacCannell, D.(1973). Staged authenticity: Arrangements of social space in tourist settings. *American Journal of Sociology*, 79, 589-603.

MacCannell, D.(1976). *The tourist: A new theory of the leisure class.* (오상훈 역. 1994. *관광객*, 서울: 일신사).

MacCannell, D.(1977). Tourist and the new community. *Annals of Tourism Research*, 4(4), 208-215.

Maddox, R. N.(1985). Measuring satisfaction with tourism. *Journal of Travel Research, 23(3), 2-5.*

Maddox, R. N.(1985). Measuring satisfaction with tourism. *Journal of Travel Research, 23(3),* 2-5.

Mannell, R. C. & Iso-Ahola, S. E.(1987). Psychological nature of leisure and tourism experience. *Annals of Tourism Research, 14,* 314-331.

Mannell, R. C. & Kleiber, D. A.(1997). *A Social Psychology of Leisure.* PA: Venture.

Mansfeld, Y.(1992). From motivation to actual travel. *Annals of Tourism Research*, 19, 399-419.

Mayo, E. J. & Jarvis, L. P.(1981). *The psychology of leisure travel.*

Boston: CBI Publishing.

Mazursky, D.(1989). Past experience and future tourism decisions. *Annals of tourism Research, 16,* 333-344.

McIntosh, R. W., Goeldner, C. R., & J. R. B. Ritchie (1995). *Tourism: Principles, practices, philosophies.*(신현주 외 공역, 1996, 관광학 원론. 서울: 세종연구원)

Meyer, J. P. & Koebel, S. L. M.(1982). Students' Best performances: Dimensionality of casual attribution. *Journal of Personality and Social Psychology, 8,* 31-36.

Mohr, K., Backman, K. F., Gahan, L. W., & Backman, S. J.(1993). An Investigation of Festival Motivation & Event Satisfaction by Visitor Type. *Festival Management & Event Tourism, 1,* 89-97.

Moscardo, G. M., & Pearce, P. L.(1986). Historic Theme Parks: An Australian experience in authenticity. *Annals of Tourism Research, 13,* 467-479.

Mo, C., Howard, D. R., & Havitz, M. E.(1993). Testing an International Tourist Role Typology. *Annals of Tourism Research,* 20(2), 319-335.

Moore, K., Cushman, G., & Simmons, D.(1995). Behavioral conceptualization of tourism and leisure. *Annals of Tourism Research,* 22(1), 67-85.

Neulinger, J.(1974). *The Psychology of Leisure: Research approaches to the study of leisure.* Springfield, Ⅲ.: Charles C. Thomas.

Neulinger, J.(1981a). *To Leisure: An Introduction.* Boston: Allyn & Bacon.

Neulinger, J.(1981b). *The Psychology of Leisure.* (2nd ed.). Springfield, Ⅲ.: Charles C. Thomas.

Nickerson, N. P. & Ellis, G. D.(1991). Traveler types and activation theory: A comparison of two models. *Journal of Travel Research, 29(3),* 26-31.

Nunnally, J. C. & Bernstein, I. H.(1994, 3rd Ed.). Psychometric theory. NY: McGraw-Hill.

Oliver, R. L.(1977). Effect of expectation and disconfirmation on postexposure product evaluation: An alternative interpretation. *Journal of Applied Psychology,* 62, 480-486.

Oliver, R. L.(1980). A cognitive model of the antecedents and consequences of satisfaction decisions. *Journal of Marketing Research,* 17, 460-469.

Pearce, P.(1980). Tourism's human conflicts: Towards more psychological approach. *Annals of Tourism Research(Rejoinders and commentary),* 7(1), 122-126.

Pearce, P.(1982). *The social psychology of tourist behavior.* Oxford: Pergamon.

Pearce, P.(1988). *The Ulysses Factor,* NY: Springfielder-Verlag.

Pearce, P.(1993). Fundamentals of Tourism Motivation(Ch.7). In Edited by D. G. Pearce & R. W. Butler, *Tourism Research,* London: Routledge.

Pearce, P. & Stringer, P. F.(1991). Psychology and Tourism. *Annals of Tourism Research,* 18, 136-154.

Petty, R. E. and Cacioppo, J. T.(1981). *Attitudes and Persuasion: Classic and Contemporary Approaches.* Dubuque, IA: Wm. C. Brown.

Pierce, R.(1980). Dimensions of Leisure Ⅰ: Satisfaction. *Journal of Leisure Research, 12(1), 5-19.*

Pieters, Rik G. M. & W. Fred van Raaij(1988). Ch.4. The role of affect in economic behavior. In Edited by W. Fred van Raaij, Gery M.

van Veldhoven, & Karl-Erik Warneryd(1988), *Handbook of Economic Psychology*. Dordrecht: Kluwer Academic Publishers.

Pizam, A. & Jeong, G.-H.(1996). Cross-cultural tourist behavior. *Tourism Management, 17(4)*, 277-286.

Pizam, A., Neumann, Y., & Reichel, A.(1978). Dimensions of tourist satisfaction with a destination area. *Annals of Tourism Research, 5(3)*, 314-322.

Pizam, A., Neumann, Y., & Reichel, A.(1979). Tourist satisfaction: Uses & misuses. *Annals of Tourism Research*(Rejoinders and commentary), 6(1), 195-197.

Pizam, A. & Sussman, S.(1995). Does nationality affect tourist behavior?. *Annals of Tourism Research, 22(4)*, 901-917.

Plog, S. C. (1974). Why Destination Areas Rise and Fall in Popularity. *Cornell Hotel and Restaurant Administration Quarterly, November*, 13-16.

Plutchik, R.(1980). *Emotion: A psychoevolutionary synthesis*. NY: Harper & Row.

Reynolds, T. J. & Guttman, J.(1988). Laddering theory, method, analysis and interpretation. *Journal of Advertising Research, 28(1)*, 11-31.

Ritchie, T. R. B. & Zins, M.(1978). Culture as Determinant of the attractiveness as a tourism region. *Annals of Tourism Research, 5(2), 252-268*.

Rokeach, M.(1979). *Understanding Human Values, Individual and Societal*. NY: Free.

Ross, G. F.(1993). Destination evaluation and vacation preferences. *Annals of Tourism Research, 20*, 477-489.

Ross, G. F. & Iso-Ahola, S. E.(1991). Sightseeing tourists' motivation

& satisfaction. *Annals of Tourism Research*, 18, 226-237.

Russell, J. A.(1980). A Complex Model of Affect. *Journal of Personality and Social Psychology, 39(6)*, 1161-1178.

Russell, R. V.(1996). *Pastimes: The context of contemporary leisure.* Iowa: Brown & Benchmark.

Ryan, C.(1990). *Recreational tourism: A social science perspective.* London: Routledge.

Ryan, C.(1995). *Researching tourist satisfaction: Issues, concepts, problems.* London: Routledge.

Seligman, M. E. P.(1975). *Helplessness: On depression, development, and death.* SF: W. H. Freeman & Co.

Shaw, S. M.(1985). The meaning of leisure in everybody life. *Leisure Science, 7(1), 1-24.*

Sherif, M. & Cantril, H.(1947), *The Psychology of Ego-Involvements.* NY: Wiley.

Shivers, J. S.(1981). *Leisure and Recreation Concepts: A critical Analysis.* Boston: Allyn & Bacon.

Smith, S. L. J.(1988). Defining tourism: A supply-side view. *Annals of Tourism Research*, 15, 179-190.

Smith, S. L. J.(1990). A test of Plog's allocentric/ psychocentric model: Evidence from seven nations. *Journal of Travel Research, 28(4),* 40-43.

Stebbins, R. A.(1982). Serious Leisure: A conceptual statement. *Pacific Sociological Review, 25,* 25-72.

Stebbins, R. A.(1992). *Amateurs, Professionals, and Serious Leisure.* Montreal, PQ: McGill-Queen's University.

Stewart, W. P. & Hull IV, R. B.(1992). Satisfaction of what? Post Hoc v.s. Real-Time construct validity. *Leisure Science*, 14, 195-209.

Tang, S. & Hall, V. C.(1995). The Overjustification Effect: A meta-analysis. *Applied Cognitive Psychology*, 9, 365-404.

Taylor, S E. & Brown, J. D.(1988). Illusion and Well-being: A social psychological perspective on mental health. *Psychological Bulletin*, 103, 193-210.

Taylor, S. E., L. A. Peplau, & D. O. Sears(1994). *Social Psychology*(8th Ed.,). NJ: Prentice-Hall.

Teas, R. K.(1993). Expectations, performance evaluation, and consumers' perceptions of quality. *Journal of Marketing*, *57(October)*, 18-34.

Teas, R. K.(1994). Expectations as a comparison standard in measuring service quality: An assessment of a reassessment. *Journal of Marketing*, *58(January)*, 132-139.

Thurstone, L. L.(1947). *Multiple factor analysis*. Chicago: University of Chicago Press.

Tinsley, H. E. A., Barrett, T. C., & Kass, R. A.(1977). Leisure Activities and Need Satisfaction. *Journal of Leisure Research*, 9, 110-120.

Um, S. & Crompton, J. L.(1990). Attitude determinants in tourism destination choice. *Annals of Tourism Research*, 17, 432-448.

Uysal, M., Gahan, L., & Martin, B.(1993). An Examination of Event Motivations: A Case Study. *Festival Management & Event Tourism*, 1, 5-10.

Uysal, M. & Gitelson, R.(1994). Assessment of Economic Impact: Festival and Special Events. *Festival Management & Event Tourism*, 2, 3-9.

van Raaij, W. F.(1986). Consumer research on tourism: Mental and behavioral constructs. *Annals of Tourism Research*, 13, 1-9.

van Raaij, W. F. & Francken, D. A.(1984). Vacation decisions, activities, & satisfaction. *Annals of Tourism Research*, 11, 101-112.

van Rekom, J.(1994). Adding Psychological Value to Tourism Products. *Journal of Travel and Tourism marketing*, *3(3)*, 21-36.

Walo, M., Bull, A., & Breen, H.(1996). Achieving Economic Benefits at Local Events: A Case Study of a Local Sport Event. *Festival Management & Event Tourism*, 4, 95-106.

Weiner, R.(1974). *Achievement Motivation and Attribution Theory*. Morristown, NJ: General Learning Press.

Weiner, R.(1979). A Theory of Motivation for Some Classroom Experiences. *Journal of Educational Psychology*, 71, 3-25.

Wicks, B. E. & Fesenmaier, D. R.(1993). A comparison of visitor and vendor perceptions of service quality at a special event. Festival Management & Event Tourism, 1, 19-26.

Whipple, T. W. & Thach, S. V.(1988). Group tour management: Does good service produce satisfied customers?. *Journal of Travel Research*, 27, 16-21.

Wu, C. & Shaffer, D.(1987), Susceptibility to Persuasive Appeals as a Function of Source Credibility and Prior Experience with the Attitude Object. *Journal of Personality and Social Psychology*, *52*, 677-688.

Yiannakis, A. & Gibson, H.(1992). Roles tourists play. *Annals of Tourism Research*, 19, 287-303.

Ziethaml, V. A., Parasuraman, A., & Berry, L. L.(1990). *Delivering Quality Service*. NY: The Free Press.

Zuckerman, M.(1979). Sensation Seeking: *Beyond the Optimal Level of Arousal. Hillsdale*, NJ: Lawrence Erlbaum.

· 저자 ·

고동우
(高東佑)

· 약 력 ·

고려대학교 심리학과 졸업
고려대학교 대학원 심리학과 졸업(산업심리학 석사)
고려대학교 대학원 심리학과 졸업(여가관광심리학 박사)
미국 University of Connecticut, 여가관광스포츠 연구소 박사후연구원 역임
경기대학교 관광대학 대학원 BK21 박사후연구원 역임
경주대학교 관광학부 전임강사 역임
한국여가문화학회 편집위원장 역임
대구경북연구원 객원연구위원 역임
현 대구광역시 관광분과 자문위원
    대구경북연구원 관광분과 자문위원
    한국관광학회 편집위원
    한국관광레저학회 편집위원
    대구대학교 관광학부 조교수

· 주요논저 ·

「Five Aspects of Tourism Image: A Review.」
「관광의 심리적 체험과 만족감의 관계」
「선행 관광 행동 연구의 비판적 고찰」
「기획축제 참가자의 여가 경험: 내재적 동기론을 중심으로」
「여가 동기와 체험의 이해: 이중 추동 모형과 이중통로 여가 체험 모형」
「관광축제 방문자의 지출행동 비교」
「재미진화모형을 적용한 여가 체험: 프로야구와 프로축구를 중심으로」
「관광학연구의 현황과 실제」(공저)
외 다수

여가 · 관광의 동기와 체험

• 초판 인쇄	2007년 1월 30일
• 초판 발행	2007년 1월 30일
• 지 은 이	고동우
• 펴 낸 이	채종준
• 펴 낸 곳	한국학술정보㈜
	경기도 파주시 교하읍 문발리 526-2
	파주출판문화정보산업단지
	전화 031) 908-3181(대표) · 팩스 031) 908-3189
	홈페이지 http://www.kstudy.com
	e-mail(출판사업부) publish@kstudy.com
• 등 록	제일산-115호(2000. 6. 19)
• 가 격	31,000원

ISBN 978-89-534-6250-2 98330 (Paper Book)
      978-89-534-6251-9 98330 (e-Book)